U0524254

罗元生 著

把理想写在祖国蓝天

华文出版社
航空工业出版社

图书在版编目（CIP）数据

顾诵芬：把理想写在祖国蓝天 / 罗元生著. -- 北京：华文出版社：航空工业出版社，2023.7（2023.10重印）
　ISBN 978-7-5075-5778-7

Ⅰ.①顾… Ⅱ.①罗… Ⅲ.①顾诵芬－传记 Ⅳ.
①K826.16

中国国家版本馆CIP数据核字（2023）第025031号

顾诵芬：把理想写在祖国蓝天

著　　　者：	罗元生
特约编审：	师元光　刘　宁
责任编辑：	杨艳丽　袁　博
特约编辑：	王建青
出版发行：	华文出版社　航空工业出版社
地　　　址：	北京市西城区广安门外大街305号8区2号楼
邮政编码：	100055
网　　　址：	http://www.hwcbs.cn
电　　　话：	总编室 010-58336210　编辑部 010-58336191
	发行部 010-58336267　010-58336202
经　　　销：	新华书店
制　　　版：	北京禾风雅艺文化发展有限公司
印　　　刷：	北京博海升彩色印刷有限公司
开　　　本：	710mm×1000mm　1/16
印　　　张：	24
彩　　　插：	16
字　　　数：	360千字
版　　　次：	2023年7月第1版
印　　　次：	2023年10月第2次印刷
标准书号：	ISBN 978-7-5075-5778-7
定　　　价：	98.00元

版权所有，侵权必究

新中国飞机设计大师、飞机空气动力设计奠基人、国家最高科学技术奖获得者、中国科学院院士、中国工程院院士　顾诵芬

| 02 |

1930年2月4日，顾诵芬出生在苏州十梓街116号。2011年，苏州启动首批古建老宅保护修缮工程，这里被列入修缮计划，并已竣工。

苏州山塘街雕花楼的第三进保存有顾诵芬祖父顾元昌题词"祠宗泽远"

顾诵芬小时候，飞机梦已经住进他心里。

中学时期的顾诵芬在航模制作方面已经很有水平

父亲顾廷龙　　　　　　　　　母亲潘承圭

1962年，顾诵芬与江泽菲结婚时与父母合影。

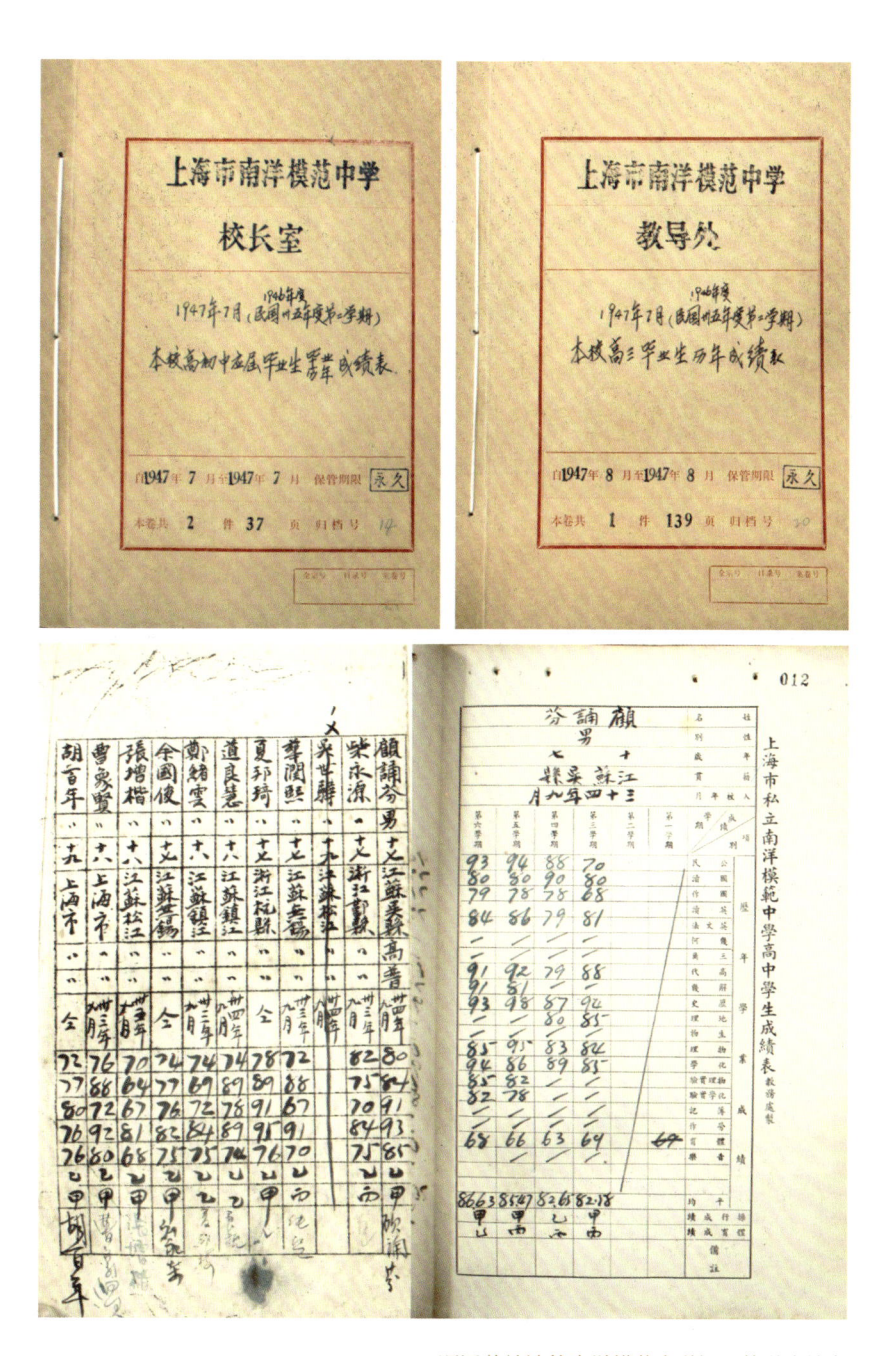

顾诵芬就读的南洋模范中学记录的学生档案

顾诵芬与父亲顾廷龙在苏州

父亲顾廷龙在燕京大学工作期间的全家合影

顾诵芬全家在苏州一中顾廷龙赠书珍藏室合影

歼 8 Ⅱ 型飞机设计定型技术鉴定会

1984 年 6 月 12 日歼 8 Ⅱ 首飞成功后，领导机关、厂所有关人员在飞机前合影留念。

顾诵芬

庆祝飞机设计室成立三十周年合影

顾诵芬非常注重航空科研人才的培养，他带领的团队走出了一批人才。从右至左：王永庆（601所总设计师）、李明院士、管德院士、顾诵芬院士、孙聪院士、赵民（时任601所所长）、李天院士、杨凤田院士。

顾诵芬夫妇参观 601 所展室

顾诵芬在 601 所现场调研

顾诵芬在办公室

把理想写在祖国蓝天

目录

序章 / "永远把国家放在第一位"

▶ 第一章 立志：年少航空梦

　　七七事变爆发时，我在北平目睹和经历了日本帝国主义飞机的狂轰滥炸给中国人民带来的巨大灾难。那时，我就有一个梦想：我要设计飞机，保卫祖国的领空。

——顾诵芬　1993年5月

7岁的梦想	/ 10
家族的浸润	/ 13
父亲的启蒙教诲	/ 18
姑父的熏陶	/ 25
哥哥的引导	/ 27
生日礼物与手工实践	/ 30
合众图书馆	/ 35
一本好书、一本好刊	/ 38
第一次接触真飞机	/ 41
报考航空专业	/ 45
@ 同时期的世界	/ 49

第二章　求学：铭记培育恩

有幸从事自己从小就向往的祖国的飞机设计事业，衷心感谢交大航空系教过我的各位老师，以及帮助过我的学长们。交大航空系是永远值得铭记的集体。

——顾诵芬　1992年5月

交大的恩师们	/ 52
"老交大的传统教育方法是成功的"	/ 56
交大的校友们	/ 60
"饮水思源，爱国荣校"	/ 63
"为了搞航空，我把母亲给牺牲了"	/ 66
进入航空工业局	/ 72
@ 同时期的世界	/ 77

第三章　争气：起飞"歼教1"

我们为什么一定要自主设计飞机？对于这个问题，在具体技术岗位工作的我们更是深有体会。仿制而不自主设计，就等于命根子在人家手里。中国人必须有中国人自己的飞机设计。

——顾诵芬　1958年7月

为了中国自己能设计飞机	/ 80
第一个飞机设计室	/ 86
青涩的设计师团队	/ 91
设计出中国第一架喷气式飞机	/ 95
不要"唯米格论"	/ 99
拜老师、查资料	/ 101
风洞试验	/ 104
协力"大会战"	/ 108
试飞成功	/ 112

@ 同时期的世界　　　　　　　　　　　　　/ 118

▶ **第四章　坚韧:"匍匐而前行"**

新中国成立后,抗美援朝战争的伟大胜利、恢复和发展工业所取得的重大成就,使我深深地体会到,没有共产党就没有新中国,也就没有我个人的一切。

——顾诵芬　1959 年

"浪漫有余"　　　　　　　　　　　　　/ 120
东风 107 遇上东风 113　　　　　　　　　/ 124
"硬着头皮也要改"　　　　　　　　　　　/ 131
"白专"典型的入党申请　　　　　　　　　/ 133
"东风梦"破灭　　　　　　　　　　　　　/ 138

@ 同时期的世界　　　　　　　　　　　　　/ 143

▶ **第五章　腾跃:"歼 8"振长空**

搞科研如同打仗,没有牺牲的精神,是难以取得胜利的。不搞个水落石出,决不罢休。

——顾诵芬　1978 年 8 月

摸透米格 -21　　　　　　　　　　　　　/ 146
《科研十四条》　　　　　　　　　　　　/ 151
被授予少校军衔　　　　　　　　　　　　/ 153
歼 8 方案　　　　　　　　　　　　　　　/ 156
接过前辈的重担　　　　　　　　　　　　/ 160
首飞成功　　　　　　　　　　　　　　　/ 164
振动,还是振动　　　　　　　　　　　　/ 168
三上蓝天破难题　　　　　　　　　　　　/ 170
试飞英雄与歼 8 的生死情　　　　　　　　/ 176

一生一醉为定型　　　　　　　　／ 181
歼 8 的故事说不完　　　　　　　／ 184

@ 同时期的世界　　　　　　　　／ 188

▶ 第六章　温暖：情爱的纯朴

我后半生还能干点事都是靠她。

——顾诵芬　2021 年 11 月

爱情最美的模样　　　　　　　　／ 190
江泽菲及其家世　　　　　　　　／ 195
爱书如痴的简朴生活　　　　　　／ 199
好医、贤妻　　　　　　　　　　／ 203
好人"小顾"　　　　　　　　　／ 206
"笑起来如孩童般纯真"　　　　　／ 209

@ 同时期的世界　　　　　　　　／ 212

▶ 第七章　信任：敬仰的良师

我永远忘不了我的这些良师益友。当初，他们重视的是航空工业之创建，而非个人问题。回顾当年，他们报国有心，而无利己之念。

——顾诵芬　1986 年 9 月

"他为天空而生，又从天空陨落"　／ 216
"他很像我们在学校时的老师"　　／ 222
"他对我进行了严厉的批评"　　　／ 230
"他没有一点架子"　　　　　　　／ 234
"钱老是终生学习的榜样"　　　　／ 239

@ 同时期的世界　　　　　　　　／ 245

▶ 第八章 图强：定型歼 8 Ⅱ

> 我深深感到，一架飞机的上天，靠的是党的领导，靠的是社会主义制度的无比优越，靠的是集体的力量。在我们社会主义国家，只要拼搏，认真干事，个人的理想总会得到实现。这就是我从我个人半个多世纪的经历中得出的真实感受。
>
> ——顾诵芬　1993 年 5 月

"歼 8 大改第一"	/ 248
回访美国国家航空航天局	/ 252
担任歼 8 Ⅱ 飞机总设计师	/ 255
总设计师的拍板	/ 259
歼 8 Ⅱ 首飞	/ 263
定型试飞	/ 266
"八二工程"	/ 269
定型歼 8 Ⅱ	/ 274
@ 同时期的世界	/ 279

▶ 第九章 登高：纵览国内外

> 航空产业作为一种战略性产业，其关键技术、核心技术是买不来的，必须卧薪尝胆，依靠自己，攻关积累，掌握主动。同时在改革开放的条件下，要充分利用有利的国际环境，积极开展以我为主的国际合作，提升自主创新能力。
>
> ——顾诵芬　2006 年 7 月

56 岁，调到北京	/ 282
参加 "863" 专家委员会	/ 285
研究主动控制技术	/ 290
"空天一体" 构想	/ 294

推动中俄航空科技交流合作 / 298
好朋友比施根斯 / 303
"顾总是国际交流与合作的总指挥" / 307
认证 ARJ21 支线客机 / 311
复查新支线飞机的技术方案 / 313
"大飞机"梦 / 316
让中国的"大飞机"翱翔蓝天 / 321

@ 同时期的世界 / 327

▶ 第十章 育才：甘为后人梯

年轻人首先必须树立正确的革命人生观，建议熟读并牢记毛主席的《纪念白求恩》《为人民服务》和《愚公移山》，这就需要钻研毛主席的《实践论》和《矛盾论》，这也是钱学森同志推荐给科研人员的。

——顾诵芬　2018 年 9 月

"我心目中的顾诵芬" / 330
"顾总是年轻人学习的楷模" / 334
"他平易近人，像老师一样" / 337
"大部分内容都是以顾总为背景写的" / 341
"顾老也是激励我上进的动力" / 348
"争取做一个像他那样的栽树人" / 352
一部书、一个奖、一封信 / 358

@ 同时期的世界 / 365

尾声 / 初心感动中国 / 367

主要参考文献 / 373

后记 / 375

序　章

"永远把国家放在第一位"

一

一个国家的航空工业水平，标志着这个国家的国力和军事水平，直接决定着国防安全和经济发展。对于风云变幻的当今世界来说，和平从来就不是一句轻飘飘的口号，它需要无数阵列的国之利器作为丰富内涵和强大支撑。

没有制空权的国家遑论国家安全。

没有强大的军事航空工业，遑论人民安全。

1940年9月13日，重庆璧山。

36架日军轰炸机在某型神秘战机的掩护下，与中国空军展开了抗战以来最惨烈的一次空战。结果，中方24架战机被对手零封。

此役过后，中国空军几乎全军覆没。击溃它的，是"二战"中赫赫有名的"零"式战机。

令人唏嘘的是，在飞机设计制造上，中国人一开始并不落后，甚至一度领先日本。早在1909年，美国莱特兄弟发明飞机后不到六年，出生于广东恩平的冯如

冯如和他设计的飞机

就造出了中国人的第一架飞机。

1910年，旅美华侨谭根自行设计并制造出一架船身式水上飞机，参加万国飞机制造比赛大会并获奖，在国际航空界刮起一股"中国风"。

此后，王助、巴玉藻等人赴美深造。美国太平洋飞机公司（波音公司前身）的第一任总工程师就是中国人王助。

但在那个军阀混战的动荡年代，王助等人的出现只是昙花一现。旧中国几乎没有像样的重工业，连钢铁都需要进口。重工业的差距，直接反映在中日两国的飞机数量上。

1937年抗战全面爆发前，中国空军有600余架飞机，真正能作战的不到300架，而且严重依赖进口。而"二战"期间，日本共生产6万多架飞机，高峰时年产2.8万架！

悬殊的力量对比，其结果就是，开战不到3个月，中国空军战机损失过半，基本失去自卫能力，不得不依赖美、苏支援。

那是中国现代史上一段极为屈辱的经历。

在长达8年的时间里，日本飞机在中华大地上肆虐横行，从南京到武汉，再到兰州、重庆，所过之处，留下一片焦土。

然而，日军的狂轰滥炸并没有浇灭中国人的斗志。

战火中，年幼的顾诵芬萌生了要设计出中国飞机的报国信念。

与此同时，一大批像他那样的年轻人，立志投身祖国的航空事业，立誓制造出中国人自己的飞机。

这批人后来成为新中国航空事业的先驱和栋梁之材。

要造出属于中国人的"有底气、能争气"的飞机，以己之青春融汇于中华民族的强国之路！

时代呼唤顾诵芬。

二

人无精神则不立，国无精神则不强。

中华人民共和国成立之初，百废待兴，航空工业几乎一片空白。

1951年4月17日，航空工业局（代号第四局，简称四局）正式成立，地址在沈阳。

当时，飞机生产线虽有苏联援助，但自行设计却是禁区。顾诵芬认为："仿制而不自主设计，就等于命根子在人家手里！"

1956年8月，我国第一个飞机设计机构——沈阳飞机设计室成立，26岁的顾诵芬作为首批核心成员，担任气动组组长。

在"一穷二白"的背景下，顾诵芬等人设计出我国第一架喷气式教练机——歼教1；他冒着生命危险亲乘战机三上蓝天，只为弄清歼8飞机抖振产生的原因；他以对祖国的赤子之心，浇灌出我国喷气式飞机设计和空气动力学研究的累累硕果，一次次把祖国的荣耀写满蓝天……

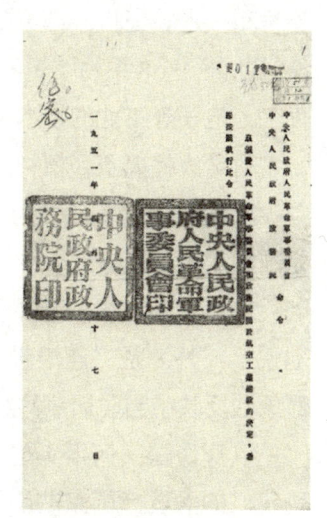

《关于航空工业建设的决定》

顾诵芬直接组织领导和参与了中国从一代到三代飞机中多种飞机气动布局和全机的设计研制。他在国内首创两侧进气方案；抓住初级教练机失速尾旋的特点，通过计算机翼环量分布，从优选择了机翼布局；消化吸收中国引进的国外机种的技术，利用国内现有条件，创建超声速飞机气动力设计程序和计算方法；攻克了超声速飞机方向安定性和跨声速飞机抖振等重大技术难关，确保了飞机定型；利用系统工程管理方法，把飞机的各项专业技术融合在一个总体优化的机型内。

顾诵芬主持歼8飞机的气动力设计，并从1972年起全面负责歼8飞机的设计研制；担任歼8Ⅱ飞机总设计师，利用先进的系统工程管理方法，大大缩短了歼8Ⅱ飞机的研制周期；主持了主动控制验证机的研制；与苏联中央空气流体动力学研究院（TsAGI）合作研究远景飞机布局，为我国四代战机的研发奠定了坚实基础；担任C919、歼10、运20、教9等多个型号飞机的技术顾问或专家组负责人等。

歼8系列飞机是中国航空自主研制的一代传奇，共衍生近20种型号和技术验证机，捍卫中国领空长达半个多世纪。

此外，歼8系列飞机的研制，诞生了大量创新成果，促进了冶金、化工、电子等工业的技术进步。

科学成就离不开精神支撑，爱国精神是科学家精神的灵魂。

无数科学家青丝变白发，数十年如一日，把论文和成果镌刻在祖国的蓝天和大地。

在《我的飞机设计生涯》一书中，顾诵芬回忆那段往事，动情地说："歼8是'连滚带爬'搞出来的。"这句"连滚带爬"十分形象地反映了当时研制飞机的环境艰苦。

以身许国，何事不可为！"只想为国家做点事，国家的需要就是我们的需要，国家的需要就是我们个人的追求。"顾诵芬把自己的理想同祖国的前途、把自己的人生同民族的命运紧密联系在一起，为国分忧、为国尽责。

"亦余心之所善兮，虽九死其犹未悔。"即便是在最艰难的时刻、最危险的处境或是生命的最后一天，都不能轻易放弃。这就是顾诵芬他们那一代人的报国之心声。

心中有阳光，脚下有力量。

1959年，顾诵芬写下了第一份入党申请书。在申请书中，他写道："抗美援朝战争的伟大胜利、恢复和发展工业所取得的重大成就，使我深深地体会到没有共产党就没有新中国，也就没有我个人的一切。"

1981年4月，顾诵芬正式加入中国共产党。

如今，他更对年轻人充满期待："我只想对年轻人说，心中要有国家，永远把国家放在第一位。"

这就是顾诵芬。

三

　　航空科学技术是保卫祖国和发展经济的关键。

　　"大型运输机和大型客机有 70% 的技术可通用，通过实施大型运输机项目，将提高我国在大型飞机的气动力、机体结构设计、发动机、航电设备及材料和制造技术等方面的研制能力，为大型客机的研制创造条件。"

　　这是顾诵芬 2006 年 7 月在一次高层会议上的发言。

　　2006 年夏末，按照国务院领导同志的意见，大飞机专家论证会开始了，顾诵芬是论证会的三位主持者之一。

　　2007 年 2 月 26 日，国务院召开常务会议，听取大型飞机重大专项领导小组论证工作汇报，原则批准大型飞机研制重大科技专项正式立项，同意组建大型客机股份公司。国家在关于发展大飞机的决策中，听取了顾诵芬的建议。

　　2013 年 1 月 26 日，中国新一代大型运输机运 20 首飞成功。2017 年 5 月 5 日，我国自行研制的具有自主知识产权的 C919 大型客机首飞成功。

　　顾诵芬的设想得以实现，中国的大飞机已经展翅翱翔，必将飞得更远。

　　2018 年 5 月 28 日，在中国科学院第十九次院士大会、中国工程院第十四次院士大会上，习近平总书记指出："全部科技史都证明，谁拥有了一流创新人才、拥有了一流科学家，谁就能在科技创新中占据优势。"为此，必须"培养造就一大批具有国际水平的战略科技人才、科技领军人才、青年科技人才和创新团队"。其中，战略科技人才是创新人才金字塔的尖端，要发挥出战略性、牵引性、标志性作用。

　　在 2021 年 9 月举行的中央人才工作会议上，习近平总书记再次强调，要大力培养使用战略科学家，并指出，战略人才站在国际科技前沿、引领科技自主创新、承担国家战略科技任务，是支撑我国高水平科技自立自强的重要力量。

习近平总书记对"战略科学家"的定义是：具有深厚科学素养、长期奋战在科研第一线，视野开阔，前瞻性判断力、跨学科理解能力、大兵团作战组织领导能力强的科学家。

顾诵芬就是习近平总书记所说的那种杰出的"战略科学家"。

2021年11月3日上午，2020年度国家科学技术奖励大会在北京人民大会堂隆重举行。91岁的顾诵芬坐在轮椅上，从习近平总书记手中接过国家最高科学技术奖的奖章和证书。

台下掌声雷动，老人泪光闪烁。

荣膺国家最高科学技术奖的国之栋梁，为"战略科学家"立下了鲜明的标杆。

事实上，由于国防与航空工业性质特殊，顾诵芬为航空事业耕耘几十余载，直至1978年全国科学大会召开以后，因多次获得奖励和表彰，他的名字才渐渐进入人们的视野。

到航空工业部科技委员会工作后，顾诵芬总是高瞻远瞩，紧盯世界航空科技前沿。他注重理论研究，

国家最高科学技术奖奖章和证书

为重大项目的决策、实施建言献策，推动了航空装备和技术发展。

心怀山海，眼有星辰，永葆初心。

这就是顾诵芬。

四

"我现在能做的也就是看一点书,翻译一点资料,尽可能给年轻人一点帮助。"在这个当年总是"早晨第一个到办公室的人"的眼中,报国、强国的信念,执着而坚定。

自19世纪下半叶以来,科学研究进入大科学时代,科学不再仅仅意味着纯粹的知识探究,科学发现与科技创新成为在现代国家支持下展开的活动,也是国际政治、经济和文化角逐的焦点。中国的现代化历程充满艰辛,正是在中华民族伟大复兴事业的感召下,国家利益和人民利益的现实需要,成为一代又一代科学家投身科学事业的内在动力。

当前,面对各种"卡脖子"的技术短板,如果没有强烈爱国精神去争生存、求发展,是很难在短时间内迎头赶上发达国家的。唯有胸怀祖国的前瞻之人,才能真正明白,如果"卡脖子"技术问题不解决,就会使得国家和人民的命运受制于人;唯有从这种生存意识和危机意识中激发精神力量,才能坚定不移地通过创新寻求突破,化不可能为可能。

顾诵芬院士说:"参加两院院士大会,聆听总书记的讲话后,我整夜没能合眼,感觉压力很大,一直在思考航空工业到底要如何突破'卡脖子'的关键专业和技术问题。"

党的十九届五中全会明确了到2035年我国进入创新型国家前列、建成人才强国的战略目标。为实现这一战略目标,正需要顾诵芬这样一生燃烛、诲人不倦的"人梯"。

他心怀"国之大者",呕心沥血为未来培养人才。他勉励广大科技工作者,要在科技创新上下功夫,加强基础研究和应用基础研究,共同为加快建设世界重要人才中心和创新高地贡献力量。

这就是顾诵芬。

五

"像静水深流，静水里涌动报国的火，似大象无形，无形中深藏着强国梦。心无旁骛，一步一个脚印，志在冲天。振长策，击长空，诵君子清芬。"

2022年3月3日晚，感动中国2021年度人物名单揭晓，顾诵芬榜上有名！

面对采访的媒体，感悟自己70年的科研人生，怀着对后来者的期望，顾诵芬满面春风地说道："我只说三点：我们做科研工作的，首先想到的是国家；做事情不能凭空想，要多读书；要有团队精神，尊重团队的每一个同事。"

顾诵芬的心里有国家、航空、飞机、研究所、团队、老同事、老朋友，就是没有他自己。不管接受采访，还是讲座，他讲的都是他们那时设计制造飞机的条件如何艰苦，哪位同志作出了重要贡献，没有他们的话飞机就飞不起来，可是对自己的功绩总是一笔带过、不愿多提。提到大家的生活，哪位同志受了委屈，哪位同志应该受到照顾，谁的日子过得很苦，他都说得清清楚楚，但是谈到自己受的苦时，却总是云淡风轻。

93岁，他仍渴望做个忙碌的"上班族"，虽然身患重症，依然常常出现在办公室里，谈起飞机，便会眉飞色舞。这位看似普普通通的可爱老人，身上有种别样的航空人气质，兢兢业业、低调、谦逊、温顺平和。

"我这一辈子，就做一件事，能把童年时期的梦想付诸现实，是很幸福的。"

一路走来一路歌。他设计的飞机，飞掠过世界屋脊的山川，鸟瞰过一望无垠的大海，甚至扶摇直上2万米的高空。在他最最柔软无声的心底，用一生时间酝酿的，是那划破长空、最惊天的尖啸。

这就是顾诵芬！

第一章
立志：年少航空梦

七七事变爆发时，我在北平目睹和经历了日本帝国主义飞机的狂轰滥炸给中国人民带来的巨大灾难。那时，我就有一个梦想：我要设计飞机，保卫祖国的领空。

——顾诵芬　1993年5月

7 岁的梦想

童年的记忆总是铭心刻骨，甚至可以影响一个人一生的选择。

这些记忆有的是温暖的、幸福的，而有的是冰冷的、痛苦的，甚至是血腥的。

对顾诵芬来说就是后者。7 岁时那如噩梦般的一场轰炸，一下把他炸醒、炸大，也催生了他毕生为之献身的梦想。

这就是航空报国、航空强国。

2021 年 11 月 3 日，顾诵芬已是坐在轮椅上的鲐背老人，他从习近平总书记手中接过 2020 年度国家最高科学技术奖的奖章和证书。奖励大会结束之后，敏锐的记者向他问道：为什么会选择航空这个领域？为什么会在这个事业上奋斗一辈子，直到现在依然坚持工作？

顾诵芬的回答意味深长：选择航空研究，缘于自己儿时的一个梦想，一个和国家民族命运联系在一起的梦想。这个梦想出现在顾诵芬脑海的时候，他只有 7 岁。①

那是一场令人血泪俱下的轰炸。

那是令华夏子孙不能忘却的灾难。

那是令中华民族遭受凌辱、不堪回首的记忆。

1937 年 7 月 7 日下午，日本华北驻屯军第 1 联队第 3 大队第 8 中队，由大队长清水节郎率领，荷枪实弹开往紧靠卢沟桥中国守军驻地的回龙庙到大瓦窑之间的地区。

19 时 30 分，日军开始演习。22 时 40 分，日军声称演习地带传来枪声，并有一士兵（志村菊次郎）"失踪"，立即强行要求进入中国守军驻地宛平城搜查，中国第 29 军 37 师 110 旅 219 团严词拒绝。

日军一面部署战斗，一面借口"枪声"和士兵"失踪"，假意

---

① 《感动中国：亲自坐上战机上天观察，顾诵芬攻克歼-8 研制难题》，人民网，2022 年 3 月 6 日。

与中国方面交涉。

7月8日晨5时左右，日军突然发动炮击。

中国第29军司令部立即命令前线官兵："确保卢沟桥和宛平城"，"卢沟桥即尔等之坟墓，应与桥共存亡，不得后退"。

同一天，中国共产党中央委员会通电全国，呼吁："全中国的同胞们，平津危急！华北危急！中华民族危急！只有全民族实行抗战，才是我们的出路！"并且提出了"不让日本帝国主义占领中国寸土！""为保卫国土流最后一滴血！"的响亮口号。

七七事变，标志着日本帝国主义全面侵华战争的开始。

日本侵略者的飞机肆无忌惮地盘旋在中国东北、华北的领空，轰炸中国兵营之时，顾诵芬正在燕京大学附属小学读书。

7月28日，日军出动了轰炸机编队，目标就是驻扎在北平的中国29军军营。

而29军的驻地，距离顾诵芬家所在的蒋家胡同3号院不到2000米。

这是顾诵芬的父亲顾廷龙担任哈佛燕京图书馆驻北平采访处主任时的住处，而他们的邻居就是同在燕京大学就职、同住这方四合院的历史系教授韩儒林。

那一年，7岁的顾诵芬是燕京大学附小的一名小学生，他对那一幕终生难忘：

"剧烈的爆炸声把我从睡梦中惊醒了。我连忙跑出房间，只听见天上不断传来巨大的轰鸣声，抬头望去，日本人的轰炸机排着整齐的编队向西飞去。

"爆炸所产生的火光和浓烟仿佛近在咫尺，玻璃窗被冲击波震得粉碎……"

"当时，人们惊慌失措，又哭又叫，不知道如何是好。幸好有韩儒林老师，他刚从德国留学回来，懂得如何防空避险，立刻向大家大声喊道：千万别出来，赶紧躲在桌子下！"顾诵芬回忆道。

燕大附小二年级师生合影（前左四为顾诵芬）

为此，顾诵芬对韩先生充满感激之情。

韩儒林系元史权威，后来任国务院学位委员会委员，南京大学历史系主任。"板凳要坐十年冷，文章不写一句空。"这副广为流传的对联的撰写者就是韩儒林。

为铭记这段历史，半个世纪后，顾诵芬陪父亲旧地重游，专门在蒋家胡同合了个影。

国难当头，顾诵芬目睹了日寇的铁蹄践踏祖国山河，冲击波产生的震动远不如他心底的悲怆和愤怒来得猛烈。

"为什么日本人的飞机这样野蛮？他们为什么要轰炸我们国家？"

"我们怎么没有飞机回击？！"

"没有飞机，我们处处受人欺负！"

……

一股热血涌上年少的顾诵芬心头。

侵略者飞机的轰炸声成了顾诵芬毕生印象最深刻的声音。

"飞机这家伙太厉害了，没有它，我们只能被动挨打！"

就是这个声音，托起了一个少年的救国梦、强国梦。

就是在这一天，顾诵芬幼小的心灵里萌发出一个梦想。

此刻，他明白了一个道理，因为我们没有自己的飞机，所以只能眼睁睁地看着别人轰炸我们的国土，我们就只能受强盗欺负。

"中国只有强大起来，才能抵御外侵。"

侵略者点燃的战火烧着了顾诵芬心头的怒火。他暗暗发誓："一定要搞出属于中国人自己的飞机！"

1993年5月，63岁的顾诵芬在全国总工会组织的一次报告会上动情地说：

"我从事航空工业已有40多个春秋，先后组织领导和参与过多种飞机设计工作，为祖国的航空事业做了一些工作，取得了一点成绩……其实，这些年我在实现着一个童年的梦想。七七事变爆发时，我在北平目睹和经历了日本帝国主义飞机的狂轰滥炸给中国人民带来的巨大灾难。那时，我就有一个梦想：我要设计飞机，保卫祖国的领空。"[①]

此时，儿时的梦想已花开满天。

家族的浸润

顾诵芬播下这个梦想的种子，还与他出身的家庭与家族有关。

具有深厚文化底蕴的书香家庭、温暖环绕的亲情，浸润着幼年顾诵芬的兴趣和初心。

1930年2月4日（农历一月初六），顾诵芬出生于江苏苏州十梓街116号。

这里不仅是个幽静的宜居之处，同时还是一所文化底蕴厚重的

---

① 顾诵芬：《把理想写在祖国蓝天》，《工人日报》1993年5月4日。此文为顾诵芬在全国总工会组织的报告会上的发言。

大宅院。

顾诵芬出生时，这里叫严衙前，因明代学士严讷故里而得名。

这个院子是顾诵芬的曾祖父顾祖庆（1859—1919）在 20 世纪初买下来的。后来，苏州市于 1980 年将原十梓街、严衙前、天赐庄合并命名为十梓街。

顾诵芬的父亲顾廷龙是苏州名门唯亭顾氏家族第十四世顾元昌的长子，曾就读于上海持志大学国文系；母亲潘承圭，也系出名门，为苏州望族"贵潘"后人潘亨谷的女儿。

据史书记载，明、清两代，不少姓潘人士因经商或痴爱吴中山水，到苏州定居。作为清代"彭宋潘韩"四大巨族之一的潘氏家族，就是明末清初从徽州大阜迁至苏州的，旧称"贵潘"。苏州潘氏一门，先后出了九名进士；此外，还在商业、慈善、地方要务等方面多有建树。

潘承圭的兄长潘承厚、弟弟潘承弼，都是藏书家、版本目录学家。他们的堂叔祖即晚清名臣潘祖荫，其滂喜斋藏书和大克鼎、大盂鼎等藏品，皆为后世津津乐道。

顾诵芬的外祖父潘亨谷，曾为光禄寺署正、附贡生，著有《耐庵诗存》。在这种家学渊源的环境中耳濡目染，潘承圭自幼受到了淳朴家风的熏陶和族人亲属博学广识的影响。

顾诵芬的祖父顾元昌擅长书法，自幼致力于书法研究。顾廷龙很早就在精通国学、书法的父亲启蒙下，沉潜精进书法，年轻时书法就很有造诣。"顾元昌当时在苏州振华女学（今苏州十中）等校任书法教师……有时顾元昌身体欠佳，就让顾廷

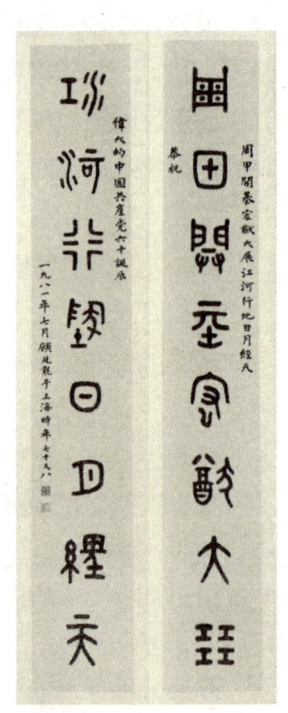

父亲顾廷龙留给顾诵芬的书法作品（周甲开基宏献大展江河行地日月经天）

龙代他去给学生上课。"顾诵芬回忆道:"我祖父非常重视书法,我三岁的时候他给人家写对联,硬是把着我的手让我写。"①

文脉传承,翰墨飘香。顾诵芬就是在这样的家庭环境里一天天地成长。

家庭是孩子生活的最亲密环境,孩子从一出生,就和父母在一起,孩子的语言文字学习、心理思想态度、行为举止习惯都受到父母的熏陶和感染。无疑,这样的家庭氛围对顾诵芬的成长是十分有利的。

1932年6月,顾廷龙在燕京大学研究院国文系修业期满,获得文学硕士学位,应燕京大学图书馆馆长洪业邀请,到燕京大学担任采购古书的工作,并兼任美国哈佛大学哈佛燕京图书馆驻北平采访处主任。

1933年10月7日,祖父顾元昌病逝,顾诵芬被寄养到外祖母家里。

曾外叔祖王同愈为顾诵芬取名,除按中国传统辈分排序选择"诵"字外,还借鉴了晋代陆机《文赋》中的名句:"咏世德之骏烈,诵先人之清芬。"

名如其人。"英谋信奇绝,夫子扬清芬。"儒雅之风,山高水长。

在外祖母家住的时间虽然不长,但这段经历给顾诵芬留下了深刻印象。

后来,他回忆道:

"那是在苏州相当阔气的一个家庭。外祖母家里的上辈我只知道当过清朝的丞相一类。我外祖母那一支不是丞相的嫡系。外祖父去世很早,所以主要靠我的大舅潘承厚支撑,大舅16岁就当家了。大舅文采也很好,他们都是靠私塾老师教,念的古文很多,而且大舅能画画,也能写字。我的外祖母家的老二就是我母亲。老三潘承弼也是懂国学的,比我父亲小一岁,后来就到合众图书馆去了,也

---

① 老科学家学术成长资料采集工程顾诵芬院士采集小组编《顾诵芬传》,师元光执笔,航空工业出版社、人民出版社,2021年11月第1版,第12页。

苏州山塘街雕花楼的第三进保存有顾诵芬祖父顾元昌题词"祠宗泽远"

有很深的文化底子。他是章太炎的学生。"

言及幼年在苏州老家的生活，顾诵芬平静地回忆道：

"我的家庭背景是这样，在旧社会也不存在吃不饱的时候。应该说，我们家也是大地主，在苏州主要是靠佃租。把乡下的田租给了村民，然后每年秋天来收粮收钱，这样维持这个家。

"到抗战开始就不行了，佃租收入也少了，所以我父亲那一代都去找别的工作。我父亲的弟弟顾廷凤，在交大①念了两年多大学，没念完，他是学机械的，跟我的老师曹鹤荪、王宏基都是同学。我的绘图仪就是他传下来的，很不错的德国货，鸭嘴笔做得很精，可以画很细的线，国产的做不到，现在买不着那个了。

"他后来为什么不念了呢？因为他英文比较好，也经常在报刊上发表文章，结果被上海的《密勒氏评论报》聘用。埃德加·斯诺在那里当过记者。1941年珍珠港事件后，该报的美国老板鲍威尔被关到集中营，直到抗战胜利。我叔叔因为能写，也能说一些，后来他就负责广告部门。该报比较倾向于抗日，他也非常爱国。那个时候，洋行的华员组织的抗日救援活动他都参加了。"

"我虽然在苏州只待了五年，但是认真读书的习惯，是在苏州养成的。正是这种爱好读书的风气，使得苏州出了不少有名的文化人和科学家。"顾诵芬说。

他在言语之中透露出对家乡的热爱和眷恋。

如今，宅子门口悬挂着苏州市控制保护建筑"顾宅"简介，这座古宅建于清代，由苏州古城投资建设有限公司实施修缮保护工程，并已竣工。

苏州一中是顾廷龙的母校。

顾廷龙生前淡泊名利，得了奖金稿费，都用于图书馆事业或上交党费。1999年4月，顾诵芬在父亲去世后的第二年，继承父愿，将父亲生前收藏的珍本、孤本、善本藏书4000余册悉数捐赠给苏州

---

① 交大，指上海交通大学，简称"上海交大"。

一中（当时名为"苏州市第一中学"），学校专门为此设立了"顾廷龙赠书珍藏室"。

2001年，顾诵芬应苏州一中邀请，为该校师生开设专题讲座。

2004年10月12日，"顾廷龙百年诞辰纪念活动"在上海图书馆举行，顾诵芬参会发言，追忆先父。

会后，顾诵芬回到故乡苏州，走进父亲的母校苏州一中，将自己亲手设计的歼8飞机的模型赠送给学校，并参观了学校的"顾廷龙赠书珍藏室"。

2007年5月，时任苏州一中党委书记冯黎、副校长陈伟国等校领导赴北京专程拜访了顾诵芬，并向顾诵芬介绍了学校的发展和百年校庆的工作。顾诵芬将顾廷龙的300多种400多册珍贵藏书整理完毕，进行了分类登记和打包，并代父将这些藏书赠送给母校，这是顾诵芬第二次代父向母校赠书。

此后，苏州一中校领导又于2011年9月、2017年5月两次赴京探望顾诵芬，顾诵芬寄语学校越办越好。

父亲的启蒙教诲

在顾诵芬眼里，父母就是他的第一任老师，也是最好的老师。

父母的言行时时在教育着他，引导着他，尤其是父亲。

顾廷龙1924年考入上海南洋大学（今上海交通大学）机械系后不久，转学去了刚刚成立的国民大学商科经济系，只因校长是国学大师章太炎，教授有文字训诂学家胡朴安。顾廷龙进校后读经济系，却选修多门文科课程；再后来，干脆转入国文系。

然而，在儿子顾诵芬的读书选择上，顾廷龙从来不过多干涉。

顾廷龙自己是书法大师，但他并不逼儿子练字。"我临摹字帖总是写不好，父亲看了也只是摇头。我喜欢航空，想当工程师，那些史书读不进去，所以父亲只能让我（放任）自流了。"顾廷龙从不强行向儿子灌输自己的读书取向，只是偶尔叮嘱："当工程师也要懂些古文，要学好中文。"

受到深厚家学渊源的熏陶和父亲工作的影响，"多读书"三个字深深印刻在顾诵芬心里。

父亲顾廷龙

顾诵芬还在读小学时，父亲就让他看完了《水浒传》《三国演义》《西游记》等名著，怕伤眼，父亲借馆藏木刻大字本给他看。

读中学时，在一堆古籍中，顾诵芬对科技图书感兴趣，他发现了徐光启翻译的《几何原本》，以及清末民初翻译的《七位对数表》《三角》等自然科学书籍，于是就爱不释手。

直到晚年，只要一说到"读书"，顾诵芬总是脱口而出："要念书。人的知识是有限的，要不断学习，多看书。"

作为父亲，顾廷龙也曾想培养顾诵芬的文史功底，他最初希望儿子能继承自己的事业，尤其是在大儿子不幸早夭后，更是寄厚望于幼子诵芬。

但他从没横加干涉过儿子对飞机、对理工制造的热爱。相反，对儿子的教育，顾廷龙从孩子的兴趣爱好出发，从不带儿子去娱乐场所，只去博物馆和工厂。

儿子喜欢航模，他就带儿子去航模店。

顾廷龙对儿子的爱，倾注于点点滴滴之中，可谓舐犊之情尤深。

1940年6月11日，10岁的顾诵芬偶发寒热，36岁的顾廷龙便在11日、12日、13日、14日、15日的日记里，每日仔细记下"诵芬热度退净""退后复升，午后又退，但未净""又升，同往医治""退又升"，直到16日"稍愈"。一夜热度"甚高"，顾廷龙"彻夜未睡"，连日"心绪皆不定"，直至"诵芬渐愈"。

可顾廷龙从不迁就和溺爱儿子。

顾诵芬小时候也会淘气。

一次，在家请客吃饭，顾廷龙拿出一些藏品让大家欣赏。客人走后，放学回家的顾诵芬一时无处可去，闹了起来，一屁股坐在屋角三脚木架的底层，结果木架一下子倒了，架上摆放的藏品全砸了。

顾诵芬回忆说："特别珍贵的，应该是放在木架顶上的、我五舅送给我父亲的一个紫砂茶壶，这是请吴大澂定做的。

"那次，我父亲很火，很火。那是我父亲对我训得最严厉的一次，他还打了我。"

顾廷龙对顾诵芬的爱还体现在谆谆教导方面。他曾给顾诵芬写了书联："周甲开基宏猷大展，江河行地日月经天。"足见其作为父亲的一片良苦用心。

集中精力，沿着热爱，向价值和意义钻下去、深入下去，是顾廷龙的事业追求，也是父子俩人生的共同点。

顾廷龙最有研究的，不仅有广为人知的图书馆学和版本目录学，也有为世公认、办过特展的书法，还有古文字学。

顾廷龙在燕京大学的研究生毕业论文是《说文废字废义考》，他著作等身，本可在学术研究方面取得更大成就，但他毅然接受邀请南下，在给叶景葵的信中写道："窃谓人不能自有所表现，或能助成人之盛举，亦可不负其平生。"

在顾廷龙的内心深处，最重要的是爱国。

七七事变后，在战火中，江南一带文物古籍流散，日美等国多方掠夺搜罗。叶景葵、张元济等为此倡办上海合众图书馆，特邀顾廷龙南来主持此事。当时举步维艰，"空无一人，空无一物"，顾廷龙毅然举家南迁，出任总干事，与众人共襄义举。

这一义举本身对一同南下的顾诵芬来说，就是最好的言传身教。

"虽然1938年日本人在北平的势力没完全进入燕京大学范围，但我父亲在七七事变前就参加了顾颉刚组织的抗日宣传，有专门的信件，好多教授签名，我父亲也签了。"顾诵芬回忆，宋哲元告知顾颉刚，日本人要抓他，于是顾颉刚赶紧只身离开北平，走得急，所有存留在寓所的书籍、稿件、信札，都是由顾廷龙安置的。

烽火连天的岁月，顾廷龙竭尽所能，最后在燕京大学教授、中国共产党党员侯仁之的协助下，将重要藏书和文稿放入时任燕京大学校长司徒雷登住所的地下室。

在《顾廷龙年谱》中，记录了这样一些景况：

顾颉刚先生

1944年10月10日，赴静安商场，阅书店。先生日来精神不佳，不耐伏案，闻物价飞涨之声，即窘迫之束日紧。22日赴四马路阅肆，书价昂而不敢问津……"生活维艰，年况愈下，思之凄然。"2月7日，夫人斥金饰度岁。"绝不愿谋分文不义之财。于是自束至一无乘隙处，此忧患亦无愧无怍矣。"

1948年，顾廷龙应朋友李英年之请，为其子开讲了一个夏天的《孟子》，顾诵芬也一起旁听。"父亲正儿八经给我讲授国学，就这么一次。"顾诵芬回忆说。

顾廷龙是一位有着远大抱负的人，在合众图书馆创办之初就树立了要与日本的东洋文库比高低的目标。因为在当时，东洋文库作为日本最大（也是全球第五大）的亚洲研究图书馆，专门把中国与中国文化作为主要研究对象。

上海解放后，顾廷龙担任上海市文管会收购委员会书籍组委员，为国家收集了大量的古籍善本。1958年，由合众图书馆改名的上海历史文献图书馆与上海图书馆合并；1960年，顾廷龙被任命为上海图书馆馆长（后被聘为名誉馆长）。

1977年，顾廷龙按照周恩来总理关于要尽快把全国善本书目编出来的指示，开始大规模的古籍普查工作。1980年，《中国古籍善本书目》编辑委员会正式成立，顾廷龙担任主编。经过10年的艰辛努力，这部被称为近年来中国图书事业最大成就的辉煌巨著终于完成。

1991年7月11日，为表彰上海图书馆名誉馆长顾廷龙的特殊功绩，上海市政府特给予他记大功奖励。在生命的最后几年，顾廷龙还孜孜以求，致力于完成顾颉刚的托付，主持编纂《尚书文字合编》。此书于1996年出版。

1992年，顾廷龙胃癌手术后在上海家中无人照顾，顾诵芬把他接到北京照料。1998年8月22日，顾廷龙在北京去世，享年94岁。

顾廷龙一生有66个年头从事于图书馆事业，历任合众图书馆总干事，上海图书馆筹备委员会委员，上海市历史文献图书馆馆长，上海图书馆馆长，上海图书馆名誉馆长，《辞海》编委和分科主编，国家文物鉴定委员会委员，国务院古籍整理出版规划小组顾问，中国图书馆学会第一、二、三届副理事长，中国书法家协会名誉理事，在图书馆建设、馆藏发展、馆藏揭示与传播、图书馆服务等方面积累了丰富的经验，对图书馆定位、图书馆员、图书馆职业精神有深刻的看法。

顾诵芬回忆自己的父亲说："先父对我国的图书事业倾注了毕生精力，自谓'一生主要做三件事，就是为图书馆收书、编书、印书'。"[①]

顾廷龙一生自《章氏四当斋藏书目》始，编撰了大量书目。他主编了《中国丛书综录》《中国古籍善本书目》《续修四库全书》等影响深远的大型图书；另编著了《清代朱卷集成》、《明代版刻图录初编》（与潘承弼合编）、《尚书文字合编》（与顾颉刚合辑）、《古匋文春录》等文献学、版本目录学、文字学作品。

顾廷龙的书法亦闻名海内外，钟鼎金文的建树堪称尤功。作品多次在国内外展出，并被多处博物馆、纪念馆收藏。

顾廷龙一生为我国的图书事业操劳奔波，被誉"万卷治琳琅毕

---

① 沈津编著：《顾廷龙年谱》，上海古籍出版社，2004年10月第1版，第951页。

生尽瘁图书业，九五铸风华终身追求清澄路"。

李文1951年参加工作，1955年在合众图书馆跟随顾廷龙从事图书收集与联络工作。他回忆顾廷龙："既是精神导师，又是像父亲一般的亲人。"2019年6月28日，由李文口述、黄春宇撰写的回忆顾廷龙的文章发表在上海《文汇报》上。

在文章中，李文回忆道：

"在我眼里，顾老既是精神导师，又是像父亲一般的亲人，师母潘承圭对我也是关怀有加。1958年干部下放，她给我买了一套绒衣绒裤。'郊区比市区冷，棉毛衫不耐寒。'我顿时难掩泪水。'文革'结束，物资供应还不充裕，有一天顾老突然来看我，把儿子诵芬孝敬他的面粉和猪油都拎了过来。'你家人多，口粮不够。'

"顾老给我留下的最深印象是与人为善、助人为乐，这一点，认识他的人都有切身体会。我再讲个故事，曾任上海市文化局副局长的方行在中华人民共和国成立前时常到合众图书馆看书，这个好学的年轻人吸引了顾老的注意。有一次，他主动上前打听对方喜欢读什么书，聊着聊着还不忘索要住址，表示日后有机会登门拜访。后来，方行有段时间没来，顾老忍不住了，根据手头的地址去找，结果发现门牌号根本不存在。这个疑问在多年以后才解开——方行从事地下工作，尽管有愧于顾老，但也只能隐瞒真实情况。一场误会成就了一段美谈，中华人民共和国成立后，他们既是上下级，又是忘年交。

"顾老的待客之道确实值得学习，但他对于图书事业近乎疯狂的热爱，最初让我难以理解。有时我们正在房间吃着饭，听到屋外有收破烂的小贩在吆喝，顾老立刻发话了：'李文，你快去叫住他。'当着众人的面，堂堂馆长无所顾忌地在废纸堆里翻来搗去，如果发现了什么有价值的'宝贝'，他就会出双倍价钱买下来，比如永安公司老板郭家的日常开销账册。……

"在顾老的手底下工作，我们经常自嘲是收垃圾的，就我个人而言，这么多年没有穿过一件好衣裳。每天把书搬来搬去，屋子里尘土飞扬，哪像现在的图书馆，可以随意穿着体面的衣服。顾老同样如此，有时忙了一天，他身上的灰反而更多。不怕苦、不怕脏只是基本条件，如何跟垃圾打好交道也是一门学问……

"另一个与垃圾有关的故事应该是流传最广的，同时也最具代表性。1955年，上海造纸工业原料联购处从浙江收购了约200担废纸，得知其中可能包含线装书，顾老当机立断带着工作人员去垃圾堆蹲点。现场环境相当恶劣，大家灰头土脸地连续干了11天，挽救了一批珍贵的历史文献。后来，'虎口脱险'的战利品用黄鱼车、板车运了回来。再看看顾老，两个鼻孔黑黑的，就跟烟囱口似的。

"提到顾老，就不得不提上海图书馆收藏的家谱。当时没人理会这些又脏又破的旧物，我们也是敬而远之。顾老却能慧眼识珠，本来是废纸一堆的家谱，在历史文化研究领域却获得了新的生命。现在想想，这个老先生真的不一般，因为中华人民共和国成立初期的政治运动一个接着一个，他能坚持下来需要多大的勇气。今天我们都在谈如何追寻中国传统的文化与精神，家谱的研究价值是其他史料无法比拟的。在上图的家谱文献正式对外开放前，著名新闻工作者邓拓是第一个读者，顾老帮着一起查找资料，直到对方心满意足地离开。……

"无论是金钱，还是权力，顾老自始至终都看得很淡，对待一辈子热爱的事业则恰恰相反。早在历史文献图书馆时期，他心底就有了个愿望——以圣彼得堡的俄罗斯国家图书馆为模板，把自家的图书馆办好，在传承历史、传播文化的过程中发挥更大作用。1956年，上级部门要求历史文献图书馆为科研单位、机关、高级知识分子服务，确立了定位后，顾老的兴奋之情不可言喻。"

顾诵芬真正和父亲朝夕相处的日子，除了5岁到北平后、21岁离开上海前那16年，就是父亲手术后将其接到北京、至其逝世前那6年。父子68年，相聚22年。父慈子孝，此生亲情至真至深。

"我受父亲的教育，体会最深的一点，就是做什么事情都不能'拆烂污'。"

"拆烂污"是上海话，大意是苟且马虎、不负责任。

说到"不能'拆烂污'"，顾诵芬说，父亲是自己的启蒙老师。

在父亲的教育下，顾诵芬一辈子都是如此："一件件事情延续过来，没有什么事情做一半扔掉，一定要做到底，这对我影响很大。"

姑父的熏陶

1935年上半年，顾诵芬被接至上海万宜坊，在叔叔顾廷凤家里住了约半年。

这是当时上海法租界精心设计的高档住宅区。

顾廷凤因膝下无子女，对聪慧机灵的侄子顾诵芬偏爱有加，也注重对他进行培养教育。

5岁的顾诵芬住在叔叔家里的时候，姑父黄橚培经常开着车来看他。顾诵芬的姑姑顾廷慧，字智文，嫁给了教育家、实业家、政治家黄炎培的堂弟黄橚培。

尽管姑姑早逝，姑父黄橚培却一直关心着顾诵芬的成长进步。

姑父对顾诵芬的影响也很大。

顾廷龙多次对顾诵芬说："我们家族里真正称得上是工程师的，就是你姑父。"

顾诵芬记得，当年，姑父自己有一辆车，是英国奥斯汀，车很小，他总是跟着两个表妹，挤在姑父的车后座。晚上，姑父带着三个孩子去看夜景，顾诵芬印象很深。

在这个俊才云集的家族亲友队伍中，年幼的顾诵芬受到了传统国学和外来科学技术知识的渗透和影响。

姑父黄橚培对他的影响不仅仅体现在工程技术上，更重要的是其高尚的人品和爱国主义精神。

顾诵芬的大表姐黄夙，2010年11月撰写了文章《怀念父亲黄橚培》。

她这样写道：

"我父亲崇尚科学，面对贫穷落后的旧中国，他把所学的科学知识和国外先进技术运用到兴办民族工业上，研制国产机械设备，为实现'工业科技救国'的抱负做着不懈努力……

"父亲的爱国情怀还表现在，他把自己的命运与国家、民族的命运连在一起。1932年1月28日，淞沪战争爆发，父亲积极奔走呼号，动员市民为抗日将士募捐。他还发动全厂职工，并会同胡厥文先生的新民铁工厂，为前线制造了一批手榴弹、迫击炮引信等前线急需的军需物资。他还带领全家老小制作棉背心和装米的米袋，8岁的我将炒米装入米袋的经历至今仍记忆犹新。他还为十九路军架设电网，与蔡廷锴将军面谈，了解前线战况和需求，并赶往有关部门，洽谈前线装甲车、防毒面具等军需品的配备事宜。抗日将士为了答谢父亲，特赠他一块铜制的敌人炮弹底座留作纪念。父亲请其兄黄炎培为其题词，伯父欣然为父亲题了'铁花何斑斑，中有战士血'。父亲将伯父的手迹亲自镌刻在炮弹底座上，以缅怀那些为国牺牲的抗日将士。'八一三'日寇入侵上海时，我母亲将炮弹底座埋在家门前的冬青树下，等抗战胜利，家人将其取出时，炮弹底座因受腐蚀，字迹已经模糊了。现在此物已捐献国家，陈列在中国革命历史博物馆内。"

年幼的顾诵芬多次听父亲、表姐等亲人讲到姑父黄燨培一桩桩一件件救国救民的爱国事迹，在他幼小的心田里，播下了爱国的种子。

每每回忆起姑父，顾诵芬的言语中总是流露出钦佩，饱含着敬重。他多次动情地说："姑父很爱国，'一·二八'的时候，给十九路军送东西，他自己开车去取。'八一三'以后，他又把他们的厂搬到了重庆……"

在姑父家里，顾诵芬的爱国之情经历了一个耳濡目染、循序渐进，然后深化内心的过程。

在优秀的长辈们的影响下，在家庭环境的熏陶下，顾诵芬的人生追求和个人理想,与国家民族的利益紧紧相系。

顾诵芬在叔叔这里住的时间不长。

1935年8月,顾廷龙将全家接到北平,搬到海淀区的成府蒋家胡同,住进族兄顾颉刚的住宅。

1935年8月,在北平成府蒋家胡同寓所。左起:顾自珍(顾颉刚次女)、潘承圭、顾颉刚夫人、顾颉刚、顾廷龙。

哥哥的引导

"我们到北平的时候。正是顾颉刚名气最大的时候。他在多处任职,每天往返于城里城外。我记得,在北平的教授中,只有他有私家汽车。

"我还享受过他的汽车。当时颉刚的父亲在杭州任县官,到北平来看他,颉刚安排他的父亲到北平名胜古迹游览,我在上学,请了假陪他。颐和园、玉泉山等地都去了,我印象最深的是有一处种满松树的地方,林木深处有一所玉石砌成的房子,很静寂。我不知道这是一个什么地方,以后再也没有去过……"顾诵芬在自传里回忆道。

按家族辈分讲，顾颉刚是顾诵芬的族兄，却比顾廷龙大 11 岁。他的住宅位于北京海淀区成府路蒋家胡同 3 号院。顾家到北平后就住在这里。

在北平，顾诵芬开启了燕京大学附属小学的学习生活。

在燕京大学附属小学的生活，是顾诵芬人生中最快乐美好的时光。在那里，他留下了许多天真无邪的童年趣事。

"燕京的教育跟苏州不一样，学校是正规学校，同学也多，一起玩。那时候经常出去钓鱼，就在未名湖。

"钓鱼，就在岸边上站着，看石头缝，那时候他们叫爬拉虎，那鱼就趴在那石头上，扁的，不是在水里游的。鱼钩不是买的，都是自己做的；拿别针弯一下，上了鱼饵以后很快就钩起来，一般一个下午能钓起来两三条。还有就是跟同学上别人家里串门。

"那时候，燕京附小在燕京大学校园里头，现在没有了，原来的房子都看不见了。那是土房子，一排大概有六间，四间是教室，两间是老师的休息室。

"那时候，我们不知道什么叫湖，可能当时已经叫未名湖，我们也不知道，常在湖边玩。附近有水塔，从水塔那里上个坡后，不远就到我们学校了。学校建设很差，只铺好了一个小足球场，我就在那儿学会了踢小皮球。另外就是学骑自行车。当时有好几个同学都有小自行车，有一回他们把自行车后架子支起来，让我在上面骑，好像挺安全，没事。谁知道骑着骑着后面那个支架翘起来了，那自行车就向前走了。

顾诵芬与哥哥顾诵诗在蒋家胡同 3 号院

我学自行车没摔过,就这么学会了。学会以后就老想骑……"

小学岁月的回忆,让顾诵芬感到附小生活的温暖、同学情谊的纯真。

尽管顾诵芬此时刚到北平不久,性格也有些内向,但并不妨碍他结交一些好朋友。其中,联系最多、交往时间最长的,就是后来成为美国航空复合材料专家的蔡为伦。

在小学二年级时,顾诵芬受哥哥顾诵诗的影响,开始接触航模。

顾诵诗出生于1923年,比顾诵芬大7岁。1935年跟随父母来到北平后,顾诵诗就读于北平崇德中学堂(崇德中学,今北京市第三十一中学)。

这所中学在当时的北平是一所非常好的学校。

学校在重视传统文化教育的同时,对西方的文化,尤其是工程技术相关的知识教育看得很重,为国家培养了不少杰出的人才。如著名科学家杨振宁、建筑学家梁思成等,小时候都在这里上过学。

在顾诵芬读小学以后,兄弟之间的交流也多了起来。顾诵诗在复习功课、准备考试时,叫弟弟诵芬看看学校出的复习题,自己背诵答案;如果有错误,让弟弟马上给予纠正。哥哥相信刚上小学的弟弟能看懂初中课本上的答案。弟弟呢,对哥哥的记忆力也非常钦佩。

然而,天有不测风云。

1939年9月26日,顾诵诗因病去世,一家人万分悲痛。

后来,顾诵芬在回忆哥哥对自己的关爱时,动情地说:

"哥哥上学在城里,回来的时候总想着给我带点什么玩具。那个时候北平有意思的是赛马的玩具,一个木制长盒,上面有布,上弦的,那布能动,如果安装不好,几匹马不能一起走,有的走得快,有的走得慢。他大概是节约了饭钱给我买这个东西。我们兄弟之间感情很深。"[1]

---

[1] 老科学家学术成长资料采集工程顾诵芬院士采集小组编《顾诵芬传》,师元光执笔,航空工业出版社、人民出版社,2021年11月第1版,第31-32页。

当时，学校里教学生用硬一点的纸板做滑翔机，用橡皮筋弹射。诵诗把在学校里做好的滑翔机拿回家里，在蔚秀园内空旷处为弟弟放飞。天空中翱翔的飞机模型吸引了年幼的弟弟，顾诵芬以极大的兴趣与哥哥一起制作，一起到园里放飞。可以说，就是从哥哥这里，顾诵芬萌生了对航空的热爱并受到启蒙。

哥哥对他的影响是无形而又深远的。

也就是从这时开始，顾诵芬对飞模、船模情有独钟。

有同学专门提起，顾诵芬与航空事业的不解之缘离不开一个人，这个人就是他的哥哥顾诵诗。

"哥哥顾诵诗在崇德学校读书，每当回家时，他总会将在学校接触到的航模带给弟弟诵芬。一来二去，顾诵芬对航模产生了无限的兴趣。"

顾诵诗也喜欢理科，他的动手能力很强。因为学校离家很远，不能天天回家陪母亲，他就自己动手给母亲做了一个矿石收音机，让母亲闲着的时候戴着耳机听听歌曲，为此母亲感到非常欣慰。

而这一切，对弟弟顾诵芬起到了潜移默化的作用。

生日礼物与手工实践

1940 年，在民族危亡、外敌侵略之际，顾诵芬在 10 岁生日的时候，收到了担任中学物理老师的堂叔顾廷鹏的一份"特殊的生日礼物"——一个航空模型小飞机。

那个航模是木结构的杆身，以橡皮筋为动力。

顾诵芬如获至宝，非常高兴。

父亲见他如此喜欢，便带他到上海一家航模店又买了一架舱身型飞机模型。

那个商店是香港人开的，那个航空模型是进口的。当店主拿出一架一米翼展的橡筋动力的航模从柜台上起飞，撞到天花板下来还能继续飞的时候，顾诵芬看呆了，喜欢之情难以言表。

"我父亲看到我这样的情况，就咬咬牙给我买了一架，那时候花了好多钱，这在当时是很难得的。回家以后，我们家的亲戚都议论，说我父亲对我太惯了。"

顾诵芬从此便沉浸在飞机模型的世界里，开始了造飞机的伟大梦想。

飞机模型拿回来后，天气好的时候，顾诵芬就拿到外面飞，下雨时就在屋子里飞。当然了，飞飞撞撞的，飞机就坏了。坏了，顾诵芬就自己修。但是有些问题不好解决，如它的机身结构是用轻木条粘起来的，那轻木条当时我们国家是没有的，都是进口的，那怎么办？

"我就只能用火柴杆来替代轻木条粘起来。胶水那时候也没去买，但是知道用胶片在丙酮里面化开以后，凝固了就可以当胶水用，而且干得很快，这样我就用这东西补飞机。飞机的蒙皮要薄，而且不能很结实，要有韧劲儿。这纸我们家有，因为我父亲那时候看古书，有些重要的文字他要用这种纸描下来。这样，我慢慢就能自己修理那个航空模型。

"再加上我父亲给了我一套不全的《小学生文库》，那是30年代专门讲航模的书，我看了很感兴趣，反复地读，对航模慢慢就钻进去了。每年的寒暑假，我的时间大部分都消磨在做航模上。"

有一天，顾廷龙在旧书店看到了半套商务印书馆出的《小学生文库》，很便宜，就买了回来，放在顾诵芬屋里的一个藤书架上，占了一层。

《小学生文库》是20世纪30年代商务印书馆出版的一套文库性质的小学生读物，作者包括近百位教育家、文学家及各领域的专家，涵盖自然、社会、文化、生活等方方面面，内容丰富，做模型的、讲音乐的、讲历史故事的，什么都有，总共45类共500册，当时产生了巨大的社会影响。

这半套《小学生文库》，真是成了顾诵芬的最爱。

课余的时候，顾诵芬经常阅读这些书籍，极大地开阔了他的眼界。

后来，顾诵芬从美国《大众科学》（*Popular Science*）杂志上知道了世界上最先进的航空模型制造方法，但上海当时条件有限做不了。

1939年7月，顾廷龙应叶景葵、张元济盛邀，从北平赴沪参与创办了私立合众图书馆。

于是，顾诵芬随着父母，全家离开北平赴上海。

在当时的时局和环境下，举家南迁，无疑是个坚定而艰难的选择。

回到上海以后，父亲安排顾诵芬到龙华小学上学。

这所小学离顾诵芬家很近，从家出发，进法国公园（今复兴公园）南门，出北门就到了，不用过马路，中午家人可以送饭到学校。

在龙华小学，让顾诵芬感到最开心的是老师不要求撕书了。

在燕京大学附小时，教科书里只要有"抗日"字样的书页，都要求撕去。对于受父辈影响、自幼就爱国的顾诵芬来说，这一做法使他幼小的心灵受到了伤害，也感到屈辱和压力。

到上海后，不仅不要求撕书，书中抗日的内容老师也会在课堂上讲。

顾诵芬回忆："在北平读书的时候，印象最深的就是撕掉课本中有'抗日'字样的书页，到了上海就不这样了，1939年那时候日本人还没有进租界。所有的教科书，有抗日内容的都没有影响了，照样念，所以感到压力就要小得多。对于小学生来讲，也有这个信念，什么台儿庄战役那些都讲，教科书里都有，八路军那些事也都有，语文教科书里都有这些内容。"

刚刚进上海的小学，顾诵芬遇到了一个困难，就是在燕京大学附小的四年里没有学过英语。而上海的学校三年级就有英文课，要插班就要补上英语。叔叔顾廷凤从ABCD教起，让顾诵芬的英语水平在短时期内赶上了同班同学。

龙华小学是一所弄堂里的小学，没有操场，最多就是让学生在弄堂里做做操。那时候，小学生都要开展童子军活动，顾诵芬最感兴趣的是学习结绳，而且学得认真专注。

当时，上海的工业基础比北平好，引进西方先进的教学方法也多一些。在小学开展劳作动手课，有木工活，需要学生购买钢丝锯，做些简单的木具模型；还有用石蜡、石膏模等浇制立体模型的课程。这对动手能力的强化非常有益。

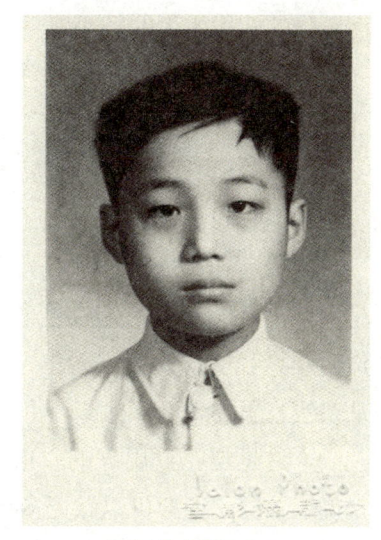

顾诵芬小学毕业照

顾廷龙在日记里有这样的记载：

1940年1月18日，"芬儿本学期成绩揭晓，获冠全班，可喜。一班四十七人"。

1941年6月25日，顾诵芬小学毕业，"芬儿领得毕业证，获得第五名，可喜"。7月2日，"芬儿领到文凭，并得品学兼优奖。可喜何如"。

1941年，顾诵芬升入育材中学读初中。

育材中学在抗战前就很有名气，校长吴耕莘，安徽歙县人，早年赴日考察政治及社会教育，所著《国语文典》是一部关于中文语法的重要著作。吴耕莘特别强调，"育材"的"材"是"材料"的"材"，即学校的宗旨是要为社会造就一些可用的人才。

在育材中学读书时，学校设置手工课，顾诵芬就开始自己动手制作航空、航海模型。

看书学到的科学知识进一步激发了顾诵芬动手制作和实验的兴趣。

他喜欢用橡皮泥做各种模型。

1944年7月18日，叶景葵先生七十大寿，顾诵芬送上用橡皮泥制作的栩栩如生的一个寿星老人。

叶公公高兴地收下了这个富有特色的生日礼物，不停地夸奖顾诵芬灵巧聪慧。

顾诵芬住的房间与厨房离得很近，他便利用炉火学会了钎焊。

顾诵芬回忆说：

"我还去研究了一下钎焊用什么焊药，查了一些书，发现最好是用电池外面的芯片泡在盐酸里面，实际上就是用氯化锌做介质，然后焊。我从焊漏盆开始，一开始焊不上，因为焊药不对，后来我从亲戚家里要来一点盐酸，泡了旧电池的芯片以后焊得很成功了。

"这是自己试出来的。很方便嘛，那时候没有电烙铁，就在火上烧红了烫，逐渐可以做更多焊的东西。

"做木工也行，我房间有地方，买了钢丝锯就可以干起来。

"除了航模以外，我还做潜艇模型，也是从《小学生文库》或《科学画报》上看来的办法。原理很简单，就是把木头雕成一个潜艇的样子，然后底下挖掉一块以后放铅，使其变成一个中性浮体。稍微摁一下它就下水了，再靠后面那个舵面上用橡皮筋做的螺旋桨，一有速度以后，水冲到后面的尾舵，潜艇自己就能下潜。水池去哪里找？叶老先生家里有一个花匠，他那儿有一个很大的缸，缸里储水，我就在那缸里玩潜艇。那些木工、钎焊，还有蜡模，在家里都能干。

"那是初中的时候。"

《顾廷龙年谱》中记录着这样一个故事：

一日大雨过后，路上积水成河，顾诵芬"以乌贼骨制为小艇放玩，邻人皆叹赏"。

顾诵芬没有辜负父母亲的期望。在育材中学，他可以说是品学兼优，一直在全班名列前茅。

1945年，父亲从上海开明书店买到一批苏联航模制作方面的书。顾诵芬发现以当时家里的条件都能做成，如以橡筋为动力的汽车模型等。在上海，无论是合众图书馆开创时期的辣斐德路（今复兴中路),还是后来他在长乐路的居所,院内都有一处开阔场地,这为他制作和放飞航模提供了条件。

几十年过去了,回忆起当年的情形,顾诵芬仍饶有兴味:"不仅看了书可以做飞机模型,还可以到院子里去放飞,这样更促使我对搞飞机有了兴趣。"

兴趣是最好的老师。

顾诵芬心无旁骛,他用从童年培养起来的专精、执着和爱好,生发出对飞机设计制造发自内心的向往和着迷。

合众图书馆

上海私立合众图书馆,这个地方在顾诵芬心目中永远是那么神奇和神圣。

至今,一提到合众图书馆,顾诵芬就感到温暖和幸福。

这是一段多么美好的时光!从 1939 年 7 月至 1951 年,顾诵芬一直随父母亲生活在这里。

就是在这个地方,顾诵芬从图书中吮吸着丰富的营养,一天天长大成人。他长得懂事了,长得有思想有主见了,长得能慢慢地认识书本外的世界了。

参与创办并主持上海私立合众图书馆是顾廷龙一生最重要的事业之一。他担任总干事,就是为守护文脉、承继道统。他的志愿是要把"合众"办成比肩日本东洋文库的图书馆。因为这个"合众",他才离开北平,在风雨飘零中带着全家来到上海。

在这个山河破碎、民不聊生的时局中,合众图书馆的创办是一个奇迹。

在这个过程中,顾诵芬读懂了父母的社会担当和生活的不易。

当时物价飞涨,合众图书馆资金匮乏,母亲潘承圭在分担许多琐细的筹馆工作时,还将自己陪嫁的首饰典当或出售,以贴补办馆开支。

1939年，《燕京学报》第26期报道了上海合众图书馆筹备近况，记述了合众图书馆创办宗旨和经过，并用了《诗经》中的一句古诗来表达对创办合众图书馆的感慨——"风雨如晦，鸡鸣不已。"

1939年7月，顾诵芬一家搬到上海，入住辣斐德路614号合众图书馆筹备处。不久，顾廷龙接任合众图书馆馆长一职，后被聘为名誉馆长，直至辞世，任期接近60年。

2009年，在纪念上海私立合众图书馆创办70周年之际，顾诵芬写下《追思往事　感念前贤》一文，深情地回忆了父亲创办合众图书馆的情景。

"父亲亲撰《合众图书馆十四年小史》中写到了合众图书馆创办的目的。1939年的春天，日寇侵略之势愈烈，上海四郊已经沦陷，叶景葵先生深怕奴化教育的长期侵蚀。同时，素来藏书最丰富的东南一带遭了兵灾，藏家纷纷流散。当时的公立图书馆均已迁往内地，上海虽有私立图书馆数处，而各有其方针，对于我国固有文化兼顾不到，私人有力收购的也很少。目睹图书被日美等国多方搜刮去，很觉痛心，因此叶先生即发起创办私立图书馆，但自知非一人之力所能举办，特商请张元济、陈陶遗两先生一同发起，取众擎易举之义，命名为'合众图书馆'。

"在当时上海环境里，法租界较为安静适宜。是年五月租定了旧辣斐德路614号房屋为筹备处。当即函约廷龙为总干事，七月到沪开始筹备，草具意见书，经叶、张两先生审核同意，决定了我馆努力的方向。"

顾诵芬在回忆文章中说："1959年出版的《中国丛书综录》，顾廷龙花了很大功夫，立志要做一部比日本东洋文库更好的丛书目录。他确实花了很大劲。他和出版单位的胡道静先生，两人流水作业，时间很短，质量很高。"

顾廷龙平生最为服膺的古语是："淡泊明志，宁静致远。"

在《创办合众图书馆意见书》上，顾廷龙自立规矩："专事整理，不为新作。专为前贤形役，不为个人张本。"

顾诵芬与父母一直生活在合众图书馆，耳濡目染，他体味着父亲对事业的执着，也感受着父亲严谨认真的学术态度和治学风格，最重要的是，他从父辈身上领悟到了中国传统知识分子的价值坚守与家国情怀。

合众图书馆长乐路馆舍是1941年按图书馆的要求建造的，由当时上海最有名的建筑师陈植的华盖建筑事务所设计。陈植先生因为对图书馆的实际使用不是很熟悉，顾廷龙给他指出了很多要更改设计的地方。图书馆的建造监理由浙江兴业银行建筑师李英年先生负责。

顾廷龙对图书馆的建造施工要求很严，常亲自去工地，这样逐渐与李英年先生相识。而李英年先生又酷爱图书字画，后来和顾廷龙成了莫逆之交。

长乐路合众图书馆的新馆建成后，有1000多平方米，可以容纳不少图书，顾廷龙的抱负也得以施展。经过14年的经营，全馆藏书达25万册，金石拓片1.5万余种，成为具有特色的专业图书馆。

回忆创馆之初，顾诵芬说："当时还没有空调设备，只有靠开窗通风、拉窗帘遮阳。两层书库，两边的窗户加在一起将近百扇。虽然馆中有工友一名，但是一到雷雨大风突作之时，一个人措手不及，父亲就要亲自去关窗，有时候我也去帮忙。在这样的精心照顾下，合众图书馆博得诸多上海及江南藏家的信任，因此很多名家都纷纷将书送来合众图书馆，觉得放在这里可以信赖。南洋中学校长王培孙先生的藏书原由学校保存，后学校主动要求捐赠合众图书馆。"

合众图书馆在筹备时期概不公开，因此该馆自建成后，正门一直没有打开过。顾诵芬读书的房间紧挨富民路后门，来客及邮差按门铃后都由他去开门。往来于合众图书馆的多为文化名人，如叶景葵、张元济、顾颉刚、胡适、钱锺书、秉志、冯其庸、刘厚生等。

顾诵芬回忆在图书馆与知名学者交往的情况时，写道：

"搞生物的秉志先生，他是前清的举人，去美国留过学，中华人民共和国成立后为第一批中国科学院学部委员。我记得他在鲤鱼变异方面做出过成绩。我父亲还专门引我去拜见他，秉志先生非常和气，平易近人。

"再有就是胡适。

"父亲是于 1932 年在北平顾颉刚家中获识胡适的，以后也常有书信往来。1949 年年初，胡适去美国前，专门来合众图书馆待了两天。他主要是为《水经注》而来，因为合众图书馆藏有他没有见过的《水经注》版本。为了细细辨认，临出国前他还在图书馆认真坐下来看书。中午饭是我母亲领女佣做的。当时物价高涨，而且很多菜肴都买不到。胡适吃了感到非常满意，不断地道谢，最后还给我母亲写了一张扇面。"

顾诵芬从这些前辈身上获得了很大教益。前辈们对新知识的渴望、严谨认真的作风和谦逊儒雅的学者风范，对顾诵芬影响很大。顾诵芬从这些前辈的身上感受到了中国知识分子的"士"之精神风骨和为国家、为社会无私奉献的美德。

也就是在这个图书的海洋里，顾诵芬如鱼得水，并养成了终生爱图书、终生爱读书的习惯。也就是这个习惯，让顾诵芬在科研的道路上有了飞翔的"翅膀"。

晚年，顾诵芬回忆自己的读书生涯，感慨地说："生活在图书馆的 12 年里，我对怎样去学习、怎样爱读书养成了习惯，为以后的工作打下了基础。"

一本好书、一本好刊

父亲的一些好友，到图书馆来时，还给顾诵芬带来一些在市面上少见的图书和刊物。其中，有本苏联著名飞机设计师亚·谢·雅科夫列夫（A. S. Yakovlev）所著的自传《一个飞机设计师的故事》，对顾诵芬影响很大。

这是一本对雅科夫列夫人生经历进行回顾与总结的小书，尽管不太厚，但出版后对中国当时和以后的许多大中学生影响很大，不少年轻人立志为航空事业毕生奋斗，大多受到这本书的启发和引导。

雅科夫列夫 1906 年 3 月 19 日出生于莫斯科，从小对工程技术有浓厚的兴趣，后来从制造滑翔机过渡到设计和生产轻型战机，直到成长为苏联第一代飞机设计师。1940 年就任苏联航空工业部副部长，1976 年当选苏联科学院院士。共获 8 枚国家勋章，一生研制了 75 个型号的各种飞机。

雅科夫列夫在乘坐自己设计的飞机后直言："我坐在飞机上所感受到的快乐，是任何奖赏都不能比拟的，因为这架飞机的全部构件，直到每一个小螺钉，都是我绞尽脑汁换来的果实。"

第一次接触到这本书，顾诵芬就爱不释手。

他为书中的主人公雅科夫列夫的传奇经历所吸引，深刻地感受到了雅科夫列夫的壮烈精神。雅科夫列夫展示的英雄风采、理想和目标牵引着他。顾诵芬内心深处产生了很大的震动，常常向别人推荐这本书。

顾诵芬从《一个飞机设计师的故事》中受到很大启发

据相关材料记载，顾诵芬一生有 3 次读这本书的记录。

中学时期是第一次。之后，顾诵芬在上海交大读书时，讲航空概论课的资深教授姜长英曾向学生推荐这本书。因此，在上大学期间，顾诵芬再次认真阅读。

第三次是在 1962 年，聂荣臻元帅领导下的国防科委，以办公室的名义下发了 1948 年出版的《一个飞机设计师的故事》一书。当时，苏联专家刚撤走，中国的国防科技系统正在学习贯彻中共中央《关于自然科学研究机构当前工作的十四条意见》（简称《科研十四条》），这本书在国防科委系统引起了震动。

如果说顾诵芬第一次读这本书时，是对航空工程技术产生兴趣，第二次读这本书是为设计飞机做铺垫，那么第三次阅读这本书时，他已经与雅科夫列夫一样，成长为新中国新一代飞机设计师了。

除了图书外，还有一本杂志对他影响深刻——《科学画报》。

这是当时中国最著名的科普杂志，由于合众图书馆和中国科学社良好的关系，图书馆长期获赠此杂志。

"画报不仅介绍新的科学常识，而且每期都有一篇教你怎样做点实用的东西，其中，我最有兴趣的是做飞机模型。经过长时间阅读，我决定走上工程技术的道路。"顾诵芬回忆说。

合众图书馆还培养了顾诵芬重视学习、善用资料的良好习惯，这些使他受用终身。

高尔基说："热爱书吧——这是知识的源泉！"读一本好书，就像与一个高尚的人谈话。淡淡书香伴我们成长。

顾诵芬在上海合众图书馆读到的资料

后来，在工作中，顾诵芬掌握了英、日、俄、德四门外语，更练出了博闻强识、过目不忘的本领。他总说："若要拥有新的创造，就要多读书。"

第一次接触真飞机

1944年，14岁的顾诵芬以优异的成绩初中毕业。

当时，上海迁入租界或在租界新开办的学校都不是很正规。顾诵芬的高中一年级就是在一所仓促开办并在抗战胜利后即停牌的学校——育群中学就读的。

这所学校的校舍在今天的上海东湖宾馆东区。顾诵芬之所以去上育群中学，主要是考虑到这个学校师资力量很强，不少老师都是从上海交大引进的，而且学校离家很近，上学方便。育群中学只办了两年，顾诵芬在这里上了一年学，到高二时就转入南洋模范中学（简称南模）了。

南洋模范中学

而在育群的这一年，给他留下了人生的美好记忆。

在育群读书期间，他结识了几位志趣相投的同学。

"原来我跟同学们往来不太多，在育群那段时间比较活跃。一个同学曹起骧，是我四姨母的侄子。他们住得离我们家很近，就在长乐路后面一条街上，叫巨鹿路。在育材我们也是同学，后来一起上育群。……中华人民共和国成立后被派到苏联去学锻造，那时候准备建汽车厂，回来以后在清华教书。他在清华是搞锻造的，是为造汽车服务的。"①

顾诵芬还有一个同学叫王盛沧，高中毕业以后考上清华大学机械系，他积极参与中国共产党在清华大学的外围组织活动。老同学相聚，他津津乐道的是当时在校园里张贴宣传标语。顾诵芬在育群中学高中一年级结识的同学，之后都有很好的发展，他们之间的友谊长期保持，并在各自的事业中得到了来自不同领域同学的帮助。

回忆起与同学们的友谊，顾诵芬心里洋溢着温馨与幸福。

也就是在这个时候，顾诵芬与同学们一起，第一次看到了真正的飞机。

有一天下午，正读高一的顾诵芬与同学王盛沧等一行7人，居然去触摸了一次美军的战机，并与美军士兵进行了交流。

这缘于一个大胆而富有创造性的天真想法。

平时，大家都只是与飞机模型打交道，却没有见过真正的飞机，于是下决心去看看真正的飞机。

飞机停在上海的龙华机场。

在飞机边上，美国警卫根本不怎么上心，就在边上随便溜达。有一个同学英语口语很不错，直接向美国警卫问问题。这些警卫看到这些天真可爱的中学生对飞机的兴趣如此浓厚，也乐意给予耐心解释。

顾诵芬心里非常高兴，有些疑惑现场就解决了。

---

① 老科学家学术成长资料采集工程顾诵芬院士采集小组编《顾诵芬传》，师元光执笔，航空工业出版社、人民出版社，2021年11月第1版，第61页。

可是，机场离家远。看过之后，如何返回？这里没有公共交通工具，在那里工作的人员都只能坐机场安排的卡车进进出出。同学们一商量，决定就搭他们的卡车回去。好在搭车的人多，谁也不认识谁。同学们就混在人群里爬上了卡车，跟着车子走。

可是走到半路，卡车停了，乘车的人各自散开了，他们只好下来，步行返回。

顾诵芬走到家里的时候，已经很晚很晚了。父母亲在家等得着急，生怕出了什么问题。去看飞机之前，他也没有给父母讲。为此，父亲、母亲训了他一通。

虽然挨训了，顾诵芬心里仍然很高兴，毕竟这是第一次看到真正的飞机啊。

参加同学们组织的这些充满激情和活力的活动，使顾诵芬的探索欲得到了提升。

除了善于观察外，顾诵芬更善于思考。

当时，上海开明书店出版了一批苏联的青少年读物，其中有专门介绍如何制作航模、船模的书。因为父亲与开明书店的编辑们都很熟悉，他们经常送一些书来，顾诵芬如饥似渴地认真阅读。看过后，他颇有感慨，对美国和苏联在技术方面的差异有了自己的分析判断。顾诵芬认为："苏联的东西跟美国的不一样。美国《科学画报》上的东西都得用电锯或者上车厂制作，我们根本不可能做出来。苏联的东西基本上都是木头粘的，或是用橡皮筋这些东西。苏联的那些模型跟着书都能做，就用橡皮筋驱动，进一步就是用电动。简单的电动机可以用自行车上面的摩电灯来做，它的静子是永磁铁的，转子通电以后就能转，再用皮带驱动轮子，这样我做的车就在桌面上跑起来了。"

"这些东西慢慢地我都能入门，而且有兴趣去干这个。后来学工的底子，基本上是在上海打下的。"

回忆起自己的成长，顾诵芬总结了三点："在上海，我的成长经历大概第一是靠书，看书开阔眼界；第二是靠同学的激励，向他们学习、跟他们交往使得我有了更多的活动空间；第三就是能动手，有一些工具，知道怎么做。"

1945年，日本人节节败退，美军太平洋舰队逐渐控制了制空权。

美军曾经出动轰炸机对驻扎在上海的日军基地进行轰炸，而这一次，顾诵芬又见识到了美国强大的空军实力。

顾诵芬原以为日本人的空军就已经非常厉害了，但没有想到在美军面前，日本人的飞机不堪一击！

高中时期的顾诵芬，此时此刻已经坚定了设计制造中国飞机的信念。

旧中国为什么发展不了航空工业，旧社会为什么设计不出自己的飞机？此时，少年顾诵芬了解到：不是中国人没有这样的聪明才智，恰恰相反，中国人在飞机设计和制造方面是有大智慧、大才能的。

冯如早在1909年，就成功完成了中国人设计制造的第一架飞机，轰动了世界。可是，由于近代以来连年的军阀混战和蒋家王朝的黑暗统治，加上帝国主义列强对我国的侵略，严重阻碍了我国航空工业的发展。

与此同时，顾诵芬也了解到：世界上航空工业的出现，是人类长期进行航空科学技术研究的结果。第一次世界大战中飞机所展现出来的强大的战斗力，极大地刺激了航空工业和航空技术的迅速发展。从这以后，空军成为一个能独立承担作战任务的军种。一个国家要强大，不能没有自己的航空工业。一支军队要强大，不能没有自己坚强的空军……

在动荡不安的旧中国，读书也不是件容易的事，在育群中学没读完，顾诵芬转到了南洋模范中学继续读书。

在南模读书期间，顾诵芬的成绩一直名列前茅，数学老师赵宪初和物理老师俞养和为他以后学习理工科打下了坚实的基础，他对恩师严谨治学的态度至今印象深刻。

1947年，顾诵芬从南模中学毕业之际，同学们在纪念册上写下了这样的临别赠言：

"诵芬顾君，为吴门之望族。年少敏慧，科学之研讨，举凡物理、化学、数学，无不领悟透彻。同学请问，均能详加指导。待人尤和蔼可亲，以君天才与好学，诚能为我国之科学界放一异彩。"

同学眼里的顾诵芬，是个十分聪慧的人，精通物理、化学和数学，是一个全能的名副其实的理科"学霸"。

70多年前的毕业赠言成为现实：2021年11月3日，顾诵芬荣获国家最高科学技术奖，成为名副其实的在祖国的蓝天上"写诗"的人。

顾诵芬在中学求学时不仅成绩好，为人更是亲和。"同学向他请教课业上的问题，他都会倾尽所能地解答。"

正是因为这位"学霸"十分"接地气"，且外表温文尔雅，在毕业纪念刊《高三甲同学雅号大观》中，顾诵芬还得到一个非常可爱的雅号，被同学们称为"小姑娘"。

在南模建校120周年之际，顾诵芬给母校寄来了感谢信和题词，感谢高中时期母校的栽培，感谢母校为国家建设造就了一大批有用人才，并且祝愿母校沿袭传统，发扬光大，为祖国输送更多的建设人才！

报考航空专业

高中毕业临近，要考大学了。这个时候，正是顾诵芬人生风帆起航的时刻。

为了自己的理想，17岁的顾诵芬，毫不犹豫地选择报考航空专业。

父母理解他，还是一如既往地尊重他的选择。

顾诵芬分别报考了清华大学、浙江大学和上海交通大学，填报的都是航空专业。

回忆起当年报考的情况，顾诵芬说：

"正式考大学时考了三个。先去考浙大，浙大条件比较差，房子都比较土，而考试的题目特别难，数学能考 40 分就不错了。我认为我是绝对考不取的，谁想一发榜录取了。

"那次我们南洋模范毕业的考浙大，前十名的都是南模的学生。后来浙大给南模一个优惠条件，凡南模毕业的前十名免考进入浙大。

"考完浙大就考清华，考场很远，大家凑了钱，打出租车跑到清华考点，在现在的复旦大学附近。

"清华的题目比较容易，全能答完。所以我很有把握，清华肯定能考上。最后考的是交大。交大的中等，难度在浙大与清华之间，交大也考上了。三校发榜以后，母亲说别去清华，上交大就得了，离家近一点。

"其他几位同学都到了清华，后来表现都很不错，好多参加了地下党。"①

最终，顾诵芬选择了上海交通大学。

其实，对上海交通大学顾诵芬早在两年前就曾在那里学习过。

两年前，在抗日战争胜利的时候，顾诵芬正在南模念高二，当时他制作航模的热情高涨。南模校舍因敌伪多年破坏，损坏严重。南模和交大是同根同源，校方就安排高二学生到交大南院宿舍底下一间相对宽敞的房间去上课，顾诵芬当时在交大学习了一年时间。

上海交通大学创建于 1896 年，原名"南洋公学"，是中国高等教育的源头之一。

顾诵芬的父亲、叔叔早年都在交大上过学，父辈对交大的印象非常好。

---

① 老科学家学术成长资料采集工程顾诵芬院士采集小组编《顾诵芬传》，师元光执笔，航空工业出版社、人民出版社，2021 年 11 月第 1 版，第 76 页。

上海交通大学学生生活调查表

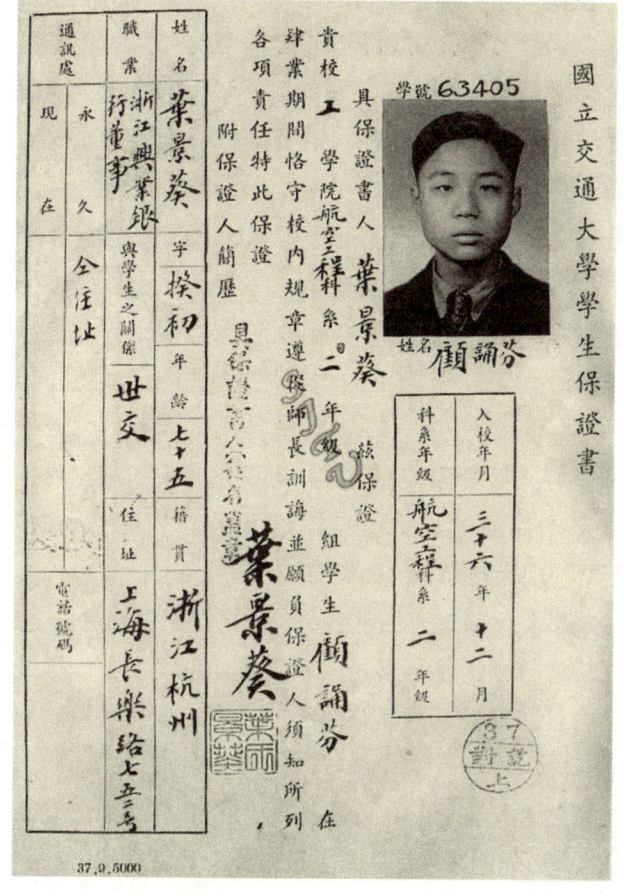

叶景葵先生具保的学生保证书

顾诵芬选择上海交大，还有一个重要的感情因素，就是母亲舍不得他远赴外地求学。

哥哥诵诗不幸病逝后，父母非常悲痛，尤其是母亲。考虑到这一点，顾诵芬作为家里唯一的男孩，选择交大，离家近，这样陪伴母亲更方便。

顾诵芬 1939 年回到上海后，先是住在复兴公园附近的复兴路上，后来搬到现在的长乐路和富民路交界处住。

1941 年到 1951 年的 10 年，顾诵芬都住在那里。

去交大上学，他都是走去的，走小路，20 多分钟，最多 30 分钟。他前几年没住校，直到毕业那年才住校两个星期，因为同学们非要他当班长不可。

当班长事情可多了，师生要沟通，老师要听学生的意见。老师白天没有时间，只有晚上有时间。他住在执信西斋，一屋住 3 个人，上下 4 个铺，书桌也很小。

后来，他请另一位同学当班长，当时班里就剩 10 个人，分 3 个组，分别搞空气动力、结构、发动机。

上海交大也是中国航空工程教育起步最早的大学之一。

在上大学一年级时，父亲曾专门带他向钱锺书先生请教怎样学好英文。

钱锺书告诉顾诵芬，要多看《大西洋》等英文原版的杂志和各种剧本，要达到能在国外听懂像上海大世界唱滑稽剧的水平。那一次，钱锺书送了一本英文的现代剧剧本给顾诵芬。

1949 年 3 月，胡适先生来沪，经常到合众图书馆阅书。

一天午饭时，胡适与顾廷龙全家同桌，胡适问正读大学二年级的顾诵芬在大学学习什么专业，顾诵芬回答"航空工程"。胡适颔首称许，说"这是实科"。

顾诵芬考进上海交通大学时，航空系录取了近 30 名新生，然而随着学业晋级，同学人数急剧减少，其原因是对毕业后就业的考虑。

在中国面临着历史大转折的 1948 年，航空，尤其是空气动力学显然不是一个有较多就业机会的专业，所以二年级时就有不少同学转系了。

但顾诵芬没有这样想，他回忆："我觉得搞航空不学空气动力学就白搞了，所以我不顾就业，选了空气动力学。"

在大学，顾诵芬系统学习了航空理论和技术操作原理，他的航空生涯从此正式拉开序幕。

@ 同时期的世界

就在顾诵芬出生的 1930 年，此时的世界是个多事之秋、动荡之秋。

1929—1933 年，资本主义世界经济危机爆发，美国数十万家企业与银行破产，失业人口超过 800 万，导致了迄今为止人类史上最严重的经济危机。大萧条波及世界，直接导致法西斯主义在德国、意大利、日本上台，进而引发了第二次世界大战这一人类百年浩劫。

1931 年 9 月 18 日，日本突袭沈阳，九一八事变爆发。1933 年，希特勒成为德国总理，建立法西斯专政。1933 年 3 月，罗斯福就任美国总统，实行新政。1935 年 7 月，共产国际第七次代表大会召开。1935—1936 年，埃塞俄比亚开展抗击意大利侵略的民族解放运动。1936—1939 年，西班牙进行反法西斯的民族革命战争。1937 年 7 月 7 日，中国全面抗日战争开始。1938 年 9 月，慕尼黑会议召开。1939 年 8 月，《苏德互不侵犯条约》签订。1939 年 9 月，第二次世界大战全面爆发。1940 年 6 月，法国投降。1940 年 9 月，《德意日三国同盟条约》签订。

第二章
求学：铭记培育恩

有幸从事自己从小就向往的祖国的飞机设计事业，衷心感谢交大航空系教过我的各位老师，以及帮助过我的学长们。交大航空系是永远值得铭记的集体。

——顾诵芬　1992 年 5 月

交大的恩师们

大学岁月，是顾诵芬一生中最难忘、最美好的时光。

上海交大的日日夜夜，校园里的一砖一瓦、一草一木，在顾诵芬的记忆中，都溢满了阳光。

2016年，西安交通大学贾箭鸣、史瑞琼编著，西安交通大学出版社出版《兴学强国120年：我们的交大岁月（下册）》，其首篇为顾诵芬撰写的《怀念母校对我的教育》。

在这篇文章中，顾诵芬按捺不住自己激动的内心，由衷感谢大学时期老师与同学们给予他的关心与帮助，感念交大严谨的教学制度对他产生的深远影响。

顾诵芬进入上海交通大学时，交大航空系名师荟萃，系主任是曹鹤荪，著名的教授有季文美、许玉赞、姜长英、马明德、王洪基等。

在大学的每一天，他的学习都是主动的。他除消化老师们在课堂上讲授的知识外，还大量地找来相关的书籍和刊物，不断拓展自己的知识和视野。

顾诵芬最难忘、最感恩的就是他的老师们。

曹鹤荪，1912年9月出生于江苏江阴县，1929年以高分成绩考入上海交通大学电机工程学院，毕业以后，进入上海一家经营电缆和电厂设备的英商洋行当职员。不久，教育部受航空委员会之托，公开招考留欧公费生，曹鹤荪报考并被录取。1934年秋，他先在意大利的那波里东方语言学校学习意语，用4个月就考试合格，提前进入都灵大学航空工程研究生院学习。1936年，被授予工学博士学位。回国后被分配到成都空军机械学校任基础学术组组长。1942年太平洋战争爆发后，被任命为上海交大航空工程系代理主任，成为交大历史上最年轻的主任。

曹鹤荪在担任系主任期间，还教飞行力学等课。

顾诵芬回忆说：

"曹先生的思路比较清楚，他把一些问题都提炼成了基本的数字模型。比如说算飞机的飞行性能，最简单的是要知道飞机的阻力特性，近似抛物线；另外，发动机推力特性又近似直线；所以他提问：抛物线和直线相交以后，你能分析出它多少特性？这是一般教科书上找不到的，他出这样的题目，使得你对飞行力学的基本概念掌握得比较清楚。

"我觉得受益最大的，还是二年级。二年级最基本的两门课，一是应用力学（现在叫工程力学），一是材料力学，这两门课都是航空系教授季文美先生教的，我受益很大。后来在工程实践中，感到在这两门课上得到了很好的训练。"①

季文美和曹鹤荪教授是同班同学，也是从国外留学回来的。

季教授1930年考入上海交通大学电机工程系，毕业后留学意大利都灵大学攻读航空工程，1936年获博士学位。回国后先在南昌飞机制造厂和南川飞机制造厂任职；后出任交大航空系主任，1946年任交大总务长；中华人民共和国成立后任西北工业大学校长，是著名的航空教育家。季教授讲课突出基本概念，先讲解问题的由来，再联系工程实际，讲将来可能会遇到些什么问题，然后才让学生们去运算。这样系统的训练对顾诵芬影响很大，为日后顾诵芬成为工程师打下了好的基础。

"交大对工程运算要求严格。譬如说，二年级学生必须得有把算尺。对大学生来说，当时买把算尺不容易，特别是进口的，美国的KME算尺30美元一把。KME公司在上海有个门市部，家境比较好的同学就去那里买。家庭实在困难的学生则买九江英士大学某老师做的算尺，那是竹子做的，上面贴有照相纸照的刻度，很粗糙。我们连这个也买不起，等高班同学临毕业时再向他们买。当时，中院和上院之间有一个用木板做的布告栏，到毕业时，毕业班同学就贴条子卖书和文具。我去看了布告，用一个小旅行包的钞票买了一

---

① 顾诵芬：《黄金岁月》，上海交通大学航空工程系《系友简讯》1992年5月7日第26期。

把算尺，这算尺现在还在家里。那时候的钱贬值，比方说，如果家在四川的同学要卖一把算尺，我的那一包钱可能刚够他回家的路费。

"那一年整个暑假中我就练算尺，用得比较熟，除了能够加减外，还能够乘除，算题的速度是最快的。当时，交大许多学生用算尺比较熟练。到二年级，教应用力学的季先生选的课本是美国书。他讲得非常清楚。我从学校毕业以后，搞飞机设计，碰上一个难题，就是喷气式飞机万一出事，飞行员怎么自救？这得用弹式座椅，连人带椅子一起弹出来。这个技术的运用，当时就要根据最基本的力学原理（也没有现成的资料）进行初步估算，最怕的就是飞行员弹出时碰到飞机的机身。

"我印象很深的就是季先生教的这些知识。

"材料力学也一样，因为后来搞工程，总得估算一下材料结构能不能承受得了。经过这些基本的训练后，为当工程师打下了比较好的基础。

"四年级时，我们学的还有螺旋桨的内容，老师很注意讲解新的知识，尽量诱导、启发学生。

"那时的螺旋桨飞机飞行速度很低。1950年上海'二六'轰炸后不久，我国的空军和苏联的空军一起守卫上海，喷气式飞机来了。

"1950年4月8日校庆，学校一天拉了4次警报，国民党的飞机还没进上海市区，就听到了喷气式飞机的声音。对喷气式飞机怎么制造，我们只在杂志上看到一些介绍，不知道更多的知识。

"当时，交大请了几位老师，一位是从英国回来的史纪进先生，他讲喷气发动机；还有一位是杨彭基老先生。我们赶紧买指定的书——《喷气式飞机空气动力学》。那本书是交大要求出版部门影印的，直到现在还是经典之作。当时交大还规定，只有四年级以上的学生才能进学校图书馆参考室看国外的最新杂志。"[1]

"杨先生在上海交通大学教了我4门功课：航空材料、飞行力

---

[1] 顾诵芬：《黄金岁月》，上海交通大学航空工程系《系友简讯》1992年5月7日第26期。

学、飞机设计和飞机实习。他的教学特点是联系实际讲理论，且讲得透彻易理解。

"记得那是上四年级的时候，杨先生教我们飞行力学。当时没有合适的教科书，市面上唯一能买到的只有英文版的《空气动力理论》第5卷。该书偏重理论，尽是推导飞机运动方程及求解的公式。显然，只看书收获甚微，加上当时交大教学条件很差，既无风洞①，又无飞行模拟器，要想了解飞行力学的真谛十分困难。为此，杨先生下了很大功夫，把作者没有阐明的气动力导数的物理现象一个个给我们讲清楚。关于飞机运动从方程解得到的各种模态是很容易看出来的，但实际飞机是怎样运动的则很难理解。在没有试验设备的条件下，杨先生就利用航模飞行出现的一些现象做解释，便于我们很好地理解。飞机尾旋是一个极其复杂的空气动力和飞行力学现象，为使学生透彻地理解，杨先生根据运动方程将尾旋时的作用力和力矩逐一分解出来，分成助尾旋和抗尾旋两部分，最后得出是否容易进入尾旋和改出尾旋。杨先生这种注重理解物理现象的做法对我以后的工作有很好的指导意义。

"有两个学期，杨先生教我们飞机设计，领导我们做整架飞机的毕业设计，这也为我后来选择参加自行设计飞机埋下了种子。杨先生自己搞过飞机设计，我们做的设计方案他都要亲自审查。我设计的是单发螺旋桨攻击机。为了看起来顺眼，我把座舱后的机身用圆弧光顺了一下。杨先生看了问我为什么，我讲了自己的想法。杨先生说在这里没有必要，这点圆弧减不了型阻，反而加大了表面积，既增加了摩擦阻力又增加了重量，还是拉直的好。杨先生这种求实精神令我受益匪浅。"②

---

① 风洞：产生人工气流，用以研究或评估空气或其他气体绕物体的流动规律和物体的空气动力特性的试验装置。用于研究空气动力学的基本规律，以验证和发展有关理论，并直接为各种飞行器的研制服务。
② 顾诵芬：《教书育人 万世师表——敬贺杨彭基先生执教50周年》，载《顾诵芬文集》，航空工业出版社，2016年3月第1版，第332页。

"记得设计教练机时遇到了弹射座椅能否越过飞机垂尾的问题，当时没有现成资料可参考。我就想起了季先生教应用力学所给的基本方法，画自由体受力图（Free-body Diagram），列出基本动力学方程，做了一定近似假设，进行了座椅的轨迹计算，再略保守地确定了垂尾的高度。不管算的准确度是多少，在当时还是解决了设计问题。在设计工作中出现的问题，很多是找不到现成资料的，只能用基本理论来解决。每遇到这种情况，总使我想起季先生在课堂上循循善诱教我们应用力学的情景。"[1]

在交大四年，顾诵芬不仅接受了良好的教育，还受到了良好的作风熏陶。

"老交大的传统教育方法是成功的"

在顾诵芬的印象中，上海交大作为一所有着优秀的爱国传统的老校，最突出的特点之一，就是师生关心国家的前途，关心政治，总是走在时代的前列。

"我在交大读书时时局比较乱。1947年上半年'反饥饿、反内战、反迫害'运动，我们班上有一半以上的同学参加，同学们自己开火车去南京请愿。到6月平息下来，这些同学的功课耽误了一段时间，学校规定，让他们9月以后补课。所以，我们虽然是7月入学考试的，但9月不能上课，一直拖到12月初才开学。当时，交大在上海是学生运动'反饥饿、反内战'的一面旗帜。"2018年3月，顾诵芬在文章《黄金岁月》中写道。

在顾诵芬印象中，交大的学生关心国事是一个传统，也是最重要的特质。这也就是交大成为当时上海学生运动"反饥饿、反内战"的一面旗帜的原因。

---

[1] 顾诵芬：《师友教诲杂忆》，载《顾诵芬文集》，航空工业出版社，2016年3月第1版，第329页。

除此之外，交大对学生要求严格，且教学方法灵活，重在教方法、教思路，在传统的基础上不断创新。

顾诵芬记忆最深刻的是大一的物理课。

学校对物理实验抓得很紧，除了上课不能迟到早退外，写实验报告一定要规规矩矩，而且要一丝不苟地用英文书写。有的学生为了偷懒，随意凑两个数据，被老师发现后就会受到严厉批评，以后就再也不敢了。

后来，顾诵芬回忆说："我在控制有效数字方面接受了严格的训练，即搞工程量尺寸，能量到多少只能写多少，不能胡乱加减。这对于今后成为一名合格的工程师是顶要紧的，即必须实事求是，求真务实。"

除此之外，在交大，英文的阅读训练、写作训练及口语训练都比较强，当时使用的教科书基本上都是英文的。正是这时打好了基础，毕业后在工作中顾诵芬受益匪浅。

虽然当时学校没有风洞，教材上没有讲超声速飞机，但是学校的严格工程训练和教给学生的解决工程问题的处理方法，为学生们日后走上工作岗位，进行飞机设计，打下了坚实的基础。

"飞机性能计算应该说是飞行力学中最死的数据型问题，可是曹先生（曹鹤荪）却把它教活了。他讲清了基本道理后，就上升到用解析方法去处理。我记得那年期末考试，曹先生出了一道需用功率为抛物线方程、可用功率为直线方程、求解各种性能参数的考题，全题没有一个数据，全用代数符号表达。通过这种锻炼，我对飞行性能有了清楚的概念。在设计喷气式教练机时，飞机的设计参数经常在变，变了就要重新检查性能，当时没有电子计算机，这种工作实在不胜其烦。后来，我们的主任徐舜寿同志嘱咐我，能否用微分法来算设计参数变化对性能参数的影响。在校时没有学过喷气式飞机的性能计算，当时我就根据喷气式飞机的需用推力和功率及可用推力和功率的曲线特征，用解析法求各参数变化的增量，这就是参考了 7 年前曹先生考我们的题目的解法。

"二年级的应用力学和材料力学，季文美先生所教授的基本概念和大量的习题训练，使我后来处理飞机设计中各类力学问题时受益匪浅。"

至于飞机设计方法，要归功于学校所教的各种机械设计课，当然最重要的还是得益于杨彭基先生教的毕业设计。

虽然当时教的是螺旋桨飞机，但是对设计飞机的步骤方法和需要的条件这些基础知识也有讲授。交大教学注重工程基础知识和基本设计训练，这是工程师所必须具备的基本功。

"我最感兴趣的就是教做航模。"

1944 年，季文美倡议在航空系成立"交大航空模型研制会"（ASC），刚来交大的杨彭基教授也常在航模会现场指导，学生郑显基担任首任会长，之后会长相继由张汝焕、朱宝鎏、顾诵芬等担任。

在抗战时期，航空系教学没有供学生实习的飞机，学生们从制作和试飞航模活动的实践中，加深了对课堂上学到的飞行原理、飞机构造的理解，理论结合了实践，也锻炼了动手能力。他们拟定的"宗旨"就张贴在工作室墙上，上面赫然写着："我们愿尽我们微薄的力量，推行航空教育，培养航空兴趣，阐扬航空知识，以期发展航空工业，使祖国早日踏上富强之路！"[①]

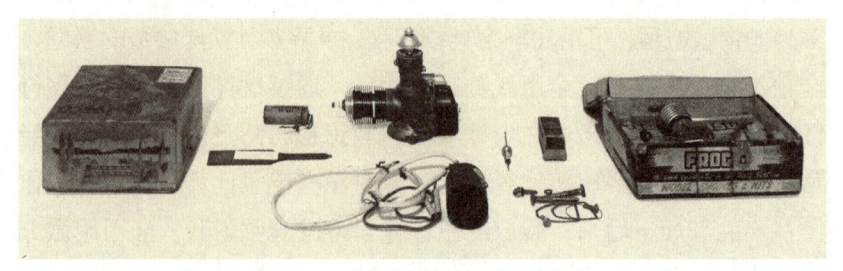

交大航模协会时期，顾诵芬使用的轻木和航模电机

① 中国航空工业集团有限公司编《顾诵芬：咏其骏烈 诵其清芬》，师元光整理，航空工业出版社，2020 年 1 月第 1 版，第 32 页。

顾诵芬一直是航模会的积极分子。他于 1947 年入读交大后，经常参加在交大操场上进行的航模飞行练习活动。

交大航模会第二任会长张汝煐曾回忆说，有一次他贴出通知，要在"交大航空模型研制会"工作室里举办航模活动，顾诵芬也去听了。后来，顾诵芬还将自己在家制作的舱身橡筋动力模型拿去给张汝煐做调试。

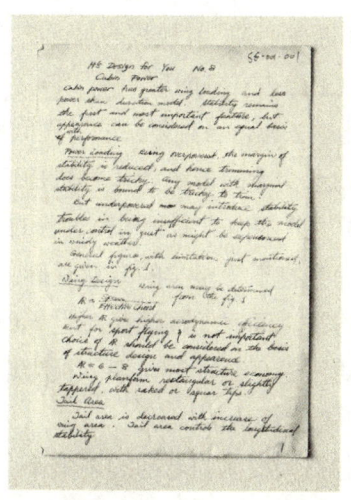

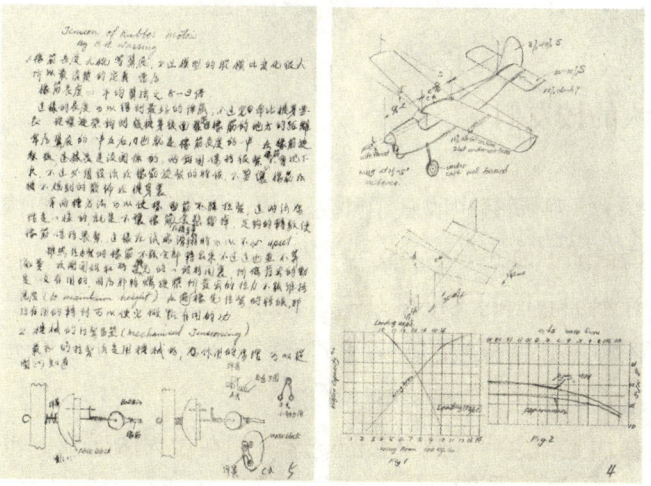

顾诵芬在上海交大期间，航模设计、制作的相关资料

"1956年10月，我参加了我国组建的第一个飞机设计室，并承担了第一架喷气式教练机的气动力设计。这对出校不久又在机关工作了5年的我是十分困难的。我对于飞机气动力设计要干些什么，特别是对喷气式飞机是完全没有底的。学校里没有教过喷气式飞机的具体设计方法，所以一开始我对气动力设计摸不着头脑。但是老师给我打下的理论基础和教我的解决工程问题的方法，起了重要的作用。"

科学技术是在不断发展的，学校教的永远跟不上新事物的发展，所以不能期待学校教了出去立刻能用上，但学校要给学生打好基础，使其出校门后自己能够去应付各种复杂的工程问题。

"因此，我感到老交大的传统教育方法是成功的。在我国的飞机设计事业中我能做一些工作，感谢母校对我的教育。"

大学四年，顾诵芬打下了坚实的专业基础，养成了严谨的科研习惯，学会了探究方法。同时，顾诵芬对世界航空的历史、现状和技术发展等，有了更清楚更全面的认识，极大地开阔了眼界，他的思维模式、认识水平有了极大的提升。

更重要的是，在交大校风和老师的影响下，他的世界观、人生观逐步形成。

交大的校友们

在交大，顾诵芬也收获了师生之间、同学之间真挚的情谊，而这种情谊伴随了他的一生，成为一种难得的精神财富。

"在参加我国的飞机事业中，我之所以能够尽一些力量，饮水思源，不得不感谢母校的老师和同学对我的帮助，以及交大当时教学制度给我的训练。"顾诵芬这样说。

在参加工作之后，航空系的老学长们在做人的道理上也教育和引导了顾诵芬。

顾诵芬回忆："1951年9月，我孤身一人分配在沈阳航空工业局。原本离家远走是希望能搞自己向往的设计和研究。可是航空工业刚刚建立，主要任务是为抗美援朝修飞机。我的任务是给描图员校飞机配件图样。我感到这种工作不该由大学航空系毕业生来做，应该由搞机械的中专生来干，我远离家乡来干这种工作，想不通，而且情绪很大。当时我们的首长是徐昌裕同志，他也是在交大学航空的，他曾给我们介绍他参加革命的经历……

"在同一个处里还有刘鹤守同志。他是1949年毕业的，在学校里我们不认识，他当时是党支部委员。他看到我这种情况就主动来关心我，找我谈心。开始他认为我不安心工作是不愿干描图校对，于是他就引我去见黄志千同志，黄志千也是在交大学航空的……

"不久，又来了一位学长老瑞铿同志。他和刘鹤守同过班，是至交。他来后，我们同住一个大宿舍。刘鹤守同志给我介绍，老瑞铿在学校是空气动力学学得最好的，是曹先生最赏识的，可是现在工作需要，他来这里搞完全不是技术的人事工作。老瑞铿同志给我的印象一直是乐呵呵的，他很高兴地告诉我，他和那套杜兰德（Durand）空气动力理论已经一刀两断了，再也不去摸它了。他感到自豪的是那件土布衬衣，这是供给制的南方大学发给他的，因为这是革命的象征。这两位老学长煞费苦心地帮助我，可是我的思想老在反复。……

"后来，刘鹤守同志又耐心地帮助我。看到老学长们的榜样，我终于想通了，只要是党和人民的需要，就得认真去干。在那段时间里，我参加了制订各种飞机仪表特设的消耗定额及新机试制的工艺准备的计划工作，也增长了不少知识，对后来搞设计还是有不少帮助的。

"刘鹤守同志对我的帮助是十分用心的，往往一个星期天花整个半天；在北海茶棚里边喝边谈，通过多次交谈，他对我完全了解了，并给我指出该怎么去干。1953年下半年，我争取入团，请他当介绍人，他怀疑地问我，是不是真想通了？为了革命，敢于牺牲个人的一切？我说想通了，也下了决心这样干，他就这样当了我的入团介绍人。入团以后他还经常找我谈。"

1992年5月，在上海交通大学航空工程系《系友简讯》第26期，顾诵芬发表了文章《师友教诲杂忆》。在文中，他再次深情回忆道：

"我有幸参加我国第一架喷气式教练机的设计，而且看到了它试飞成功，使我不得不感激教我的交大航空系各位老师和帮助过我的各位学长。……我的第一次风洞试验是马明德先生指导的，纪士坪学长协助的。在之后的工作中也得到了张汝煐、朱宝鎏、陈国钧、乔新、张达观、金兆丰、屠基达等诸多学长的帮助，也是常常在想念的。"

在《黄金岁月》中，顾诵芬还重点谈及了给他帮助很多的两位同学。

顾诵芬（前左三）与上海交通大学同学在一起

"我们班的屠基达同学，1994年当选为中国工程院院士。他原来比我高一级，后来生病了休学一年，跟我们一起毕业。毕业后，他在哈尔滨飞机工厂做修理工作，工作非常出色，被评为'劳动模范'，担任设计科科长。1956年，他到沈阳和我在一个飞机设计室工作……

"庄逢甘是我们老师一辈的交大校友，1946年交大毕业，1950年以优异的成绩获得美国加州理工学院博士学位，回国后在交大任教，后来任中国科学院数学研究所副研究员、哈尔滨军事工程学院（简称哈军工）教授。1950年，他不在交大航空系教书，而是在数学系当副教授。我们想了解国外的情况，一天晚上他跟我们长谈了一次，收获很大。记得1951年我们毕业时，他也离开交大，到中国科学院应用数学所去了，之后在哈军工教书。1956年建五院的时候他到北京来了，有些高速空气动力学的问题我还向他请教过。他在美国就受到钱学森的教诲，回国后又在钱学森领导下搞空气动力学，工作非常出色，在航空科技方面作出很大贡献。现在神舟飞船的好多技术，都是他帮助解决的。"

顾诵芬感慨："有幸从事自己从小就向往的祖国的飞机设计事业，衷心感谢交大航空系教过我的各位老师，以及帮助过我的学长们。交大航空系是永远值得铭记的集体。"[①]

"饮水思源，爱国荣校"

1951年的夏天，顾诵芬伫立校园，仰望苍穹，挥手向母校告别，像大雁即将翱翔蓝天。

交大校训是"饮水思源，爱国荣校"。饮水思源，简单的解释就是喝水的时候要记着水是从哪儿来的，比喻人不能忘本。北周的

---

① 顾诵芬：《师友教诲杂忆》，载《顾诵芬文集》，航空工业出版社，2016年3月第1版，第331页。

庾信《徵调曲》中有"落其实者思其树，饮其流者怀其源"之句；宋代的陈宗礼《大鉴禅师殿记》中有"饮水知源，自觉自悟，师岂远乎哉"之句。爱国荣校，主要来自著名教育家、文学家、交大原校长唐文治《人格·学生格》中的格言："学生之对于学校，爱情而已矣，有爱情于学校，乃能有爱情于社会，有爱情于社会，乃能有爱情于国家。"语虽简约，却深含着由"小我"及"大我"的文化要义。"饮水思源"是"小我"层面的道德诠释，"爱国荣校"在"大我"意义上提升了交大人志存高远的人格境界。

校训简洁易读，蕴含着做人做事的基本品格和高尚道德情操。

在离开母校后，顾诵芬始终牢记"饮水思源，爱国荣校"的校训，挂念母校，关心母校。

2011年10月28日，毕业60年后的顾诵芬重回母校，为航空航天学院学生作学术报告。

物换星移，光阴飞逝，顾诵芬感悟万千——

"我进交大时，从重庆复员回来的同学经济更困难些，冬天都穿救济总署发的黑棉袄。很少有同学穿得西装革履的。当时有一部分同学搞学生运动，很关心大家的事；还有一批同学比较爱钻研。学生很少出去玩，不像私立大学，动不动就开派对（party），这在交大很少。

"每当想到母校所给予我的一切，都会满心激动，满身暖意。总想着能取得一些成绩，来回报母校！"

顾诵芬不仅这样说，也默默地在这样做。

他积极参与"思源校友年度捐赠"项目，期盼着这些捐助能化为学子求学夜路上的一盏灯；在母校校庆期间慷慨解囊，为建设闵行校区校史文博大楼竭尽所能；2008年回母校参加航空航天学院成立典礼，并作为"特班"班主任为首届36名硕士生开讲第一课……

2011年，顾诵芬获颁上海交通大学"杰出校友卓越成就奖"。10月28日，精神矍铄的顾诵芬站在讲台上，联结过往与未来的星海在他眼底展开，学生们看见的是他嘴角藏不住的笑意，看不见的是他心底为家、为国、为朝气蓬勃的后代展望的未来。

2018年9月，恰逢上海交通大学航空航天学院建院10周年暨航空学科83周年纪念，上海交通大学校长、中国工程院院士林忠钦为名誉院长顾诵芬颁发学院建设"功勋奖"，感激他为国家和母校的航空航天事业作出的无私贡献。

顾诵芬毕业70年后，2021年5月27日，交大校长林忠钦，原校党委书记王宗光，常务副校长、中国科学院院士丁奎岭等一行到北京看望顾诵芬。

年逾九旬的顾诵芬，再次对母校的领导深情地说：

"在交大四年，我接受了良好的教育和很好的熏陶。毕业后，工作还比较顺利，各项工作都能胜任。所以我感到，学校的训练对自己以后的工作用处很大。"

林忠钦代表学校及校党委书记杨振斌，向顾诵芬致以诚挚的问候，感谢顾诵芬在帮助母校恢复航空专业方面所给予的大力支持。学校多次通过讲述顾诵芬等校友的励志故事，以榜样力量激励年轻人树立远大目标，为推动社会进步、民族富强而努力。

林忠钦与王宗光共同为顾诵芬颁发上海交通大学2021年度"杰出校友终身成就奖"纪念奖杯及证书。

王宗光回顾了顾诵芬在支持学校对接国家重大战略需求、推动航空航天学院建设的历程中所给予的支持和帮助。

她表示，正值顾诵芬毕业70周年，此次授予顾诵芬"杰出校友终身成就奖"，可谓实至名归。这也充分体现了学校为国家发展、民族振兴培养乐于奉献的一流人才的价值理念。学校也将以顾诵芬为榜样，勉励青年学子成长。

顾诵芬听着母校领导的介绍，仿佛回到了70年前的求学岁月。

在他心里，这段时光总是那么美好而温馨。

"为了搞航空,我把母亲给牺牲了"

顾诵芬大学毕业之际,国际风云突变。

1950年6月25日,朝鲜战争爆发。在8月27日至12月期间,美国空军派出328次、共1406架次飞机侵入中国东北领空,严重威胁我国安全。1950年10月,中国人民志愿军赴朝作战。

1950年12月,周恩来总理连续主持召开会议,研究中国的航空工业建设问题。周总理在作结论时指出:"中国航空工业的建设道路,要从中国的实际出发。我们是先有空军,而且正在朝鲜打仗,大批作战飞机急需修理。……要和苏联谈判,争取他们帮助建设航空工业。"①

从抗美援朝战争中,中国政府和人民深深体会到,装备落后就会挨打,没有强大的国防就会受到侵略。为建设现代国防,使中国在世界立于不败之地,中共中央发出要建设一支现代空军和现代海军的号召。

而现代空军、海军的基础是国家的重工业。

然而,对于刚刚从废墟上站立起来的新中国来说,航空工业基础相当薄弱,没有建立起完整的航空工业体系,关键部件、重要原材料依赖进口,航空试验设施简陋,缺乏先进的试验手段,更不具备研究、设计、试验新型飞机的能力。② 在这种情况下,党和政府认识到航空对于国家的科技和国防的重要性。

1951年1月,北京西郊机场。

元旦刚过,执掌新中国重工业部的何长工就率团飞往莫斯科,去找斯大林"拜佛",寻求苏联对新中国航空事业的支援。

临行前,前来送别的陈云调侃道:"你坐飞机上天了,我也要'上

---

① 中国航空工业集团有限公司编《大家之道——向顾诵芬院士学习》,航空工业出版社,2022年3月第1版,第36页。
② 同上,第35页。

马'了。"意思是，中共中央将要为航空事业筹集一大笔外汇。

当时，抗美援朝战争打得异常惨烈，志愿军急需空中的掩护。踌躇满志的何长工没有让中央久等，经过一番舌战，苏联最终同意援助。

几个月后，国家决定建设航空工业。航空工业局在战火中诞生。

新中国的航空事业就此启航。

而此时，国家的经济情况非常窘迫，百废待兴。面对国防建设的需要和资金短缺的矛盾，国家领导人下了很大的决心。毕业之前，顾诵芬和同学们听说，高层领导抛出了这样掷地有声的话："哪怕是把裤子当掉，也要把航空搞起来！"

航空工业局隶属于重工业部，何长工代部长兼任局长。

白手起家的中国航空工业，就要大干快上，掀起改变历史的建设高潮了。

此时，国家紧急号召所有航空专业的师生赶赴东北，尽快开展我国自己的航空工业研究与建设工作。

这个号召正是顾诵芬期盼已久的声音。

这年8月，21岁的顾诵芬终于迎来了属于自己、属于祖国航空事业的时代。从此，他便将自己的一生与祖国的航空事业紧紧联系在了一起。

在战争年代，空袭和轰炸，在顾诵芬心中埋下了一颗种子。带着这颗种子，从青葱年少到意气风发，顾诵芬毅然前往冰雪飘飘的北国。

在大学攻读期间，顾诵芬见证了上海的解放，他敏锐地意识到，新中国的成立必将为中国航空的发展带来重大的突破。

顾诵芬说："1951年年初，到我要毕业的时候，那个时候我们正碰上抗美援朝，抗美援朝需要飞机，所以国家决定要建航空工业。当时，我们学校的系主任跟我说，你就留在交大吧。我跟母亲一说，母亲当然高兴，但是当时国家的建设形势是紧迫的，要放在首位。所以当时上海的大专毕业生都集中在交大学习了一个多月，学习的主要题目呢，就是怎么样为人民服务，毕业以后服从分配，参加国家的建设。"

一听说儿子要去东北，潘承圭一时接受不了。

顾诵芬本来打算毕业后留在上海，在交大教学。可是，突然之间发生这么大的变化，潘承圭心里没有一点准备。再加上前几年大儿子离世，她心里怎么也不能接受唯一的小儿子就这样远离自己去东北的现实。

"当时，叫我立刻上北京，所有交大航空系毕业生三天之内要离开上海到北京报到。我是愿意出去走走，我不愿意在学校教书，但是由于时间仓促，这个消息对母亲太突然，对她刺激太大。三天以后，我按规定坐了火车去北京，当时我父亲跟母亲都送我上车站。"顾诵芬回忆说。

"我离开学校的时候行李多，有一个大柳条包，里面全是书，各种各样的。我带来些什么呢？有一套 B-24 轰炸机的飞行员手册，是我三舅潘承弼在苏州的旧书店里买的，他知道我在弄飞机，所以就买下来给了我。还有一本很厚的 C-46 飞机维修手册，那本手册后来也用上了。当时，四局还负责修 C-46 的运输机，找零件时没有依据，我这本书里都有，所以我带的书还是起了作用。

"我的习惯就是从我父亲那里培养出来的，就离不开书。我那个书箱特别重，大家都说，你怎么带这么多，太重，别人都不怎么带。

"反正与航空有关的书，我都买。但那个时候不怎么好买，上海没见过卖飞行员手册的，旧书店里没有，不知道苏州怎么会有？可能是国民党飞行员是苏州人，回家以后觉得这个东西没用，就卖掉了，这样被舅舅买到了。"

儿行千里母担忧。望着儿子远去的背景，潘承圭禁不住泪流满面。父亲顾廷龙在日记里写下"舐犊之情，何能自已""连日想念不已，9月依然""念儿殷切，心绪不宁"……

顾廷龙虽然也舍不得儿子北上，但还是以大局和孩子的前途为重。他在日记中还写道："为事业不能为个人利益矣。"

回忆大学毕业后去北京报到时的情景，顾诵芬说：

"我的希望是能够从事飞机设计，却被分配到了当时重工业部的航空工业局（即四局），这是新中国刚组建的主管航空工业的政府部门。

"到北京站，重工业部的人来接我们，安排我们住在了原中法大学的校舍，在北京大学红楼后面的位置。我们先到对面一个澡堂洗了一个澡，然后住进宿舍，一间屋子住很多人，床铺是用课桌拼起来的。大家觉得骄傲的是，一住下来，重工业部代部长何长工就接见我们并作了报告。"①

到重工业部报到后，一行七八个人一起到前门外航空工业局驻京办事处报到。

顾诵芬回忆说："一天一夜的火车，没好好休息，困得不得了。张渺很厉害，干脆就在火车地板上铺上毯子，钻进椅子底下睡觉。下车以后，来接收的干部领着我们到旁边的澡堂洗了个澡，在那儿休息了。那时候，重工业部管几个局，除航空工业局外，还有兵器、船舶、电子等几个局，新分配来的人全在那儿集中，加起来有三四十个人的样子。

"晚上，何长工在中法大学的一个大会议室里接见所有到重工业部报到的学生。他讲了，得服从分配，国家需要这些人……

"航空工业局还需要再分配。那时候，航空工业局在沈阳，北京有一个办事处，设在打磨厂一个小旅馆里面。那时候，管事的是后来航空工业局的办公厅主任朱节，他负责与我们一个一个谈话，之后再定。

"北京不能留，因为北京就一个第四设计院，清华毕业的那一批学生全进了第四设计院，别的学校来的都往外放。

"当时，我母亲愿意我留在北京，因为她在北京也待过，希望将来我在北京工作，她有可能过来。但是我被分配到沈阳后，她断

---

① 顾诵芬口述：《我的飞机设计生涯》，师元光整理，航空工业出版社，2011年4月第1版，第1-2页。

绝了这个念头，觉得不可能去了。"

办事处的同志本希望他们马上就到沈阳，但赶上东北发大水，火车不通，他们在办事处又多住了几天。

顾诵芬回忆道：

"当时，由于水灾，京沈铁路被大水冲断了。我们去东北前大概等了两周，才坐火车去了沈阳，到航空工业局报到。这么长的滞留使这批学生都有些不耐烦，有的甚至于有情绪了。当时的大学生出差是不能坐卧铺的，我们熬了一夜，到了沈阳八纬路32号，那里有个小院，是航空工业局机关所在地。段子俊同志当时是航空工业局的负责人，他出面接见了我们，告诉管行政的同志，把我们安排在沈阳最干净的旅馆休息，然后出辆卡车，摆上几个长条凳，领我们观光一下沈阳市容，最后送我们去北市场的一个最大的澡堂洗澡。经过他这样的安排，大家的烦躁情绪就消了一大半。

"晚上，他又召集我们开座谈会。桌上还放了水果、糖和茶。局里的各位处长都来了，向我们介绍了航空工业初建的大致情况。因为很多同志还要从沈阳分部到哈尔滨工厂，所以段子俊同志很亲切地问大家，来东北有什么困难。很多南方同学，特别是广东来的同学，表示冬天御寒是个大问题。段子俊同志很亲切地告诉我们，到了厂里以后，会向厂里预支钱做寒衣，后来果真这么办了。一位复旦大学毕业的海南人，是搞经济的，冬天，有一次我在沈阳最繁华的太原街上碰上了他，他戴着一顶很漂亮的皮帽，穿着一身整齐的棉衣。他说是厂里给预支款买的……"

顾诵芬21岁独自北上离家，30个小时的路程相隔，一年回家一次。远在千里之外的挂念，让母亲患上了精神抑郁症，并日渐加重。

父亲写信给顾诵芬，讲到母亲思念他的情况：她晚上基本睡不着觉，整宿整宿地失眠，默默无声地坐在床上，想象着在外工作的儿子的饮食起居……

"由于她不断地在想我，造成了很大的思想负担，我父亲想了个办法，给她安排在图书馆里做抄写工作，希望能分散她的注意力，但是最终也没有用，最后转为抑郁症，后来发展到非常严重的抑郁症。"

一个个悄无声息的漫长黑夜，都变成了黎明。但无法排解的心绪，一层层累积起来，把母亲困在了里面。

1967年8月，潘承圭在忧郁中辞世，至死也未能等来忙碌的儿子。等到顾诵芬回到上海的家中时，人已火化。

要母亲，便不能要航空；要祖国，就不能侍奉母亲！

在母亲墓前，顾诵芬的那份心酸与苦楚，说与谁听？

"一寸丹心图报国，两行清泪为思亲。"直到晚年，提到母亲，顾诵芬仍是伤感无比，泪花闪烁："为了搞航空，我把母亲给牺牲了……"

顾诵芬的夫人江泽菲回忆起婆婆，动情地说道：

"我婆婆身体瘦弱，人非常非常好，心地善良，性情温和。1939年哥哥去世，对婆婆是一个很大的打击。1951年，老顾大学毕业，当时上海交大已经决定他留校，但他一心想干实际的飞机设计研究工作，报名到工业部门。那时他也没有及早给公公婆婆做好工作，让他们有个思想准备，就这样很突然地离家到了外地，这对婆婆又是一个打击。以后她的精神就有些抑郁，整天茶饭不思，对着窗户盼儿子回家。……后来，顾衡①没有人带，所以只能写信让我去接回沈阳。孙子被接走，对婆婆又是一个刺激。……

"老顾在北京给家里写信，很快就接到了公公的电报，婆婆在一个月前去世了。当时公公给沈阳打了电报，但没有接着。所以，我们没有能够与婆婆见最后一面。老顾对母亲去世一直感到内疚。"②

"我是独子，多年在外，没有尽到孝心。"回忆起母亲，顾诵芬深情中流露出几分自责。

---

① 顾衡，系顾诵芬与江泽菲之子。
② 老科学家学术成长资料采集工程顾诵芬院士采集小组编《顾诵芬传》，师元光执笔，航空工业出版社、人民出版社，2021年11月第1版，第273页。

进入航空工业局

顾诵芬到航空工业局报到以后,被分到生产处。

此时,航空工业局地点在沈阳市民生街63号,生产处处长是徐昌裕。

据徐昌裕在回忆录中回忆:

"航空工业局成立时,先是段子俊任局长,后来就由重工业部代部长何长工兼任局长,段子俊改任副局长,主持日常工作。另有两个副局长,一个是陈一民,一个是陈平。我任局生产技术处处长。1952年10月,航空工业局改属第二机械工业部领导,由赵尔陆部长兼任局长。王西萍来了以后,便提拔了几个副局长,即我和陈少中,后来又调来一个副局长即油江。1963年10月,成立了新三机部,由孙志远任部长,我当了第一生产技术司司长。"[1]

徐昌裕

到沈阳后,徐昌裕把顾诵芬安排在刘多朴任组长的制图组。

一到这个组,顾诵芬就赶上了画苏联雅克-11飞机起落架图纸的任务。

雅克-11是苏联雅科夫列夫设计局设计的一种活塞式中级教练机。单发、双座、下单翼,后三点式起落架。

对于刚刚大学毕业的顾诵芬来说,完成这样的任务困难还是很大的。

"首先是机械制图的投影体系问题。我们在学校里学的是英美采用的第三象限法,而苏联标准是第一象限法。此外,还有公差配

---

[1] 徐昌裕口述:《为祖国航空拼搏一生》,航空工业出版社,2006年11月第1版,第106-107页。

合、材料牌号等，都与自己原来学的不一致。再就是图纸上都是俄文，尽管技术资料文字内容少一些，但还是需要掌握俄语，才能搞明白。"

顾诵芬在读大三时，上海解放了，航空系办了俄文班，利用晚上时间授课。顾诵芬读过两个多星期，认识了俄文字母，知道了发音、拼写和简单的语法，也掌握了一些单词。俄文的问题比较好对付，遇到不认识的单词，通过查词典也还可以了解词义，难的是材料牌号和公差配合方面的内容。

组长刘多朴很有心，他在空军工程部工作期间就已经做了一些准备。他编了一本苏联的制图规范，是晒蓝的，其中对公差配合等有详细的说明。刘多朴虽然不会讲俄语，但通过自学认识不少俄文单词。他还邀请了哈尔滨工业大学毕业的宁佩，翻译了《苏联机械制造百科全书》中相关的两部分，一个是"苏联的公差和配合"，一个是"苏联的铝合金"，并由机械工业出版社出版。这些为全组的工作提供了学习和参考。[1]

有这样的条件，顾诵芬顺利地完成了第一项任务——翻译并复制了三四百张雅克-11起落架的A4图纸。为配合工厂的需求，任务有时非常紧迫，对年轻的顾诵芬是一种严峻考验。

有一次，米格-15飞机液压系统中的压力卸荷阀坏了，飞机停飞，领导要求他们一个晚上赶出一二百张A4图纸。由顾诵芬负责画总图，零件图按照俄文原图分配给组里其他同志。当时，组里就六七个人，突击一个晚上终于完成了任务。

还有一次，哈尔滨122厂需要图-2轰炸机炸弹舱门的图纸，但苏联没有给全，只能从空军备件库借一个舱门实物，就放在办公室里，他们通过测绘，绘出了图纸。

除画图外，他们还翻译编制标准件图册。

当时，苏联来的标准件不统一，各设计局采用的标准都不一样。

---

[1] 顾诵芬口述：《顾诵芬自传》，师元光整理，航空工业出版社、人民出版社，2014年1月第1版，第8页。

虽然编制图册有一些困难，但顾诵芬还是承担了这份工作。图纸描完后，都由顾诵芬负责校对，最后刘多朴再审核一遍。

刘多朴经常对顾诵芬讲，画图一定要仔细，否则发到工厂，图纸中的错误会造成零件报废。刘多朴对工作极其认真，真是做到了精益求精。虽然顾诵芬尽量细心校过，但他还是能找出错误。

通过这些工作，顾诵芬对苏联用于制造的图纸体系、公差配合标准、材料规格及制造工艺方法等有了较多的了解。

此时，已经担任航空工业局副局长的徐昌裕很有远见。他多次去苏联，每次回国，从不买个人生活物品，而是把钱用来买苏联空军飞机维护方面的书籍。当然，这些俄文版的书，都成为顾诵芬的宝贵学习资源。

航空工业局为学员学习俄文办了很多培训班、补习班，但顾诵芬从没有完整地参加过。顾诵芬学俄文，靠的是一本英文版的 *Self-taught in Russian*（《俄文无师自通》），还有一本韦光华编写的《俄文文法表解》，再有就是一本美国人"二战"后编的《俄英化工词典》。就这样，慢慢地，顾诵芬可以看懂俄文技术书籍了。

此时，抗美援朝战争将诞生不到一年的中国人民空军推上了空战的战场。年轻的中国志愿军空军英勇顽强，喜讯很快传来，国内的报纸上巨大的标题写着《人民空军健儿强，首次接战显荣光》。这对顾诵芬影响很大，更加坚定了他献身祖国航空事业的理想。

当时，中国空军不但装备性能和数量与敌军有差距，而且大多数飞行员的飞行训练时间只有十几小时到几十小时，最多不超过100小时，更谈不上空战经验。但面对具有丰富空战经验的一流对手，他们不畏强敌，因敌制变，打一仗进一步，在反"绞杀战"中击落敌机123架、击伤43架，迫使其将活动空域缩至清川江以南，杀出一条被敌军视为险境的"米格走廊"。

顾诵芬深感身上的责任：志愿军空军勇士们能做到，我们也能做到！

顾诵芬一直密切关注和认真研究抗美援朝战争中的空军，再一次深深感受到飞机对一个国家军事力量的战略价值，深感肩上的重担和责任。

他认为，抗美援朝战争中，制约志愿军作战的就是武器装备，尤其是空军。开战以后，以美国为首的所谓"联合国军"凭借空中优势，对志愿军运输补给线肆意破坏，战争初期仅有 1/3 的物资能运到前线，给志愿军作战造成严重困难。特别是为配合停战谈判，美军动用远东空军 80% 的力量，实施了以摧毁朝鲜北部铁路系统为主要目标的空中封锁交通线战役——"绞杀战"，妄图用持续不断、全面猛烈的大轰炸，切断志愿军的后方补给线。

然而，令敌人百思不得其解的是，志愿军物资运输量不但没有减少，反而大幅度增加，奇迹般地在朝鲜战场上建立起"打不烂、炸不断的钢铁运输线"，解决了作战物资的补给运输问题，创造了惊人的奇迹。

奇迹的创造，靠的是在空中与敌人"拼刺刀"的精神，靠的是敢于斗争、敢于胜利的大无畏精神和不怕牺牲的血性胆气。

"我们在工作中也要有这种精神！"顾诵芬告诉自己。

1952 年 4 月 5 日，航空工业局由沈阳迁到北京。顾诵芬随局机关来到北京。在制图组工作时，从保证修理需求到对零部件的仿制，从复制苏联图纸到调研、处理仿制生产中存在的技术问题，顾诵芬一步步把学校里学到的知识与飞机制造中的实际结合起来。

不久，顾诵芬参加由昝凌带队的仪表、电器配套调研。

昝凌是当时我国航空工业系统仅有的两位国家级一级工程师之一。他脾气好，平易近人，生活俭朴。昝凌带着顾诵芬等爬进米格-9、米格-15、雅克-17 等飞机的座舱里清查。通过清查发现，苏联来的飞机批次不同，所用仪表等也各有不同。通过这次调研，顾诵芬认识到，在学校学到的航空理论知识与实际有很大差距。如在上海交大学习的航空无线电知识都是原理性的，甚少有关于航空仪表的内容。他将这次任务看作一次补课，对飞机的系统构成有了进一步的了解。①

当时，航空工业局机构调整，成立了飞机技术科，即第一技术科，主管各飞机厂的设计科及飞机制造的工艺技术问题，徐舜寿任科长，顾诵芬也被调到第一技术科当技术员。后来，顾诵芬加入新设计组，组长黄志千。

在第一技术科，徐舜寿、黄志千等已经开始筹划自行设计飞机的事。

徐舜寿　　　　　黄志千

当时的中国并没有自己的飞机，只有一批在抗战和解放战争中缴获的日本和美国战斗机。这些缴获的飞机中，有些还在军中服役，有些已经接近报废，无法使用。

这些退役飞机为我国的航空研究提供了宝贵的经验借鉴，后来苏联方面又援助了一批飞机，并派遣了航空专家对我们进行指导。

顾诵芬最大的乐趣就是在每个周末、节假日，兜里装上5元钱逛书店。刚到北京时，王府井南口有一家外文书店，八面槽还有一家影印书店，顾诵芬去得最多。他偶尔会找到一些讲航空技术或者

---

① 中国航空工业集团有限公司编《大家之道——向顾诵芬院士学习》，航空工业出版社，2022年3月第1版，第47页。

其他相关技术的书,每次去总会有收获。有了这些书籍,在俄文水平有所长进的同时,顾诵芬也掌握了一些飞机构造方面的知识。

虽然在机关工作的这段时间里,顾诵芬并没有直接参与飞机设计,但他对飞机的构造和制造工艺已经比较了解,比在学校里学到的知识更切合实际,为以后自己从事飞机设计工作打下了基础。

顾诵芬曾这样回忆那段时期:"当时的航空工业已从修理、配造走上了整机仿制的道路,并开始了自行设计的萌芽,这是我们一致向往的。"尤其是在这里,年轻的顾诵芬遇到了徐舜寿、黄志千等当时中国最优秀、最权威的飞机设计专家和航空科技人才,这对他一生从事飞机设计事业产生了巨大影响。

@ 同时期的世界

1951年,顾诵芬大学毕业。4月,欧洲六国统一成立欧洲煤钢联营,这是向美国超级大国地位抗衡迈出的第一步。4月10日下午3时,美国总统杜鲁门正式签署了解职麦克阿瑟的总统令。

1952年5月8日,"联合国军"在朝鲜发动最大规模空袭。5月26日,《波恩条约》签订。当时,为了对抗苏联,美、英、法三国想建立一个"欧洲防务集团",重新武装西德,由此签订了《波恩条约》。5月27日,法、西德、比、荷、意、卢六国外长在巴黎签署了《欧洲防务集团条约》。6月14日,美国建造出世界第一艘原子动力潜艇,并把它称为"未来以原子能为动力的商船及飞机的先驱"。7月,埃及七月革命爆发。10月3日,英国第一颗原子弹在澳大利亚附近的海岛试验成功。11月1日,美国第一颗氢弹爆炸成功。

1953年,东西方的世界格局悄然发生了深刻变化。斯大林去世,中国启动第一个五年计划。中国人民和朝鲜人民经过三年的浴血奋战，终于迫使以美国为首的所谓"联合国军"签订了停战协议。

1954年4月26日，日内瓦会议召开，苏、美、英、法、中等国参加，讨论如何和平解决朝鲜问题和恢复印度支那和平问题。

第三章
争气：起飞『歼教 1』

我们为什么一定要自主设计飞机？对于这个问题，在具体技术岗位工作的我们更是深有体会。仿制而不自主设计，就等于命根子在人家手里。中国人必须有中国人自己的飞机设计。

——顾诵芬　1958 年 7 月

为了中国自己能设计飞机

1958年7月26日,沈阳北陵机场。

绿色的信号弹划破天际,一架银色的教练机呼啸着向跑道滑去,尾喷流卷起一片热浪,轻盈地飞向蓝天。

这架飞机的外形和内部构造与当时国内常见的机头进气的米格系列战机不同。两翼进气的整体设计、锋利的机头、棱角分明的机身,让人眼前一亮。

这次飞行,开创了新中国航空的新纪元,标志着新中国航空工业迈入自主研制的新时代。

这架被命名为"歼教1"的飞机,是我国第一架自主设计的飞机,也是第一架喷气式飞机。从1956年10月开始设计到1958年7月首飞成功,只用了一年零九个月,令世界瞩目。

更令人敬佩的是歼教1背后的设计者们。

年仅28岁的顾诵芬就是其中之一。

《航空工业科研发展史》对歼教1作出了这样的评价:"歼教1飞机研制成功,是中国航空工业由飞机修理、仿制进入自行设计喷气式飞机的开端,它标志着中国航空科研已迈出了重要的一步,跃上了一个新的台阶。"[1]

言及歼教1,顾诵芬感慨万千:"歼教1是新中国飞机设计制造史上零的突破,更是一种心理上的突破,是一个民族在历经百年屈辱之后重塑的信心。"

为什么有这样的感受?作为亲历者,顾诵芬深知新中国自主设计飞机的艰辛与坎坷。

歼教1承载的东西确实太多了。这里面,既有勇毅与壮志、争气与奋发,也有聪明与智慧、创新与求索。这里面,既有汗水,也

---

[1] 中国航空工业集团有限公司编《大家之道——向顾诵芬院士学习》,航空工业出版社,2022年3月第1版,第61页。

有泪水。

1954年和1955年，世界和平大会在日内瓦与芬兰举办。在这两次会议上，爱好和平的力量和声浪成为压倒性的优势，以美国为首的帝国主义遭到爱好和平人民的谴责。毛泽东审时度势，对世界形势作出科学的判断，认为：第二次世界大战后，两个阵营都面临休养生息的问题，世界性大规模战争在10~12年内打不起来。立足于这样的判断，毛泽东就中国共产党八大的准备工作提议，我们要利用目前国际休战时间，利用这个国际和平时期，提早完成社会主义工业化和社会主义改造。

1955年12月5日，中国作出重大的战略决策：中国应当充分利用这个休战期，加紧进行大规模的经济建设，提高中国的综合国力。也正是出于这样的战略思考，中国制定了《1956—1967年科学技术发展远景规划》。

但也就是在此时，中苏关系经历了一段不平常的时期，中苏两国关系由友好走向破裂。

中华人民共和国成立之初，苏联"老大哥"对中国很友好，也很支持。他们派出大量专家到中国来，帮助中国振兴科技、发展经济，也提供了不少用于飞机制造的资料，指导中国制造飞机。

据《新中国航空工业史稿》记载，新中国的航空工业曾得到了以斯大林同志为首的苏联政府和人民的积极支持。

1951年5月23日，经周恩来总理批准，中国政府和苏联政府在莫斯科签订了关于中国航空工业局聘请20个苏联顾问和100名技术专家的合同。到1952年年底，航空工业聘请的苏联专家和技术人员共369人，而且苏联还援助了大批设备、器材和资料。中国航空工业的广大职工，结合我国具体国情，虚心学习苏联先进经验，"先写正楷"，循序渐进，大大缩短了掌握技术的进程，赢得了时间。[1]

---

[1] 孟广荣、孙广运：《新中国航空工业史稿》，航空工业部档案馆，1982年6月第1版，第26页。

徐昌裕说:"苏联专家在我们航空工业发展的初期阶段,起了很大的作用。……总起来说,1957年之前,苏联还是给了我们不少帮助,促进了我们航空工业的发展,我感到这一点我们是不应该忘记的。"①

但是,后来中苏关系发生变化,苏联对中国的态度急转直下。他们援助中国的原则也很明确:只教中国制造飞机,不教中国人设计飞机。

历史总是有惊人的相似之处。

对于核心技术,任何一个国家用多少黄金都不可能买来。对此,中国的高层领导、中国的科技工作者感触最深。

为了全面了解国外的军工产品的真实状况,党中央决定让赵尔陆带队前往苏联,四局派出一个分组随行。

1956年7月,二机部部长赵尔陆率代表团赴苏,就我国国防工业第二个五年计划建设的问题,与苏联进行谈判。

赵尔陆是毛泽东亲自点将的新中国首任将军部长之一。

1952年,抗美援朝战争正激烈,中国人民志愿军武器装备的保障任务急迫而繁重。这年6月,赵尔陆应召赶到北京,参加毛泽东主持召开的中央会议。会议期间,毛泽东同他谈话,让他负责组建第二机械工业部,统一领导原来分散管理的军事工业。

由于赵尔陆自从参加革命后就一直负责后勤管理和武器军备,经验丰富、值得信赖,毛泽东就把新中国国防工业的担子压在了他的肩上。

实话说,赵尔陆当时也是硬着头皮接下这个任务的。新中国百废待兴,工业基础也被战争破坏殆尽,这样的一个烂摊子,谁看了都不愿意接,但是赵尔陆没有一句怨言,挑起了重担,成为共和国首任军工部部长。1955年,他被授予上将军衔。这次派赵尔陆赴苏,

---

① 徐昌裕口述:《为祖国航空拼搏一生》,航空工业出版社,2006年11月第1版,第123、128页。

党中央、毛泽东是经过深思熟虑的。

在这次谈判中，除了工厂建设项目外，又着重谈了空气动力、航空发动机、飞机设备等三个研究院的建设问题，以及导弹生产与航空工业结合，包括工厂和科研机构的结合问题。代表团曾三次提出参观苏联航空工厂和研究所等科研机构，苏方未予同意。①

这一趟走下来，让赵尔陆感触颇多。

除了看到装备上的巨大差距之外，赵尔陆更意识到，求人不如求己，中国的国防工业一日不发展起来，一日就不会得到别人的尊敬。从苏联回来后，赵尔陆下定决心，不论遇到多大的困难，都要发展中国的现代军工业，落后只会被蔑视，只会被欺凌！

显然，对于任何一个国家来说，航空工业在军事和经济上都居于重要地位，不能受制于人。

1957年9月6日至10月16日，以聂荣臻副总理为团长、陈赓副总参谋长和宋任穷部长为副团长的中国工业代表团赴苏考察，四局又派出分组随行。此次主要谈判购买飞机及苏联援助我国建设空气动力、发动机、风洞等科研机构问题。同时，带去了关于飞机、发动机、磁滞电动机的设计资料，以及工艺、材料的选题等，向苏方咨询。苏方表示，要把中国航空研究院作为苏联研究院的分院处理，给予援助，但不同意我方参观米格-19、图-16飞机及发动机工厂。②

1958年，中苏关系开始走向不和与抗争。③

很明显，中国虽有飞机工厂，但实质上只是苏联原厂的复制厂，无权在设计上进行任何改动，更不用说设计一款新机型。

对于苏联专家，在一线工作的顾诵芬多次与他们打交道。他认为，应该说大部分专家，不管是局里还是厂里的，就是勤勤恳恳、实实

---

① 孟广荣、孙广运：《新中国航空工业史稿》，航空工业部档案馆，1982年6月第1版，第134页。
② 同上。
③ 阎明复：《亲历中苏关系：中央办公厅翻译组的十年（1957—1966）》，中国人民大学出版社，2015年10月第1版，第170页。

在在地工作，他们对自己的责任比较明确，也是尽职尽责地完成任务。大部分专家都能做到把中国同志带出来，培养出来。但是，他们心里也有自己的小算盘，就是在关键的技术上要留一手，也有难以配合的地方。

"他们给我们制造的飞机呢，基本上是他们要退役的飞机，没有新的东西。另外一点，他们比较霸道，给我们制造的飞机，我们觉得不合适要改，他们也不同意。

"他们让我们生产雅克-18初级教练机和米格-15高亚声速喷气式歼击机[①]等机型，给我们的图纸中，只有强度计算报告和静力试验任务书等，而没有设计飞机所必需的强度规范和气动力设计手册等资料。我们曾多次向苏方提出要《设计员指南》和《强度规范》，结果人家说'没有义务教你们中国人设计飞机'。"

顾诵芬说："有一次，南昌320厂在修理苏联的拉-9型飞机时，自行制造了机翼。但因为没有气动载荷数据，不能做静力试验考核强度，我们就向苏联要数据。大概拖了一年多，他们才给了一张机翼静力试验的加载图。当时，苏联专家的意见是，中国建立设计室可以，但必须跟飞机工厂、制造厂紧密地结合在一起，所以那个设计室必须建在沈阳。这个时期苏联航空工业的管理体制是，设计局掌握着设计权，主生产厂不能更改设计，扩散生产厂就更没有更改设计的权力了。"

很明显，中国的工厂就相当于苏联主生产厂的扩散厂。

比如，拉-9的软油箱是装在机翼中用油绸一层层粘起来的，下面还粘一种泡沫橡胶垫着，在遭遇弹击时，橡胶碰到汽油就融化，可以自动堵住弹孔，燃油不致泄漏。但在我国，这些材料都解决不了。于是，320厂将原设计改为金属油箱，结果厂里的苏联顾问不让装机，说是必须请示他们的飞机总设计师。这个问题由航空工业局写了报告给苏联航空工业部，半年后，苏联方面才给了这样一句话：如果

---

① 歼击机，又称战斗机。

只是用于训练，这样更改是可以的。

当然，这些苏联专家之中，也有格局更大的人。他们不仅教我们出产品、培养人，还从主观上努力帮助中国在发展航空工业方面出主意、想办法。他们往往超出自己的责任范围，帮助中国，不怕风险，不计得失。

徐昌裕在回忆录中举了一个例子。这个表现最好的苏联专家总顾问，叫契缅科夫。

他有冠心病，在中国的时间很短。有一次，他到沈阳出差，冠心病突然在夜里发作，他随身携带的一个急救药盒恰巧不在身边，而是放在桌子上，他艰难地挣扎着爬到桌子上去取药时，把药瓶打翻在地。幸好当时一位姓张的翻译住在他楼下，听到上面哗啦啦的响声，赶紧上楼把药拿给他吃，救了他一命。这件事报给了苏联的领事馆，又传到苏联大使馆。苏联大使馆听说他已经50多岁了，怕他病死在中国，就建议换一个专家，让他回国。

"他很明确地多次表示：你们中国一定要自己搞飞机，光靠苏联不行。这是他同我谈的心里话。后来，1959年还是1960年我去苏联时，到他家里做过客……"[1]

晚年，徐昌裕谈到苏联对我国的援助时，讲道："从苏联政府的政策上分析，一方面苏联是想让我们强大起来，让中国能够承担一部分军事上的任务，帮助壮大社会主义阵营；另一方面又要限制我们，不希望我们太强大，认为这对他们没有什么好处。这就是他们的基本政策。"[2]

每一种飞机的诞生，都必须经过飞机概念设计和总体技术方案论证。我们难道甘心永远当生产苏联产品的复制厂吗？！

中国人要想有自己的飞机，第一步就要解决设计关。

这也是我国建飞机设计室的初心。

---

[1] 徐昌裕口述：《为祖国航空拼搏一生》，航空工业出版社，2006年11月第1版，第124页。

[2] 同上，第127页。

新成立的飞机设计室接到的第一项任务，就是要设计一架自己的飞机。顾诵芬说："我们为什么一定要自主设计飞机？对于这个问题，在具体技术岗位工作的我们更是深有体会。仿制而不自主设计，就等于命根子在人家手里。中国人必须有中国人自己的飞机设计。"

新中国需要建立强大的空军，同样需要创建强大的航空工业；需要得到苏联的无私援助，更需要培育独立自主的航空科研和飞机、发动机研究、设计及制造的能力。

年轻的顾诵芬是幸运的。

他的这个想法与当时中国高层的决策部署不谋而合。

第一个飞机设计室

从1953年起，我国的社会主义革命和社会主义建设进入了一个新的历史阶段。

在党中央制定的"要在一个相当长的时期内基本上实现国家工业化和对农业、手工业、资本主义工商业的社会主义改造"的过渡时期总路线的指引下，我国开始了发展国民经济的第一个五年计划。

根据党中央、毛主席关于在第一个五年计划中首先发展重工业及国防工业的指示，航空工业第一个五年计划的基本任务是：进一步完成空军的修理与配件任务，并相应地建成修理厂；同时，积极地培养航空工业建设人才，有计划地与各有关工业部门协作，达到主要器材在本国生产，从而逐步地由修理过渡到制造，为建设自己的飞机制造业打下基础，为空军的发展创造条件。[①]

为完成这一任务，第一个五年计划一开始，党和政府就把航空工业摆在了重要地位，在人力、物力、财力等各个方面给予了重点照顾。

2004年，顾诵芬在他主持起草的中国科学院/中国工程院《世

[①] 孟广荣、孙广运：《新中国航空工业史稿》，航空工业部档案馆，1982年6月第1版，第27页。

界航空高技术产业的发展趋势和我国航空工业发展的战略对策》课题研究报告中进行了深入分析：

"航空工业是战略高技术产业，承担着国家经济、军事和政治的多重责任。

"航空百年发展历程说明，发展先进的航空器需要综合集成先进的高新技术，从其他科学技术及产业的发展中不断汲取营养而获得发展。同时，对相关科学技术产生着巨大的牵引作用。

"航空工业具有产业链长、产业关联度高的突出特点。航空产品从研制到生产、试验和后期的质量保证及维护，涉及原材料及相关的加工与处理；信息与电子技术应用及元器件或装备的研制与生产；精密机械加工等关键技术；大型、超大型工件的制造及检测技术；飞行试验和环境、功能试验及对试验装备的特殊要求，等等。航空工业的发展极大地促进了各相关学科及产业的发展和技术进步。"[①]

1956年8月，《关于成立飞机、发动机设计室的命令》（以下简称《命令》）终于发布，决定从1956年8月15日起，在112厂、410厂分别成立飞机、发动机设计室，任命徐舜寿为飞机设计室主任设计师，叶正大、黄志千为副主任设计师。[②]

叶正大是叶挺将军的儿子，他和叶正明是亲兄弟。1946年，叶挺将军等人因飞机失事遇难后，叶正大、叶正明被接到延安；党中央从延安撤退后，他们辗转来到哈尔滨，在哈尔滨俄文专科学校学习俄语。1948年9月2日，党中央决定向苏联派出能力突出、政治可靠的年轻干部，接受苏联的正规高等教育，培养我们自己的技术专家。由于父亲死于空难，叶正大、叶正明下决心要制造中国自己的安全可靠的飞机，兄弟俩毫不犹豫地选择了莫斯科航空学院。

《命令》确定了飞机设计室的主要任务：集中一批技术力量，

[①] 中国航空工业集团有限公司编《大家之道——向顾诵芬院士学习》，航空工业出版社，2022年3月第1版，第51—52页。
[②] 老科学家学术成长资料采集工程顾诵芬院士采集小组编《顾诵芬传》，师元光执笔，航空工业出版社、人民出版社，2021年11月第1版，第116页。

一方面学习苏联的产品设计资料和有关的基本规范，掌握设计计算程序和方法；另一方面在工厂进行生产实习，熟悉产品的工艺过程。然后，在此基础上，开始部件或整机产品的实习设计，为将来建设飞机、发动机设计所准备条件和培养干部。

我国第一个飞机设计机构——沈阳飞机设计室横空出世。

从此，开创了新中国自行设计飞机、发动机的历史。

2012年6月，82岁的顾诵芬在一次演讲中，回顾了新中国航空工业走过的历程，感慨万千。

"1956年年初，党中央号召我们向科学进军，要自力更生发展科学技术，制定了《1956—1967年科学技术发展远景规划》。航空工业局副局长徐昌裕同志和飞机总设计师黄志千同志都参加了。他们回来后向党组建议，我们应该成立飞机发动机和仪表设计室。飞机设计室设在沈阳，由112厂代管，任命徐舜寿、黄志千和刚从苏联回来的叶正大同志来领导。为什么他们想到的是成立飞机设计室？因为我们受苏联的制约太多了。"[1]

成立飞机设计室的命令一下，四局首先调徐舜寿、黄志千、顾诵芬和程不时四人到设计室工作。

为了避免安排家属等事务性工作影响设计室的组建，徐舜寿和黄志千都是只身来到沈阳。

四人中，顾诵芬与程不时同龄。程不时毕业于清华大学航空系，从小也生活在南方。

1956年10月10日，顾诵芬与黄志千、程不时三人离开了相对舒适的北京，北上沈阳，去实现他们的理想——设计中国人自己的飞机。

这天清晨，他们到达沈阳时正下着小雨，工厂派了一辆卡车来接他们。

---

[1] 顾诵芬：《我所经历的新中国航空工业发展历程》，载《顾诵芬文集》，航空工业出版社，2016年3月第1版，第452页。此文为顾诵芬2012年6月在中航国际的讲演稿。

坐在卡车堆放的行李顶上，目睹着窗外的风光，顾诵芬心情却是十分舒畅而兴奋。因为去设计飞机，这是他的梦想，是他最喜爱的工作。

就这样，26岁的顾诵芬从北京再次北上沈阳。

从小就随着家庭南北奔波，现在又从北京到沈阳来工作，虽然地理环境和工作环境有些变化，但顾诵芬并不感到有多大影响。

作为首批核心成员，顾诵芬担任气动组组长，在徐舜寿、黄志千、叶正大等开拓者的领导下，开启了新中国自行设计飞机的新征程。

沈阳飞机工厂（今航空工业沈飞，简称沈飞）是20世纪50年代我国最大的飞机工厂，在沈阳北郊，不远处就是九一八事变中打响第一枪的北大营。工厂位于清兵入关前后金王朝的一座皇陵——"北陵"后面，与皇家陵墓之间是一大片茂密而古老的松树林，几百年树龄的松树郁郁葱葱。工厂的干部和工人都是从全国精选过来的。

"我到设计室以后，住进了112厂设计科技术骨干的宿舍。房间不大，已经安排了四个人，我的床位被安置在靠窗口暖气的地方。宿舍中间有一张大桌子，我们航模组的人就在这个桌子上把这套遥控模型飞机组装了起来。但后来工作忙了，遥控飞行就没有进行。"[1]顾诵芬回忆说。

一天晚饭后，徐舜寿与工作人员散步时，无意间发现厂区的一排小红房，房屋门前遍地落叶，墙上布满青苔，已然弃置多年。

在他们眼中，这无疑是一块"风水宝地"。徐舜寿当即决定将这里改造成办公室。

当年参与设计室创建的胡除生、冯家斌回忆：

"飞机设计室办公地点是在112厂技术大楼三楼上，临时使用几间。办公室非常拥挤，从外厂调来的人员一律不准带家属，都是在单身宿舍，都在集体食堂吃饭。当时沈阳的生活供应，比起北京

---

[1] 顾诵芬等编《中国飞机设计的一代宗师徐舜寿》，师元光主笔，航空工业出版社，2008年11月第1版，第114页。

和南方一些城市还是较差的。一些年纪较大的同志都能以工作为重，忍受生活上暂时的不便，毫无怨言。为了解决办公室的不足，1957年在112厂的厂部大楼后找到了一排弃置多年的小红房，加以维修后，作为设计师的办公场所，这样才得以正式开展工作。"

新中国航空工业的第一代设计师们就在这里摆开了"战场"。

"第一飞机设计室"成立时，距离我国仿制生产苏联喷气式飞机歼5的成功试飞才三个月。

这个时候，我国航空工业建立自己的飞机设计队伍的决定是高瞻远瞩和非常及时的。

可是，刚刚组建的设计室，真可谓是一张白纸。

顾诵芬后来回忆，一开始什么东西也没有，资料奇缺，真的是白手起家，徐舜寿给了一些钱，让大家上街去采购资料。"另外，看到好的东西都可以去弄点儿。"

不久，在徐舜寿的提倡下，设计室订购了1945年以来的英国《航空工程》、《英国皇家航空学会志》、《美国航空航天学会学报》等出版物。通过收集大量文献资料，飞机设计室很快成为国内航空科技资料收藏最多的地方。尽管当时的办公条件十分简陋，但是徐舜寿仍然按照他心目中的飞机设计室的要求来设计办公室。

他要求把小间的屋子打通，变成大办公室，所有的制图桌都集中在一间大屋子里。他的位置在屋子的一角，整个办公环境一览无余，有什么问题，马上就可以协调解决。早年在美国麦克唐纳飞机公司实习时，那里设计室的环境曾给他留下了深刻印象。

他对试验设备和办公设施也毫不含糊。比如绘图桌，就不是简单到外面选购现成的产品，而是徐舜寿和几个设计人员一起精心设计定制的，绘图桌有好几个抽屉，这样可以多放一些书籍、资料，还配有可放铅笔、橡皮、三角板的专用板，另外还有可存放描图纸的长形空间。图板可以在上面平放，也可以竖起来。这种绘图桌的设计形式，一直沿用了几十年。算零件重量、测量面积用的求积仪等仪器，还有计算模线和强度需要的电动计算机等设计工具，都是买来的。徐舜寿很重视模线间和模型间，挤出原来小平房里的过道，建了模型间，还买了些手摇计算机。

这是徐舜寿亲自设计、带人打造的，有放书籍、资料的小抽屉，图板可以调整位置，很受大家欢迎。

数十年后，顾诵芬重回故地，看着自己当年的绘图桌，感慨地说："真想在徐总的指导下再做一张设计图……"①

青涩的设计师团队

顾诵芬成为新中国飞机设计事业的一员，既是时代的需要，也是历史的必然；既是他的价值取向，也是他的奋斗目标。顾诵芬非常珍惜这个"机会"。

这个"机会"，就是生逢其时。

与顾诵芬有同样感受的，还有他的交大校友屠基达。

屠基达后来成为132厂总工程师、中国工程院院士。他回忆：

"我原来在122厂任设计科科长，1956年11月接到通知，调我去沈阳飞机设计室。正值四局徐昌裕副局长来哈尔滨检查工作，他找我去汇报。他向我介绍了双座喷气式歼击机、教练机的方案……我听了以后很是兴奋，从修理到仿制，再跨到自行设计，几年工夫连跨三大步，我真是生逢其时呀！"

设计室的成立，在航空工业系统产生了巨大的影响，有志于飞机设计事业的技术人员闻风而动、慕名而来，纷纷加入新中国第一支飞机设计的队伍之中。

管德比顾诵芬小两岁，1949年考入清华大学航空工程系，在四局机关工作。设计室成立后，他坐不住了。叶锡琳、陈钟禄、高锡康、李永明等一批毕业于各大学航空工程专业的大学生们也坐不

---

① 杨元超、陈磊：《徐舜寿：造中国人自己的飞机》，《解放军报》2019年11月14日。

住了，他们不愿再继续在局机关做管理工作，而是希望在自己所学的技术专业道路上做更多的工作。在向上级提出申请并获得支持和批准后，他们来到了飞机设计室工作。

顾诵芬回忆说，当时，航空工业规划设计院有一位 1951 年从国外回来的技术人员，得知飞机设计室成立后，坚持要求到设计室来工作。他学的是飞机强度计算，把从国外带回来的书籍资料满满地装了好几箱，一起从北京运到沈阳。

王艳青是顾诵芬的校友，1952 年毕业于上海交通大学航空工程系，在 122 厂工作。听说飞机设计室成立了，他也主动要求来，态度非常坚决，最后组织同意了他的要求。

在为设计师配备人员这件事上，徐舜寿可谓煞费苦心，他曾想把国内搞过飞机设计的人都集中起来，最终因为种种原因，未能如愿。

顾诵芬钦佩徐舜寿选人用人的独到目光和卓越远见。

设计室对于进入设计队伍的人要求是很严格的。

当时，对于南航来的毕业生的要求是，毕业考试的成绩必须全是 5 分。徐舜寿还指示去挑选人的工作人员，要挑数学或力学成绩好的。

徐舜寿曾经归纳出他选拔人才的标准，主要有三条：成绩、爱好、进取心。而这三条，在徐舜寿眼里，顾诵芬都占着。

"徐舜寿是一位爱才、用才的人，他在组建飞机设计室时，抽调的大多数是技术骨干和优等毕业生。当时，他重用的技术骨干有'才子派'之称。其中有'四大才子'的传言，即气动组组长顾诵芬、总体组组长程不时、强度组组长冯钟越和机身组组长屠基达，而以顾诵芬的名声最高，他从四局调来时即有'土专家'（未出国留学）之称誉。"[①] 南航第一届毕业生黄德森回忆说。

当年，程不时是文艺爱好者，为增加大家相互之间的交流，徐舜寿发挥他的特长，让他组织了一次晚会。

---

① 老科学家学术成长资料采集工程顾诵芬院士采集小组编《顾诵芬传》，师元光执笔，航空工业出版社、人民出版社，2021 年 11 月第 1 版，第 125 页。

"设计室徐舜寿主任提出,为了让各方来的人员互相熟悉一下,要求我组织一次联欢晚会。在事业起航时的这次活动,我至今记忆深刻。

"一天晚上,在一间大办公室里,临时搬开办公桌,空出地方作为会场。我事先和各个方面来的人打了招呼,希望大家不要拘束,齐心协力开好这次联欢会。此外,我在集体游戏节目上,安排了一些航空专业的名目,如'仪表飞行''校靶'之类,极力把大家的欢笑和他们即将从事的事业联系起来……"

曾经担任设计室重量组组长的金刚裕也回忆说:

"设计室成立初期,凭我的感觉,大家的心情都比较畅快。工作是有序的、高效的,人际关系也比较融洽,互相团结共事,根本不知道什么叫钩心斗角,可以说是一段心情舒畅、积极向上的发展时期。"

冯家斌是从北京221厂调到沈阳飞机设计室的。回忆起自己当年在设计室工作生活的情景,他感动不已,难以忘怀:

"当时设计室人员大部分是刚刚从学校毕业的学生,根本谈不上飞机设计经验,面临歼教1型飞机设计,大家都在努力学习。

"……有一次,顾诵芬给我一本图册,里面是古代造船用的船形模线的画法,以及船形表面光顺的检查方法。虽然船形与飞机外形不一样,但是造型方法及表面光顺的检查方法都是一样的。当时,我是刚刚接触外形设计工作的新同志,这本图册对我来说是非常有用的参考书,对我尽快掌握外形设计技巧起到很大作用。在我三四十年的工作时间中,这本图册一直保留在我身边,直到退休多年以后,我才将这本图册完璧归赵地还给顾诵芬。他说这本图册是他1952年在上海的西文书店买来的。当时的设计室是一个非常团结、友好、和谐的集体,大家群策群力、互相帮助,这在当时已成为非常使人感动、使人振奋、使人敬仰的一种风气。当时,设计室主任徐舜寿把他在美国画模线用的三条大型曲线板给我们用,黄志千还把从英国带回来的航空工程杂志中的二次曲线资料送给我们。那时,新老同志在技术上互相帮助，在生活上互相关心。这种风气是那样自然、坦诚、和谐。至今想起来，确实使人感动不已。"

飞机设计室成立之初，徐舜寿还想方设法为年轻设计师创造最好的学习条件。每位来沈阳的航空领域专家，他都登门拜访，请他们来设计室授课。几位中专毕业的设计师对如何学习有困惑，徐舜寿甚至为他们请来苏联顾问、著名的航空设计师斯米尔诺夫谈工作和学习方法。

不久，设计室又从南航招来毕业生 12 人，从沈航招来毕业生 25 人。1956 年 11 月底，人员基本到齐，设计室总共有 72 人，党支部、团支部相继成立。

为设计室配备人员的第一步工作用了不到两个月的时间，这一速度是惊人的。这体现了徐舜寿高效率的工作作风，以及他对尽快开展飞机设计工作的极大热诚和热切渴望。

1957 年年初，设计室又从各厂调来了十几名技术人员，从北京航空俄文学校毕业分配来 11 名毕业生，由 112 厂调来 7 名描图员、行政与会计人员 4 人。

到 1957 年 8 月底，设计室总共 108 人，其中技术人员 92 人（大学毕业生 34 人，大专毕业生 33 人，中专毕业生 25 人），平均年龄 22 岁。就这样，在浑河之滨，一支荟萃新中国最优秀飞机设计人员的队伍开始聚集。

这些朝气蓬勃的年轻人，为了实现一个共同的理想——设计中国人自己的飞机走到了一起。有的刚大学毕业，有的才下战场，有的离开了工厂，有的从西方辗转归国不久……

"少年侠气，交结五都雄。肝胆洞。毛发耸。立谈中。死生同。一诺千金重。"[1]

中国的飞机设计就这样迎来了群星闪耀的年代。

一批风华正茂的年轻人，在国家使命的感召下，披星戴月地求索、

---

[1] 引自宋代贺铸《六州歌头·少年侠气》。

创新、追赶……

设计出中国第一架喷气式飞机

踏进了航空设计领域的顾诵芬，心情一直处于亢奋状态，他的梦想啊，真的能实现了。一想到这里，他的内心就波浪翻飞。可是，一张白纸上，如何描绘出理想的图画？

无疑，这是一条布满荆棘的坎坷之路。

顾诵芬与这个年轻的设计团队，在无人指导、无教材学习的情况下，靠着自己翻译外文著作、研究他国机型，一步步地"涉险滩、闯难关"。

深夜，静下心来，顾诵芬想到了《居里夫人》一书里的一句话："我唯一能做的，就是面对任何困难毫不退缩。"

这是他在大学时期读过的书，此时在他内心深处产生了强烈共鸣。

飞机是人类社会发展过程中创造的最为精密而复杂的交通运输工具。空气动力是在具有复杂型面的飞行器与空气相对运动时，作用于飞行器表面的力，与飞行速度、高度、飞行姿态及飞行器几何形状、体积大小有密切的关系。研究空气动力成为流体力学的一个新兴学科——"空气动力学"。

航空技术的发展离不开空气动力学理论的支撑，同时也促进了这一学科的快速发展。每一个新型飞机的诞生，都是从确定一系列的技术参数开始的，必须经过总体策划和总体技术方案论证。

从事飞机设计，仅有热情是不够的。顾诵芬想，现在只有顽强拼搏，一步一个脚印，才能让理想变成现实。

飞机动力设计对他来说是项全新的创造性工作。好在徐舜寿、黄志千在国外留学时学习过，他们有些基础和经验。

顾诵芬的第一步，就是向他们学习，在工作中边干边学。

就在顾诵芬来沈阳前的一个月，1956年9月10日，徐昌裕组织召集112厂开展飞机、发动机设计座谈会。在这个会上，徐舜寿作了关于设计室筹备工作的发言。

"经过我们较长时间的酝酿并和专家们多次讨论，我们认为，飞机设计室成立以后的工作可分两个阶段来进行：第一阶段是准备阶段，主要任务是配备人员，组织力量，学习、消化已有的苏联飞机资料，编写有关设计的原始资料，并与国内各有关院校和科学院有关研究机构联系，寻求技术支持；第二阶段才是设计飞机。"[1]

徐舜寿分析了中国目前在设计飞机方面所具备的三个条件，同时划分了阶段性关键工作。

这个发言是徐舜寿对如何建立我国飞机设计事业长久思考的结果，也是他在筹建设计室期间深入调查研究后的结果。

这个简单的发言，言简意赅，不仅对工作的安排有条不紊，而且对工作有着战略性和规律性的思考。

顾诵芬认真研究学习徐舜寿这个座谈会的发言报告，细细品味他讲这番话时的激动心情。在徐舜寿的影响下，此刻的顾诵芬就像一名等待冲锋的战士，盼望着冲锋号的响起。

徐舜寿决定，飞机设计室的第一个任务是设计一架亚声速喷气式中级教练机。

这架飞机的临界马赫数不超过0.8，最大速度为850千米/时。

所谓马赫数，也称"马氏数"，因奥地利物理学家马赫而得名。飞机的马赫数，是飞机相对于静止大气的速度（空速）与当地声速之比。马赫数越大，介质的压缩性的影响越显著。

这种马赫数不超过0.8的喷气式飞机的特点是选用平直机翼、两侧进气，这样机头将来可以放雷达。

经过几次讨论，航空工业局领导及决策部门批准了这个方案。

中华人民共和国成立前，徐舜寿曾在航空研究院工作过。他思

---

[1] 顾诵芬等编《中国飞机设计的一代宗师徐舜寿》，师元光主笔，航空工业出版社，2008年11月第1版，第104页。

维清晰，作风细致，受过严格的专业训练，十足的"科班出身"。在北京，关于设计一架什么样的飞机，顾诵芬就跟他一起讨论过。

徐舜寿当时的主导思想是："需要与可能相结合""在实践中培养、锻炼队伍"。

由此，他提出设计室成立后设计的第一种机型，应是一种喷气式歼击教练机。这里的"教练"有双层含义。这不仅是培养新飞行员的需要，而且新中国的飞机设计队伍本身也需要一个"教练"的过程，应当通过这架教练机的设计使我们自己的设计队伍成长起来。

另外，我们已经具备制造喷气式歼击机的工业基础，设计一架亚声速喷气式教练机是完全可能的。

顾诵芬回忆："徐舜寿同志领导飞机设计室是胸有成竹的，他在国民党航空研究院和美国的飞机公司都参加过设计。他热爱航空，也向往革命，1948年曾去解放区，1949年在上海入党，中华人民共和国成立初期就向中央提过要自行设计飞机。"[①]

徐舜寿的思路是明确的：必须尽快建立设计队伍，通过几个型号的设计和试制，既能部分提供给空军使用，又可以培养设计队伍和工厂的制造能力。

"在（设计）室成立前后，我和志千俩人曾经在局里和去航院访问，请的都是教授专家，几次酝酿，大家的意见基本上是相同的，即要一开始就搞设计，至于设计什么，那要在空军现有的机种里去分析，看哪里有缺门，自己能不能设计，也要看世界上的情况，是不是合乎发展趋势。就这样，我们就找出了这么一条歼击教练机的路来，认为当时日本、捷克斯洛伐克都在设计同类型飞机，英国也在实验全喷气教练程序，所以是合乎发展趋势的。而且经过和410厂发动机设计室协调，认为飞机、发动机都有原准机可行，所以是

---

① 顾诵芬：《我所经历的新中国航空工业发展历程》，载《顾诵芬文集》，航空工业出版社，2016年3月第1版，第452页。

有可能设计的。"①

顾诵芬完全理解了徐舜寿的设计思路和理念。他认为，这个方案既大胆又超前，完全是站在世界先进行列的起点设计。徐舜寿的高瞻远瞩和求真务实，让顾诵芬深受感染。

新中国第一次设计飞机，就是一架喷气式飞机，这个起点不低，赶上了世界航空技术发展的脚步。同时，新设计的飞机并不是对国外某种现成飞机"照葫芦画瓢"的模仿，也不是做一些"小修小改"，而是根据飞行的任务需要，从世界航空技术总库中挑选合适的手段，进行新的"工程综合"来形成自己的设计。

这是新中国从设计第一架飞机开始就建立起来的设计路线，也是世界航空发展所遵循的主要设计路线。这不是用一支现成的曲调来填词旧曲，而是一首激扬创新的歌。

设计前的一个重要的步骤，是征求使用者对新机的设计意见。

徐舜寿带着黄志千和程不时，到另一个城市的一所训练飞行员的航空学校去调查研究。

调研回来之后，程不时对顾诵芬谈起这次调研的见闻，让顾诵芬很受启发和教育。

程不时说："那年冬天东北大雪，我们到达航校时，正值飞行员们在院内打扫积雪。身穿深色皮衣的飞行员们抬着盛雪的箩筐，把雪倒在高地上，一面劳动一面笑闹。有一个在前面抬的上坡时踉跄了一下，后面那个高声叫道：'推油门，上！'我听到他们用飞行术语来作为劳动号子，感到十分新奇有趣，心想：我们国家的飞机设计事业，也要'推油门，上！'"②

在调研中，徐舜寿组织了多次座谈，介绍了设计意图。飞行员知道中国要开始设计自己的飞机，非常兴奋，特别是对航校设计喷

---

① 顾诵芬等编《中国飞机设计的一代宗师徐舜寿》，师元光主笔，航空工业出版社，2008年11月第1版，第129-130页。
② 程不时：《腾飞之歌：一个飞机设计师的回忆》，湖北科学技术出版社，2018年2月第1版，第67页。

气式教练机更感亲切。他们提出了许多宝贵的意见和想法，徐舜寿也向他们请教了设计中遇到的一些问题。

在草图设计过程中，为了使新设计的飞机得到空军领导机关的认可，使设计方案更加符合部队的训练需要，徐舜寿又先后14次专程带着设计方案，带领设计人员，请空海军领导机关、空军有关部队、航校及苏联专家进行审查，广泛征求意见，也请工厂试飞员来评审设计方案。

这是一种"从实践中来""从实践出发"的设计路线，徐舜寿在开始工作之初，便为设计室建立起这样的优良传统。

顾诵芬从徐舜寿身上找到了自己努力的方向和人生的坐标。

不要"唯米格论"

新型喷气式教练机最后被命名为歼教1，即"歼击教练机1型"。

当时，工厂刚刚仿制成功苏联的米格-17喷气式歼击机，工厂的设计人员都对米格型飞机非常熟悉。为了不让我国自己设计的飞机变成苏联米格飞机的仿制品，在开始设计歼教1飞机时，顾诵芬就详细了解了几种米格和雅克飞机的结构。

顾诵芬的这种想法，正是徐舜寿的设计初心。

此时，徐舜寿39岁，风华正茂，主持领导整个行政和技术工作。他直接参加具体的设计，对设计人员进行培训，加强指导。

徐舜寿要求，搞襟翼的就要看这几种飞机襟翼的图纸，搞座舱布置的就要看这几种飞机座舱布置的图纸。大家在研究了几种相同部件的结构之后，采用了由中国设计人员对全系统进行集成后，独立作出"工程综合"的设计路线。

设计室里绝大多数人是第一次设计飞机，许多工作不知如何下手，包括打样设计、画模线等。

徐舜寿倡导"综合设计"的方法，他形象地对新的设计人员说，

"熟读唐诗三百首"，意思是要熟悉许多不同的飞机，从中舍旧取新创新设计工程措施，不要"唯米格论"，也就是说设计人员在设计时可以参考米格飞机的结构，但不能抱着不放，绝不能设计出一种米格机的变体来。①

徐舜寿根据飞机设计的特点和事物发展的规律，认为，一个飞机设计机构的主要任务是出成果、出人才。

徐舜寿对设计提出了明确而大胆的要求：

每名设计人员对自己的设计依据和想法都必须作出说明，并与有关方面协调论证，各个局部在总体布局上必须是合理的，不允许各行其是；对大部件和大系统的设计总图，采取集体审查的办法，设计者张贴图纸，请有关人员参加，讲解自己的设计依据、思路、意图、数据、问题等，并进行答辩，答辩一旦获得通过，所有参与者当场签字；如答辩通不过，修改后再来。

这个要求一提出，大大提高了工作效率。

显然，这个要求既能够很好地发扬技术民主，又可对设计人员进行很好的锻炼和考核。

设计室组织机构也是按徐舜寿的飞机设计机构思路设置的，行政部门简化，整个机构短小精悍。

通常情况下，飞机的设计人员在开始的时候脑子里是没有一架飞机形象的。设计人员都是要先听取需求方的需求，然后定出战技指标，才开始设计方案。所谓战技指标，也就是飞机的用途（战斗、侦查、通信中继或其他）、任务载荷、航程、飞行速度、设计寿命、全寿命维护成本等。有了这些，设计人员才能推算出其他指标，如许用过载等，然后才可以开始想象各种设计方案。如此，飞机的样子才能渐渐在设计人员的头脑和纸面上显现出来。

在方案评审阶段，了解到飞行员反映苏联飞机座舱盖低、操纵手柄偏大，设计人员去部队收集了1400名飞行员的身材数据，根据

---

① 杨元超、陈磊：《徐舜寿：造中国人自己的飞机》，《解放军报》2019年11月14日。

中国人的身材特点设计了歼教 1 的座舱和驾驶杆手柄；然后，再根据部队和各方面专家的意见，修改原设计方案。这种做法后来也成为一所、十所等国内飞机设计研究机构的传统。

在最后确定的总体设计方案中，歼教 1 多处体现了创新的特点。

首先是打破了米格歼击机的传统框框，采用了两侧进气、全金属、前三点起落架、双座、平直翼的总体方案。其中，抛弃米格机头进气布局，采用两侧进气布局，对后来国产歼击机、强击机的发展有着重要意义。

当时，顾诵芬才 27 岁，可谓雄心勃勃。他在徐舜寿、黄志千的指导下，已经完全沉浸在飞机气动力设计的海洋里。不过，这些飞机，还是在设计和论证阶段，都还没有起飞，他对自己完成的事丝毫没有自我满足，只是在内心深处有种搏击长空的冲动。

这是初心和理想的召唤。

当时，中国的领空还没有一架自己设计的飞机在飞翔，因此有人把飞机设计看得很神秘。但是，也有人头脑过热，把飞机设计看得过于简单。顾诵芬则认为，设计飞机既不神秘，也不简单，关键是必须遵循其规律，并熟练地使用这些规律，就能成功地设计出良好的飞机来。

飞机设计师的作品向世人展示的首先是外形，所以飞机设计师对飞机外形设计有着一份特殊的感情，徐舜寿也不例外。

顾诵芬发现，徐舜寿每次到总体室看绘制的飞机外形时，总是带着喜悦兴奋的心情。他对设计室的第一个作品的外形设计特别关注，也给予了许多具体而耐心的指导。

设计思路和理念明确了，接下来就是按分工要求，实际开干了。

拜老师、查资料

顾诵芬全身心投入飞机设计的任务中，不断调整、比较各种方案，可以用魂牵梦绕来形容。

仅仅在三年之前，他的人生道路面临的悬念是：能否有机会从事飞机设计？现在摆在他面前新的悬念是：我们能不能设计出飞机？我会称职地完成任务吗？这条路在新中国是第一次走，甚至航空工业机关内的一些熟人，也会担心地在他耳边悄悄问道："你们设计的飞机，飞得起来吗？"

此时，顾诵芬并没有丝毫的怯阵，反而信心百倍。

气动力是飞机设计的灵魂，空气动力学的发展推动了飞机的跨代发展。然而，我国开始飞机设计之初，气动力设计方法和手段完全是空白。

顾诵芬任气动组的组长，负责整架飞机的气动力设计，同时，确定整架飞机总体参数的任务也落在了他的肩上。

气动力设计包括气动布局设计和部件气动力设计。气动布局设计任务是：选择飞机的气动布局形式（全机外形），确定总体和各主要部件的几何尺寸、气动参数及有关气动特性的综合设计。部件气动力设计是在气动布局的最初设计阶段，根据全机三面图进行各主要部件，如机翼、机身、水平尾翼、垂直尾翼、增升装置和操纵面等的气动力设计。

徐舜寿与顾诵芬等人来到了北京航空学院（今北京航空航天大学，简称北航），向张桂联教授求教。

张桂联与徐舜寿在美国麦克唐纳飞机公司一起实习过，之后张桂联又与黄志千在英国格洛斯特飞机公司工作过。当时，黄志千是机身设计组的组长，张桂联是气动组的组长，他们相互很熟悉。徐舜寿、黄志千认为，搞气动力设计必须找张桂联。飞机设计室刚成立，徐舜寿就到北航找张桂联教授，请他讲授飞机设计的基本知识。

张桂联教授是一个很热情、很负责的老同志。

与徐舜寿等人见面的当天，张桂联就在他的办公室讲了一个下午。

张教授的办公室很简陋，大家围着四张课桌拼起来的大桌子坐。

张教授从怎样做气动布局的顺序开始讲，强调：气动布局设计，机翼、机身最重要；发动机的确定是飞机设计的前提。

他告诉大家，飞机操纵稳定性的设计可以参考 1945 年《英国皇家航空学会志》，其中有一篇总结第二次世界大战中飞机操纵稳定性和操纵面设计经验的文章。

对于进气道的设计，张桂联教授表示，他也不是很熟悉，两侧进气他没有搞过，但近几年来看过一些关于喷气式飞机进气道设计的总结性技术资料，1956 年的《英国皇家航空学会志》有一篇关于此技术的总结性文章，在北大图书馆能查到。

对顾诵芬来说，这次请教张教授，除了一些关键知识点，最大的收获就是知道了哪些知识可以从哪些资料里找到。

那个年代，资料少，尤其是国外的资料更少，找起来非常难。出国机会也有限，一旦有机会出国，很多人都是买家用电器带回来。可设计室的领导从国外回来，带回来的全是航空技术杂志和书。有一次，黄志千还把在英国手抄的《飞机设计规范》AP-970 的几个重要章节和用描图纸描下的 1600kgf 推力的德温特（Derwent）喷气发动机的推力曲线赠给了设计室。这些资料后来都成了设计室的基础资料。

很快，顾诵芬又从沈阳奔回北京，去找资料。

在大学时，顾诵芬学的是螺旋桨飞机，对喷气式飞机仅有一些基础知识，何况要设计进气道，而且要两侧进气，这对他来说难度相当大。

"我感到压力很大，平直机翼飞到马赫数 0.8 是一个难题。我找到张桂联教授介绍的美国 NACA 技术报告，经过比较，认为只能选用美国的 6 系列翼型。"[1] 回忆当初，顾诵芬说。

到北京后，顾诵芬住在航空工业局德胜门外羊房胡同的单身宿舍——他在老单位时住的地方。当时，四局机关经常会有同志出差

---

[1] 顾诵芬口述：《我的飞机设计生涯》，师元光整理，航空工业出版社，2011 年 4 月第 1 版，第 35 页。

在外，谁出差了，他就睡谁的床铺。

北航当时还在建校时期，图书馆白天都被学生占用，顾诵芬只能晚上去。

顾诵芬借了第一技术科副科长李泽藩的一辆自行车，每天晚上从宿舍骑到北航，那时到北航的路还没有修好，晚上也没有路灯，就这样跑了一个星期，查找并抄录了不少有用的资料。他买了硫酸纸，把图描下来；买了曲线板、三角板在那儿看，总算把那个进气道设计的一些原则弄清楚了。

最后还车给李泽藩时，他才发现自行车的前叉已经裂了，也不知道是什么时候裂的，但就这么骑了一个星期。

得到这些新的资料，顾诵芬如获至宝。

风洞试验

从北京返回沈阳，顾诵芬向徐舜寿作了详细汇报。

徐舜寿很重视，听得很仔细，而且不断提出问题。不仅如此，他还把叶正大和苏联顾问都请来听。

与叶正大一起请过来听顾诵芬汇报的苏联顾问是112厂仿制米格-17时苏联方面派来的米高扬设计局的代表。当时，图纸有问题就找他，由他向米高扬设计局请示。他本人是搞军械的，不搞结构设计，曾经做过米高扬设计局驻捷克斯洛伐克的代表。徐舜寿征求他的意见，他表示很有兴趣听。

听完顾诵芬的汇报后，徐舜寿组织了讨论。

会后，设计室的几位领导都认为可以干，于是开始了进气道的详细设计。

两侧进气道在当时碰到的一个困难，就是当发动机收油门的时候，很可能出现一侧进气道进气，另一侧出气的情况，这样发动机就不能稳定工作，这是一个很严重的问题。数据算不出来，只有靠风洞试验。

用试验方法研究空气流动特性、空气与物体相对运动时的相互作用规律等问题，是空气动力学最重要的验证方法，被称为"实验空气动力学"。

为模拟飞行器在空气中的状态并测试、研究其飞行性能及品质，必须用到、也最常用的是"风洞"这样一种特殊的试验设备。

风洞，是以人工的方式产生并且控制气流，用来模拟飞行器或实体周围气体的流动情况，并可量度气流对实体的作用效果及观察物理现象的一种管道状试验设备，是进行空气动力实验最常用、最有效的工具之一。风洞试验是飞机设计制造绕不开的环节。

就在1957年木质样机审查时，苏联专家说了一句话，大意是反正是锻炼队伍，设计得成功也行，不成功也行，不是非要干到批量生产，这让航空工业局的领导很不放心。于是，我国将歼教1的整体方案，包括三面图、理论图都送到了苏联，请他们研究一下我们的方案。

"1958年春，苏联中央空气流体动力学研究院对歼教1的正式评审意见反馈回来。苏联方面总体上对歼教1的评价很好，认为这个飞机基本上实现了设计要求，按此设计制造出的飞机性能甚至会比设计指标还要好。但也指出，水平尾翼的展弦比原设计为4.5，该参数与机翼的展弦比接近，不够合理，因为要求机翼失速后平尾还不失速，平尾展弦比应改小一些，以3.5～4.0为好。再就是进气道唇口前缘太尖，应该将进气道唇口再改圆一些。原设计怕进气道处先产生激波，所以用薄而光的型面，这在设计之初，黄志千就有些担心，怕进气道会出现局部失速。另外他们还提出进气道喉道部分应有一段1米长的面积等直段，以提高进气效率。"[1]

"后来，苏联允许我们把飞机模型拿到他们的风洞里去试验，但试验报告直到飞机飞起来后才给我们。"顾诵芬说。

---

[1] 顾诵芬口述：《顾诵芬自传》，师元光整理，航空工业出版社、人民出版社，2014年1月第1版，第58—59页。

在此期间，中国的设计人员并没有坐等苏联的试验结果，顾诵芬一直在创造条件，努力完成风洞试验。

当时的中国，只有创办不久的军事科学研究和教育的最高学府——哈尔滨军事工程学院有两座直径为1.5米的回流式低速风洞，主要是给学员开设空气动力教学试验课用。

1957年的冬天，天气很冷，黄志千、顾诵芬在哈尔滨做了两个月的进气道方案试验——在1.5米直径而且是用于教学的风洞里模拟真正飞行时飞机的气动力参数。

为模拟发动机抽气，黄志千与马明德商量决定用鼓风机抽的方法。但需要的鼓风机外面买不到，顾诵芬也从没接触过鼓风机。

顾诵芬决定自己动手设计鼓风机。通过参考外国资料书，他最终还是完成了这项任务。

所有的努力来自内心的沸腾。顾诵芬经常说，我的本事就是会找书，这是我从小在合众图书馆生活，受老一辈影响形成的。

顾诵芬不仅会找书读书，而且动手能力极强。

在一次试验中，设计室需要一排很细的管子用作梳状测压探头，这样的设备国内没有生产，只能自己设计。怎么办呢？顾诵芬与年轻同事想出一个法子：用针头改造。连续几天晚上，他都和同事跑到医院去捡废针头，拿回设计室将针头焊上铜管，再用白铁皮包起来，就这样做成了符合要求的梳状排管，再送到哈军工的低速风洞里进行试验。

在哈军工做试验也有好处，就是有我国著名空气动力学家马明德教授和配合修模型的工人师傅的帮助。

马明德在美国做过风洞试验，很有经验。哈军工的风洞是两座直径为1.5米的回流式低速风洞，其中一座试验段是开口的，称为1号风洞；另一座试验段是闭口的，称为2号风洞。他的想法是将两个风洞试验的结果一平均，就可以不做洞壁干扰修正了。

顾诵芬黏上了马明德，做试验找他，出了问题也找他，有时候跑到他家中去问。顾诵芬还自己找书来读，如苏联的《设计员指南》，以及美国人艾伦·波普写的《风洞试验》。

回想起当年的工作，顾诵芬仍记忆犹新。

"比如机翼、机身的整流算不准，也画不好。也是马明德推荐，他说你干脆就在这里，模型上贴上毛条，通过吹风试验来确定；另外同时测压力，只要压力不是升高很快，机翼与机身连接的后端就不会有很大的气流分离，如果分离很大时，阻力也上去了。于是就按他的意见去做试验，不断修改机身、机翼整流罩形状，根据试验结果再计算，再修正模型。

"修型也是很麻烦的。哈军工配合我们修模型的一位姓吴的老师傅，非常棒，背驼得很厉害。他手艺很高，毫不计较个人得失，不厌其烦，反复试验，反复修型，直到测得完全没有气流分离，做到很顺为止。尾翼和机身的整流形状就是这样吹出来的。最后歼教1的结构就按风洞试验后的模型形状来设计。"[1]

最后的试验结果证实设计还是成功的，没有出现发动机收油门的时候流动不稳定。

随着风洞试验中一个个问题解决，歼教1飞机的气动力设计一步步走向成熟。

对于自己在飞机气动力设计方面的成长，顾诵芬非常感谢张桂联、马明德两位老专家，他讲道：

"引路靠老专家，成长就要靠自己学习。当时歼教1选减速板位置的时候，张桂联答应我们，说你到我北航来；后来设计有问题，基本上就找他问。我们在哈尔滨吹风有问题就找马明德。我受益于他们两位的引导，没有这样的老先生，我也不知道飞机设计该怎么干。一是老先生们的引导，二是资料，也是他们指导怎么看资料，以解

---

[1] 顾诵芬口述：《我的飞机设计生涯》，师元光整理，航空工业出版社，2011年4月第1版，第39页。

决实际问题，逐渐成长。"①

1958 年 3 月，应中方邀请，苏联雅科夫列夫设计局又派了总体组的主管设计师马尔达文来 112 厂审查歼教 1 飞机图纸。

马尔达文是一位知识面很宽、很有经验的飞机总体设计师，年龄与叶正大相仿，对气动力、强度、气动弹性都很熟悉。他后来成为垂直起落飞机雅克 -38 的总设计师。

马尔达文的主要任务是审查歼教 1 的设计，他用了三天时间，就那么站在图板前，看完了 2 万多张 A4 图纸。他的水平的确很高，就这么几天时间，还真看出了问题，指出我们的设计中垂直尾翼的传力路线存在问题，即垂尾的载荷传递不到机身。大家对他很钦佩。

徐舜寿听取他的意见，马上安排结构室修改结构图纸。

"那时候全凭一股劲，迎难而上。"顾诵芬后来说。很多时候，压力就是动力。没有条件，也得想法子创造条件。

一次又一次，不知遇到了多少困难。

但是，顾诵芬的心里，只有一个信念：无论遇到什么困难，我们终究都能克服；我们一定能够制造出我们中国人自己的飞机；我们要用一架架自己设计的战机，在祖国的辽阔天空构筑起钢铁长城。

协力"大会战"

歼教 1 的设计工作全面展开以后，各个方面出现需要不断协调的技术问题，大量的信息反馈到顾诵芬那里，要求逐个讨论并进行判断。

每天与不同专业的人员讨论各种问题，不同人的性格不同，口音各异，表达的习惯也不一样。抛开这些，大家共同关心讨论的问题，

---

① 中国航空工业集团有限公司编《大家之道——向顾诵芬院士学习》，航空工业出版社，2022 年 3 月第 1 版，第 62 页。

就是寻求技术上的最佳解决方案。

这些讨论是高强度的智力碰撞和脑力锻炼，顾诵芬的大脑皮层处于高度兴奋状态，感觉很愉快。

这是一个团结、紧张、协调有序的设计团队，顾诵芬在设计的过程中，与大家配合得十分融洽，工作进展得也很顺利。

美国在设计他们的第一架喷气式飞机 F-80 的时候，飞机刚到地面试车阶段，突然砰的一声，进气道被吸瘪了。飞机总设计师正站在一旁，差一点被吸到进气道里去。F-80 在试飞中共摔过七架飞机，摔死了他们最好的试飞员。而我们的歼教 1，同样采用的是两侧进气方式，不但地面试车没有发生过吸瘪进气道的问题，在后来试飞中也没有出现过致命的事故。

不过，大家在设计过程中也有些担心，担心工厂承担这架飞机试制会存在概念上的障碍。工厂可能会向生产仿制机种那样，简单按图生产歼教 1，对试制自行设计的机种的特点认识不足，这样必然会单纯抓住生产品而忽视试验件的制造，并在试制过程中拒绝任何设计参数修改。这两者对于设计质量的保证是至关重要的。

根据国外自行设计飞机的经验，大家决定在打样设计结束后制造全尺寸木质样机。但中国过去没有自行设计过飞机，自然更没有制造过木质样机。

接受这项任务的是木工车间一位从上海来的八级木工——陈明生，他只有 30 多岁，但技术过硬。设计员向陈明生介绍了木质样机的作用和一般要求，又给他看了国外样机的模糊照片，他就领着一个木工组按歼教 1 的图纸干了起来。

木工组里还有两个木工是从上海来的，一个七级、一个六级，都很年轻，他们不但技术基础好，而且学习新知识快，这样一个"史无前例"的木工活，他们用了 100 天居然就完成了，而且质量优异。

顾诵芬被这些朴素而又有使命感和创造性的工人兄弟们感动。

1957 年 8 月 5 日，距离顾诵芬到达沈阳不到十个月，让他长期以来冥思苦想、夜不能寐的歼教1的样机就在眼前。它不是对世界上任何一架飞机的东施效颦，而是中国人自己制造的。

这让顾诵芬激动不已。

程不时后来在回忆文章中也写道："当我们看到长期构思的新中国首开纪录的自行设计飞机木质模型威武地站立起来时，似乎感到每一根线条都非常可爱，心中十分高兴。"

大家请来工厂的试飞员，并远道请来航校飞行教员。

他们也是第一次看到用木头制成的、像真飞机一样的、全尺寸的样机，无不以一种特殊的心情认真抚摸着它，端详着它，兴致勃勃地坐进座舱……

顾诵芬在旁边认真听取大家的意见，并记录下来，据此来进一步改进设计。

9月，当时空军机关派人对歼教1进行木质样机审查，一行三四个人，还带了位苏联顾问。他们大多是飞行员出身，除了一位科研处处长。

开始的时候，他们的态度还不错，但第二天突然变了，说飞机性能不好，不能做高空特技。

顾诵芬解释说："飞机的推重比摆在那儿，我来给你们算。"于是他连夜就他们所提的问题进行了计算，第二天给他们看数据，苏联顾问被说服了。

空军总部的领导很支持设计专家，苏联中央空气流体动力学研究院的评审意见也认为，按此设计制造出来的飞机性能比设计指标还要好。

专家们经过5天对木质样机的认真审查，提出改进意见，设计室又指导木工车间对木质样机做了修改。

经过技术审查、审批等一系列的程序后，1958年3月底，歼教1的图纸下达车间，试制工作开始了。

由于这架飞机在我国航空史上的特殊地位，航空工业局王西萍局长从北京赶到沈阳，在工厂进行了试制动员。工厂出现了热火朝天的局面，车间日夜赶制，设计人员到试制现场与工艺人员、生产工人一同工作。

这是一个产品"硬件"与设计信息"软件"相互搓揉捏合的过程。

顾诵芬在夜晚走进灯光下沸腾的现场，从辛勤劳动的人群中，感受到那股严肃认真的劲头和热情的涌动。

此时，中国的航空工业才刚刚起步，还没有像样的设备齐全的工厂。比如，飞机制造厂的基本组成单位"车间"和"工段"，都是从中国最早的工业——铁路工业借用来的。

眼前，各"车间"成立现场指挥部，并根据承担的生产任务，成立由老工人和青年工人组成的攻关突击队。

在任务繁重的飞机部件装配车间、总装配车间和试飞车间等部门，先后成立了突击队。机翼装配车间针对生产关键，成立了"架上右翼"攻关青年突击队。生产现场的飞机装配型架旁，飘扬着鲜艳的队旗，"新思想、新行动、新产品"和"保证产品质量、生产安全"的标语口号，醒目地挂在飞机型架两侧。生产现场，工人们手拿铆枪，登上高大的装配型架，奋力铆接机翼，目不转睛，忘我工作。

为了保障各车间工人更好地参加"大会战"，厂后勤生活服务部门也派人到生产现场发放日常生活用品。为了节省时间，他们还经常把一份份盒饭送到生产一线。

为了及时处理生产中遇到的问题，顾诵芬与设计人员带着行李，吃住在车间，晚上实在太困了，就在办公桌或长条凳子上睡一会儿，醒来继续干。他们夜以继日地在车间跟产，有的人几天几夜没合眼。

就这样，为了新中国自主研制的第一架飞机，为了新中国蓝天的安全和宁静，全厂上下同甘共苦、团结一致、齐心协力大干了一场。

晚年的程不时，回忆起当年参加"会战"歼教1，发出这样的感慨：

"这真是为这架新生的飞机集体'添砖加瓦'的大型创作工程！我忽然心中涌出一个念头，觉得这一霎间我的所见一定会铭刻进我的脑海，会在很多年后都记忆深刻。果然，以后我虽然经历了不少辉煌的场面，度过了许多关键的时刻，但是我国第一架自己设计制造的喷气式飞机'歼教1'紧张的夜班工作场景，在明亮的灯光下是那样的热气腾腾，而我作为劳动洪流中的一分子也融入其中，这场面果真明晰地留存在我的记忆里了，使我每一次回想起来都恍如昨日。这时徐舜寿收到一封电报，他的大儿子在北京诞生。他把电报往口袋里一塞，照常带领设计人员投入试制现场。"[1]

经过几天的昼夜奋战，终于完成了歼教1飞机的总装任务。

试飞成功

一架新的飞机横空出世，意味着它从大地到天空的蜕变。而检验这个蜕变的过程，就要靠试飞。

要想把飞机这样一个系统庞大且复杂的航空器制成一把出鞘的利剑，需要依靠飞行者勇于实践的精神，加上积极作为的行动——试飞。正是通过一次次的试飞实践，那些天才的灵感、奇妙的设想、宏伟的蓝图和各种千变万化的零部件，才能真正化为飞翔的翅膀。

所谓"试飞"，从字面上看就是对飞机进行飞行测试。其实，这是航空领域一个既专业又重要的概念和环节。现代意义上的试飞，主要包括型号试飞和科研试飞。歼教1的试飞，属于型号试飞。

试飞，首先要制定一个大纲，依据大纲要求，细化到每一个架次的飞机任务单，确认每次起落要完成什么任务，明确任务分配和要求。试飞员按照任务单飞行。

所以，好的设计必须有好的试飞员。否则，飞机无法真正成为合格的装备。

歼教1试飞前两周，才定了空军试飞员于振武，空军三航校派

---

[1] 程不时：《腾飞之歌：一个飞机设计师的回忆》，湖北科学技术出版社，2018年2月第1版，第76页。

了一位教员敖厚德，还有112厂的吴克明，他是工厂米格-17的首席试飞员。

于振武是试飞站推荐的，他那时是军队里的技术检查主任。在接米格-17时，他的飞行技术给试飞站同志留下了很深的印象。他们说，于振武进行直线平飞时，在记录仪的蜡纸上画出的真就是一条直线。

于振武是歼教1飞机首席试飞员。设计室向他详细介绍了飞机设计中考虑到的各种问题，面对一大堆空气动力的计算，于振武说："真没想到这架飞机的设计做了这么详细周密的技术准备。"

顾诵芬还给他们三位提出了试飞时应注意的事项。

1958年7月26日，歼教1完成了试飞前的一切准备工作，距离王西萍局长来工厂动员又正好100天。

那天，全体机务人员检查完飞机之后，不同于工厂试飞站平时的工作习惯，而是在飞机旁列队立正。组长跑步到穿着飞行服的试飞员面前，举手敬礼，报告"准备完毕，飞机良好"。[①]

这个场面既感人又令人激动到屏气。

飞机的表面喷着银白色的罩光漆，使飞机成为一架名副其实的"银燕"。于振武来到登机梯前，看着这架崭新的从来没有人飞过的飞机，不自觉地用脚在地上擦了擦靴底上的土，才攀梯登上飞机。

指挥台升起一颗绿色的信号弹，这是对歼教1放飞的信号，是对我们这支航空设计队伍的成绩初次考核的信号，也是祖国航空设计事业起跑的信号。

在这个历史性时刻，顾诵芬感到喉头发哽，眼睛直冒泪花。

歼教1启动了发动机，这台由中国设计人员自己设计、由沈阳发动机厂制造的发动装置，给了歼教1以生命。

歼教1仿佛从沉睡中苏醒过来，呼啸着向跑道滑去，尾喷流卷

---

① 张子影：《试飞英雄》，安徽人民出版社、安徽文艺出版社，2017年2月第1版，第226页。

起一片热浪。然后，在跑道上加速向前冲去。

人们紧张地、全神贯注地注视着涌动起来的歼教 1。它就像是一个新生的婴儿，迅速地从蹒跚学步变成百米冲刺，再到展翅腾空。

这时候，最紧张的就是顾诵芬及设计团队。因为，是设计赋予了飞机灵魂。

歼教 1 乘载着顾诵芬等人的目光，像一支利箭冲开气流，飞机的机头微微上扬，起落架前轮腾起，离开地面。紧接着，起落架后轮也跃起了。

这一瞬间，凝聚了多少人的梦想，汇集了多少人的期盼。

顾诵芬感觉自己张开了双臂，仿佛变成了正在起飞的歼教 1。

歼教 1 轻盈地飞上了蓝天。只见它逐渐积累高度，迅速变小，像一只银色的燕子，灵巧地转了一个弯，保持在人们的视线内。

飞机设计团队和飞机生产工人们都在机场跑道边观看，紧张的心情转化为激动的喜悦，爆发出一片掌声和欢笑声。在这空旷的机

在歼教 1 飞机前合影（左起：陆孝彭、叶正大、徐舜寿、王汇青、程不时、顾诵芬、汪予兴）

场上，掌声和欢笑声汇成巨雷般的轰响。

大家仰望着"银燕"，掌声一直不断。

如同起飞时一样，歼教 1 轻盈得像鸟儿落在跑道上，由于惯性向前冲了一段，立定刹车。轰鸣的飞机发动机熄火了，人们的欢呼声冲上了云霄。

顾诵芬眼中涌出了激动的泪花。

歼教 1 顺利完成首飞。

步出机舱，于振武汇报了试飞体会：歼教 1"座舱宽敞，前后舱视界比米格 -15 好，座舱安排合适，部分电门仪表安排有些不适，应加以改进；起落架减振好、刹车灵活、转弯容易；放襟翼时飞机低头，力矩变化较大……"

大家的喜悦之情，溢于言表。

歼教 1 首飞 5 天后，迎来了中国人民解放军的八一建军节。

这一天，为庆祝建军节，在沈阳市于洪机场做了一次歼教 1 飞行表演。

于振武提出，由于歼教 1 很多科目还没有飞，飞行表演时很难飞什么动作，于是就设计了一个高速通场，他与敖厚德一起飞。当时也有朝鲜的武官在场。在通场时，坐在后座的飞行员正转头看侧面，于振武一加速，由于加速度很快，后座飞行员的头都来不及转回来。

8 月 4 日，歼教 1 在沈阳又做了一次飞行表演。

这一次，叶正大请来了叶剑英元帅和空军刘亚楼司令员。

于振武飞得很低，而且做了盘旋。刘亚楼一看就急了，赶忙喊停。结果，于振武又飞了一圈。

按照初次试飞规定，于振武驾驶飞机在机场上空绕场一周，便驾机进入了着陆航线。当飞机安全着陆后，徐舜寿走上前去同于振武热情握手，紧紧拥抱……

于振武可能也没能想到，38 年后他从上尉军衔晋升上将军衔，成为中国空军司令员，也是试飞员出身的空军将领中级别最高的一位。

徐昌裕也在现场，于振武的表演给他留下了深刻的印象，他在回忆录《为祖国航空拼搏一生》中记述：

"超低空飞行，噪声很大，我们都很兴奋。刘亚楼急了，大声嚷嚷：'飞机出事可了不得，机场有上千人看呢！不要冲了！'他刚说完，飞机又'哗'地冲过来了，惊叫声一片，现场的人看得直叫好，试飞员真厉害，技术真高！"

首飞下来后，试飞站的苏联专家曾经对徐舜寿说："我真为你捏了一把汗。试飞员只用两周时间熟悉情况，在苏联从没有过。"

从方案论证、打样设计、技术阶段设计到初步设计，再到详细设计，直至生产发图，歼教1飞机的整个设计周期仅有530天，也就是一年零九个月；试制周期仅有148天。其速度之快，在发达国家也属罕见。

据有关资料记载，美国1908年建立航空科研机构和工厂，进行飞机的设计和制造，经过30多年的努力，到1942年，第一架喷气式试验机才飞上天，直到朝鲜战争开始时，喷气式歼击机才真正用于作战。苏联在沙皇俄国建立的航空工业的基础上，于1918年建立中央空气流体动力学研究院，进行科学研究和飞机设计，到1946年4月，米格-9喷气式试验机才上天，供实际使用的米格-15飞机则到1948年3月才投入成批生产，同年底交部队使用。[①]

沈飞能够以这样的速度，自行设计制造出我国第一架喷气式教练机，并成功实现首飞，开创了喷气时代中国人自行设计飞机的历史先河。

在我国开始设计歼教1时，日本、捷克斯洛伐克等国也在设计喷气式教练机，他们的工业基础比我们雄厚，设计经验比我们丰富，但日本TIF2、捷克L-29的上天时间比歼教1晚了一两年。而顾诵芬在飞机设计选型、歼教1气动布局设计，尤其是两侧进气设计等方

---

① 孟广荣、孙广运：《新中国航空工业史稿》，航空工业部档案馆，1982年6月第1版，第130-131页。

面确实立有首功。

新中国第一架自行设计制造的喷气式飞机胜利试飞的消息，随后被报告给周恩来总理。

当时，有的同志建议，当年国庆节时驾驶歼教1飞过天安门，后从当时中国的政治、外交等多方面通盘考虑，感觉还不宜公开。

曾担任新中国外交部副部长、作为中国政府特派代表出席联合国安理会并发表首次讲话的伍修权将军，在《忆新中国第一代航空工业专家徐舜寿》中写道：

"徐舜寿等同志在航空工业上的贡献受到党和国家的重视，早在'101号'（歼教1又被称作'101号'机）试制时，周恩来总理鉴于当时还不宜公开宣传这一成就，请人转告这架飞机的设计人员，要他们先做'无名英雄'。"

新华社为这架飞机发了一条内部消息，而这条消息是组织委托程不时起草的。①

1958年10月，歼教1已经完成了3000米以下部分科目的飞行试验。1958年国庆节后，两架歼教1飞机在北京进行飞行汇报表演。根据试飞结果分析，飞机的设计、制造是成功的。在11月中旬两架歼教1飞回沈阳时，其中一架的发动机出现故障，叶片折断。该机型只生产了三架，一架做静力试验，两架试飞后封存，现有一架收藏于北京昌平的中国航空博物馆。

歼教1首飞，让中国人自主研制飞机的梦想第一次张开了翅膀。而"无名英雄""一切服从党和人民的需要"也已成为国防科技工业战线每一个人自觉遵守的原则。

后来，由沈飞第一飞机设计室总体设计组组长程不时创作执笔，八一电影制片厂拍摄制作了纪录片《早送银燕上青天》，真实记录了我国第一架自行设计的喷气式歼击教练机——歼教1飞机的研制

---

① 程不时：《腾飞之歌：一个飞机设计师的回忆》，湖北科学技术出版社，2018年2月第1版，第83页。

历程。2004年,中央电视台播出的纪录片《中国战鹰探秘》中,再次披露了这一辉煌背后的坎坷。

首战告捷。随着歼教1腾空而起,顾诵芬又成功地完成了初教1(后改名为初教6)飞机的气动力设计任务。

顾诵芬为几乎是一张白纸的新中国飞机设计事业创建了属于中国人的气动力设计方法,也在应用空气动力学的研究和实践方面登上了一个新的高峰。

2011年是新中国航空工业创建60周年,也是顾诵芬大学毕业后从事航空事业60周年。

这年春天,由顾诵芬口述的自传《我的飞机设计生涯》出版,捧之犹读"飞机设计苦旅"。虽然文字有一种苦涩后的回味、焦灼后的会心,但呈现的却是"红日初升,其道大光;河出伏流,一泻汪洋"的别样风采。

@ 同时期的世界

1958年7月26日,中国第一架自行设计制造的喷气式飞机歼教1首飞成功。此时的世界,发生了重大的变化。

1957年至1958年,"二战"后第一次世界经济危机爆发。美国、英国、法国和其他一些西方国家出现了带有普遍性的生产下降和严重失业现象。随着经济衰退的迹象日益明显,争夺市场的斗争更加激烈。

1958年1月13日,9000多位科学家要求签订禁止核武器的国际协定。1月31日,美国继苏联之后发射人造地球卫星"探险者1号"。3月27日,赫鲁晓夫接任苏联总理。7月31日,赫鲁晓夫访华。8月30日,中国第一座原子反应堆回旋加速器开始运转。11月13日,美国第七舰队在台湾海峡演习。

第四章
坚韧：『匍匐而前行』

新中国成立后，抗美援朝战争的伟大胜利、恢复和发展工业所取得的重大成就，使我深深地体会到，没有共产党就没有新中国，也就没有我个人的一切。

——顾诵芬　1959 年

"浪漫有余"

至 1957 年，我国航空工业胜利地完成了第一个五年计划的任务。当年的 11 月 2 日，毛泽东第二次访苏。

这是他一生中最后一次来到莫斯科。此时，苏联派出了新型的图-104 喷气式客机专程接毛泽东一行。11 月 16 日至 19 日，毛泽东出席了 64 国共产党和工人党代表会议。①

斯大林去世以后，从 1954 年 10 月赫鲁晓夫第一次访华开始，到 1957 年年底，三年时间，中苏两党的地位发生了非常大的实质性的变化。中国共产党的影响力急剧上升。

会上，毛泽东对赫鲁晓夫说："你们加把劲，能不能用十年的时间，在主要经济指标上超过美国？"赫鲁晓夫回答说："我们努力，还是可能的。"

会场上响起了掌声和喧哗声。

毛泽东在分析了力量对比之后，说出了现在的世界形势是"东风压倒西风"这一著名论断。从这以后，"东风"两字风靡全国。

战斗机用"东风"命名，或许是来源于毛泽东"东风压倒西风"的著名论断。

1957 年夏天，歼教 1 设计打样任务已经结束，顾诵芬没有陶醉在设计成功的喜悦之中，他更多的是思考下一步的任务。

很快，徐舜寿主任给顾诵芬、程不时、冯钟越等当时技术委员会的成员出了一个题目，让大家开动脑筋，群策群力，认真思考，设计出一个新型号的飞机。

徐舜寿提出了三个设想：一是搞超声速战斗机；二是在伊尔-28 的基础上改制一架行政用专机；三是搞一个初级教练机。第一个设想交由顾诵芬负责，第二个由汪子兴负责，第三个由程不时负责。

---

① 阎明复：《亲历中苏关系：中央办公厅翻译组的十年（1957—1966）》，中国人民大学出版社，2015 年 10 月第 1 版，第 80 页。

最后，经过综合分析，室里认为唯一可行的是由程不时负责的第三个方案，也就是雅克-18的后继机。

徐舜寿告诉顾诵芬，高速飞机还是要抓，但现在不具备条件，而初级教练机是目前唯一可行的路径。

1957年8月5日，徐舜寿向四局提交了《请示飞机设计室第二设计任务方向的报告》。随后，四局即下达了新的设计任务，决定由飞机设计室设计一种全金属前三点式起落架、采用螺旋桨发动机的初级教练机，以代替当时我国仿制的、已落后的雅克-18初级教练机。飞机定名为初教1，代号102（后改称为红专502，最后定名为初教6）。

新的设计任务下达之后，徐舜寿立即组织力量开展初教1飞机的总体方案设计和编制设计任务书。

1957年12月，空军和四局联合批准了初教1飞机的试制。

顾诵芬开始负责初教1的气动力设计。

当时，苏联专家马尔达文来审查歼教1的图纸，设计室就顺便请他看了初教1的设计方案。

看到这个初步的设计方案，马尔达文很是高兴。他不停地赞叹中国设计队伍有勇气、有能力。

顾诵芬对马尔达文一直很尊敬，也十分希望能得到他的支持和帮助。

看完图纸后，马尔达文提出一个建议，就是搞一个马赫数为1.4、用单台RD-9B发动机（米格-19飞机的发动机）、总重4吨左右、采用有尾三角机翼、机翼相对厚度4%、机翼前缘带锥形扭转的全天候超声速战斗机；并强调，教练机要保证一定不能在翼尖先失速，如果失速，容易进入尾旋。

顾诵芬对马尔达文的这个建议非常重视，他认真消化吸收，准备在下一步的设计过程中进行完善。

可是，就在这时，顾诵芬在设计中又遇到了一个新的问题：螺旋桨的特殊气动问题。

螺旋桨转动与不转动对飞机稳定度的影响很大，计算也很复杂，不好算，只有国外有经验。螺旋桨的大小，对机身、机翼会产生很大的影响。

《设计员指南》书中给出了一些参考数据，但看后也没有把握。

对此，顾诵芬决定做一个动力模型来试验，就是用一个马达带动螺旋桨，到北航的风洞做试验。而动力模型的风洞试验，这在国内是第一次，别人没有干过。到北航后，在北航专家的支持下，很顺利地走通了。

设计室和工厂正处于歼教1飞机试制最紧张的时期，还要上超声速的东风107飞机，不能都挤在112厂，而且都不能有半点怠慢。基于此，四局决定，初教1飞机的详细设计和试制工作转到南昌320厂。

初教1转到南昌320厂开始结构设计，由屠基达带队，1958年3月就完成了。

根据马尔达文的建议修改完善后的整体建议方案交给了刚来总体组的叶正明。叶正明在这个基础上，考虑制造轻型歼击机的方案，也就是后来被称作东风104的方案。

这个方案采用的新技术很多，机翼为采用大量蜂窝结构的三角翼，为前缘扭转的薄翼型，飞机做得很轻。

此时，我国进入了发展国民经济的第二个五年计划时期，全国范围的"大跃进"已经进入高潮。

在1958年3月下旬召开的飞机、发动机厂领导干部会议上，根据党中央提出的十五年后在钢铁和其他重要工业产品产量方面赶上或超过英国的目标，修改后的"二五"期间航空工业奋斗目标提出：充分发展生产能力，开展科学研究和产品设计工作，达到从仿制向自行设计的"跃进"；以求五年在生产上赶上英国，十年在技术上赶上英国，经过十五年左右，建立完整的、独立的航空工业体系；

在生产技术方面及产品设计、科学研究等几个主要方面，接近当时的国际先进水平。①

这次会议结束以后，航空工业 1958 年 4 月又在上海召开了一次会议，提出了"思想解放再解放，生产跃进再跃进"的口号。一次会议一次高潮，一次高潮指标提高一级。

很快，在院校、企业、地方促进下，航空工业的"大跃进"也开始了。东风 104、东风 106、东风 107……在追求高指标的风气影响下，歼击机的性能指标一路攀升，以致严重脱离了我国的实际。

其实，东风 104 这种歼击机的设计指标在当时已是非常先进，因为世界上拥有最先进航空工业的国家美国和苏联，其超声速飞机问世也不过五年。

由于东风 104 这个方案采用的技术太先进，国内当时根本办不到，徐舜寿的评价是"浪漫有余"。到 1958 年 6 月，不得不停止设计。

1958 年年初，空军曾提出需要一种比较先进的强击机，但没有具体要求。飞机设计室立即根据空军需求，组织技术人员收集资料。

在叶正明按照苏联专家的建议提出东风 104 方案的同时，米格-19 的图纸已送到沈阳，程不时提出了将米格-19 改成两侧进气的方案，并给厂党委打了报告，保证 1959 年飞机上天，向中华人民共和国成立 10 周年献礼。这个方案要用两台米格-19 的发动机，那时候 112 厂已经在仿制米格-19，发动机是现成的，当然不会有问题。

这个方案后来被命名为东风 106。

6 月，徐舜寿组织设计室人员对两个方案进行了内部评审。他强调，飞机设计不能脱离实际太远，东风 104 方案采用的新工艺、新技术太多，短期内是实现不了的；东风 106 的方案以米格-19 为基础，较为现实可行，可以进行下去。但是东风 106 当时只是画了一个总体图，什么都没有计算。

---

① 孟广荣、孙广运：《新中国航空工业史稿》，航空工业部档案馆，1982 年 6 月第 1 版，第 189-190 页。

8月，四局在沈阳112厂召开航空工业技术会议，确定了由112厂飞机设计室自行设计比米格-19更好的东风107超声速战斗机，并决定将东风106改为强击机，改称雄鹰302。

此后，雄鹰302飞机的研制工作全部转到320厂进行，由陆孝彭负责。在接受雄鹰302任务以后，陆孝彭对原东风106的设计方案进行了大调整，增大了机翼面积，增加了弹舱等适应强击机需要的措施。后来，雄鹰302改名为强5。

那个时候，正好黄志千出国，徐舜寿让顾诵芬代管黄志千的部分工作，并要顾诵芬用黄志千的办公桌。

徐舜寿宣布这个决定时，在室里是很有异议的。

顾诵芬知道"自己是个有争议的人"，当然没敢坐那个位置，但室里很多要黄志千签字的工作，顾诵芬还是认真完成了。

东风107遇上东风113

此时，中国正处于一个非常特殊的历史时期。

1958年8月，航空工业局根据空军的要求，决定将东风104改名为东风107，代号为107号机。

此东风107已非彼东风104了。

东风107气动布局参考美国F8U，采用可变攻角的上单翼，装两台沈阳发动机厂研制的红旗2号，单台推力4200千克，加力推力5480千克。

在讨论型号设计时，徐舜寿认为：我国尚未具备研制超声速飞机的条件。因为仿制的米格-19飞机还没有过关，设计人员还没有超声速气动力学的理论基础，国内还没有可供设计用的跨超声速风洞；在结构设计上，还不能进行有限元应力分析；在气动弹性方面，还不知道如何进行压缩性修正；在材料上，还没有高强度材料和钛合金；在工艺上，还不会制作整体壁板和蜂窝构件；液压泵只能做到130大气压；等等。因此，他提出新机指标不能定得过高。

可惜的是，徐舜寿的意见在这个时候没有得到应有的重视。

会后，四局征得空军同意，决定加快设计，争取1959年8月研制成功，以迎接中华人民共和国成立10周年。

顾诵芬与徐舜寿持同样的态度。

顾诵芬心里当然清楚，此时的东风107飞机的设计工作是在没有任何参考资料的条件下，发挥"破除迷信、敢想敢干"的精神进行的。整个设计室几乎没有人见到过超声速飞机，设计人员更谈不上设计经验，大家对超声速飞机的了解只限于一些外国杂志上的介绍。当时苏联的米格-19只是跨声速飞机，可供参考的资料也十分有限。

或许从这时开始，就注定了东风系列的命运。

徐舜寿在设计室内组织招标，由顾诵芬、程不时、管德、冯钟越4人各搞一个方案。顾诵芬提议参考英国闪电飞机的方案，这个方案是将两台发动机上下叠在一起。

程不时提出的是仿制美国F8U"抬机翼"方案。因为超声速的飞机翼载都很大，若要飞机保持好的起降性能，飞机迎角就很大，机头抬得也很高，但是影响飞行员视线。于是，美国人想出了把机翼安装角在起降时增大（当时行业内称为"抬机翼"）的方案。

最后，徐舜寿决定采用"抬机翼"这一方案。

这个方案用两台红旗2号喷气发动机，对单台发动机的推力要求是：不开加力时为40千牛，开加力时为50千牛。

这个方案尽管是徐舜寿主任定下来的，但顾诵芬有自己的想法。

作为一个飞机设计师，顾诵芬不盲从，也不能盲从。

"抬机翼"是美国人发明的方法，但并不是十全十美的。

顾诵芬认为，首先是很不好计算。气动力的问题，主要应该靠风洞试验。当时没有大的风洞，也没有高速风洞，主要是哈尔滨的1.5米风洞。其次是人手不够。当时，气动组虽然增加了一些人，但好多毕业的大学生先要去车间劳动一年才能再回来。徐舜寿只好将学过气动的人抽到气动组来，这样，才有了一些新人。另外，大家通过风洞试验，发现"抬机翼"并不是原来想象的那样，抬 10 度机翼并不能增加 10 度的迎角，而且着陆速度还是很大。

叶正明也强烈反对"抬机翼"这个方案。虽然他当时已经调出设计室到了北京，但他还是念念不忘这件事。

在"抬机翼"方案的争论中，顾诵芬尽管非常尊重徐舜寿，但他还是大胆而坚决地提出了反对意见。

"吾爱吾师，吾更爱真理。"古希腊哲学家亚里士多德在两千多年前说过的这句话，顾诵芬在飞机设计的征程上时时记着。对苏联专家，他是这样；对自己的老师，他也是这样。

"抬机翼"的争论无法从实践中得出结论。而顾诵芬在科学技术问题上的态度，却使徐舜寿、黄志千对他这位年轻人有了更深刻的了解。

对待科学、对待事业，顾诵芬从来就是这样。尊重规律，实事求是。敬重权威，但不盲从。

1958 年 9 月，一机部的赵尔陆部长也急了，当时他已经知道哈军工搞东风 113 的事（113 指 1958 年 10 月 13 日经中共中央批准），所以他的压力很大。因为如果连学校都有决心搞超声速飞机，作为专业的设计部门，当然应该搞出更先进的超声速歼击机，那才符合"大跃进"的形势。

东风 113 歼击机设计方案是这样提出来的。

1958 年春，哈军工空军工程系部分师生提出设计新式战斗机的要求，得到系党委的支持。系领导组织召开各专科主任及教研室主任会议进行商讨，一致同意设计新战机，其作战对象为美国的 F-105 和 B-58，初始设计性能为飞行速度 M2.0，升限 2 万米。

后来，国防科委秘书长安东将作战对象定为美国 1958 年刚刚装备部队的 F-104 星式高空高速歼击机，遂将战斗机的性能指标大为提高，开始设计号称"双二五"，即飞行速度 M2.5，升限 2.5 万米的歼击机，也就是后来正式命名的东风 113。

当时，这种高性能的歼击机世界上还没有。

东风 113 是单座、后掠翼、高空高速歼击机。机头装有雷达，两侧进气，进气锥可自动调节。其机翼是箭形全金属中单翼，翼型为两缘尖的圆弧型，翼面有 3 个翼刀，后缘内侧有后退开裂式襟翼，襟翼前方是与副翼联动的扰流片，副翼带有气动补偿装置，采用后掠式水平尾翼。其机身为细长硬壳式，分为三段。

那么，这种技术先进、全面超越美苏的战机，我国能设计制造出来吗？

其实，这件事在哈军工的教师中也是有争论的。有的老教授认为，设计这种新飞机，需要研制新发动机、空空导弹、航空机炮、雷达、自动驾驶仪等，需要突破热障的新材料，需要大口径的超声速风洞等大型试验设备，这些我国都没有，而且短期内也难以解决。

在"人有多大胆，地有多大产"的近乎"疯狂"的年代，一个个新项目上马，指标一个比一个高，多数意见认为只要组织全院和全国大协作，上述问题都能解决。

在这种氛围中，有些领导听说哈军工搞"双二五"战机，也表示了支持。

1958 年 2 月，第一机械工业部、第二机械工业部和电机制造工业部合并为新的第一机械工业部，赵尔陆任部长兼党组书记。

赵尔陆本来是有想法的，但迫于形势，表示要召集航空工业部门有关人员在哈军工开现场会。

赵尔陆的心情很复杂，作为航空工业部门的主管领导，他在思考东风 107 与东风 113 的问题。一是航空本系统设计的，二是军委直属的最高学府设计的。两者都在搞，都要上，他心里更多的是为东风 107 着急，怎么也不能让东风 107 跟不上"跃进"的步伐啊！

于是，赵尔陆由四局副局长油江陪着到沈阳，找了飞机和发动机设计室组长以上的干部开座谈会，研究到底该怎么办。顾诵芬和徐舜寿、黄志千、叶正大都参加了。

顾诵芬觉得，我们目前的水平根本就弄不了这个，立刻要这么弄，肯定不行。于是，他就提出要和国内各院校及工业部门合作起来搞研制设计。赵尔陆对此不太满意。

座谈会后，赵尔陆叫了徐舜寿、黄志千和叶正大到哈尔滨，去看了哈军工的东风113，一方面是参观学习，另一方面也是去摸摸底。

一天晚上，设计室主任徐舜寿和叶正大、黄志千将东风107的马赫数从1.8提到2.0。顾诵芬当天不在沈阳，这个情况是他回来之后听黄志千说的，顾诵芬对此没有当场发表意见。

当然，此时顾诵芬心里明白，这样搞下去会困难重重。

两台发动机并排，机身很宽，占机翼的翼展比例很大，所以过去习惯用的按机翼计算气动力的方法不适用于整个飞机。如果将机身加上去，则机翼升力会被破坏，这样的干扰怎么算？飞机阻力系数怎么算？一是对阻力计算没底，二是对翼、身干扰计算没有底。此外，垂直尾翼面积怎么定？

从文献资料上得知，美国摔了好几架F-100飞机，原因就是垂直尾翼面积不够，方向稳定性不够，因而横滚以后，侧滑太大，使垂直尾翼受载太大而撕掉。这当中，首要的难题就是超声速阻力。

顾诵芬接受了研究超声速飞机气动力布局的任务。

怎么计算？这是个核心问题，也是个严峻的挑战。顾诵芬想起在1957年夏天，歼教1设计完成之后，徐舜寿让他进行下一步工作。那时，苏联安东诺夫设计局代表带来的《设计员指南》只能算亚声速（低速）的，高速的没有办法。没有可用的资料，教科书上也没有。顾诵芬便找到了流体力学家郭永怀，希望从他那里获得帮助。

郭永怀先生是刚从美国回来的国际著名流体力学家和应用数学家、中国近代力学事业的奠基人之一。他建议飞机设计室派人到苏联的设计局去学习。顾诵芬告诉郭先生，这是办不到的，因为人家说没有义务教中国人设计飞机。郭先生听后说，那就先读一下 1957 年美国刚出版的《高速空气动力学和喷气推进丛书》（钱学森、郭永怀参加编写）第六卷、第七卷吧。这是讲高速空气动力学一般理论和部件气动力的，顾诵芬已经读过。

北航的张桂联教授听了顾诵芬转述郭先生的想法，认为这是科学家的意见，与航空工程实践是有差距的。他说："这些书读得再好，也就是成为一个郭先生。"

超声速飞机翼身干扰、机翼后掠角、展弦比等如何计算？与结构设计相关的载荷数据如何确定？顾诵芬提出的话题引起了权威们的关注。哈军工罗时钧教授讲过一种奇异点方法，而确定奇异点强度需要对机身几十个剖面进行逐点计算。

在北大副教授黄敦的提议下，1958 年 9 月的一天，周培源、郭永怀、陆士嘉、庄逢甘等老教授晚上聚在一起讨论。从 8 点议到 10 点多，老先生们都认为此方法可行，可以一试，但工作量太大，怎么办？恰好中科院计算所由北大教授徐献瑜主持办了一个计算技术培训班，参加培训的人员共有 70 多名。

顾诵芬回忆道："……借图板、电动计算机，就在中关村摆开战场，黄敦负责与计算所联系，用了三个月，计算结果，一叠有近半尺厚，共三包，全是计算表格。

"正好，那时西工大被派往莫斯科航空学院进修的教授陈士橹，学了两年以后回国。陈士橹在苏联师从著名空气动力学家奥斯托斯拉夫斯基教授，仅用 2 年的时间获得了一般要 3～4 年才能拿到的技术科学副博士学位，是莫斯科航空学院获此学位的第一个中国人，他在上海交大时是曹鹤荪教授的助教。上课时我们在一起，我们的作业由他来批改。……

"这样，我和陈士橹教授非常熟，我知道他回来就去找他，问他超声速飞机怎么计算。他给了我一本晒蓝的曲线图，这份图没有任何说明，但看得出波阻曲线与理论对照，苏联人把美国人给的冒尖部分砍掉和修圆了。这就是我们的宝贝了，也就是以此来确定超声速飞机的阻力系数。1960年，我买到苏联出版的《有翼无人驾驶飞行器空气动力学》（北航翻译的），发现陈士橹先生给的曲线就是该书中的，写那本书的作者在北航讲学时也给了那些曲线。我们就靠这个来计算。

"翼身干扰的问题，很难，如何修正？机翼后掠角、展弦比如何确定？后面牵扯到结构设计，要给出载荷数据，这个设计就比较麻烦。罗时钧给我们讲课时讲过一种方法——奇异点办法，就是在机身每一段都可以假定有一个奇异点，源、汇、偶极子一边流出，一边流进。要把这个点的强度凑到使机身边缘上的扰动速度与机身表面相切，不能垂直透过，计算难度就在于确定奇异点强度。没有好的解析计算办法，只能靠人工来凑。一个机身几十个剖面，工作量相当大。这种方法行不行？国内别的单位没人搞过。……

"当时东风107的设计任务已经上来了，设计进度很紧，要求10月把飞机载荷数据发出去，等北京的计算结果来不及。我就参考陈士橹带来的曲线图和美国的 NACA TR1307 报告，简单估了一下，给出了小展弦比宽机身机翼组合体的超声速干扰气动力数据。待后来详细计算结果出来以后，对比之下，基本一致。"①

顾诵芬"简单估了一下"的算法，说起来很轻松，而这融入了他多少年的心血和智慧。这种超声速歼击机气动特性估算方法，显然更符合实践需要。

东风107与东风113之争，后来就成为国防工业三级干部会议上的一个问题。②

---

① 顾诵芬口述：《我的飞机设计生涯》，师元光整理，航空工业出版社，2011年4月第1版，第70-72页。
② 徐昌裕口述：《为祖国航空拼搏一生》，航空工业出版社，2006年11月第1版，第143页。

"硬着头皮也要改"

布局问题解决后，要做的事就多了。各系统要展开设计，都来要数据，最突出的是载荷数据。结构、强度等设计都需要载荷数据，这都是顾诵芬气动方面的任务。

"机翼强度设计方面，我们有苏联1947年版的《强度规范》，对滚转拉起情况规定得很死——副翼偏多少度、过载是几个、滚转角速度是多少……但那是针对亚声速的，超声速条件下这套是否能用，我表示怀疑。我了解西方的强度规范，称之为滚转拉起情况，要计算一系列滚转响应以后，再挑出最严重的受载情况，计算相当麻烦。我不断地找资料，发现新资料后又有启发，觉得先前给的数据不行，再计算，同时，发更改通知，要求结构、系统组更改方案。"[①]

飞机设计是个系统工程，一环套一环。修改数据的通知一发下去，强度、结构等专业组的同志们就闹翻了，因为这意味着他们刚加班加点设计完成的图纸都得推倒重来，反应非常强烈。

顾诵芬也能理解。

大家有怨气是正常的，近期来，辛辛苦苦的汗水付之东流，白干了，谁能接受？另外，这样一来，工作进度只得放慢，直接影响"快速试制"的目标。

当时正是"大鸣大放"最火热之际，顾诵芬的大字报一下子贴得到处都是。但若不改，继续做下去，将来会出问题，还得更改。因为当时一下子看不到那么多资料，所以新的计算依据在不断了解中，有了新的资料，就得修改。

"面对铺天盖地的大字报，我有些犯怵。改，还是不改？这是个问题。我找了黄志千，谈了自己的困惑。黄志千同志很宽厚，很

[①] 顾诵芬口述：《我的飞机设计生涯》，师元光整理，航空工业出版社，2011年4月第1版，第76页。

理解我,他说:'不要管那些大字报,硬着头皮也要改,现在不改,将来进入制造阶段,改起来就更难办了。'就这样,我在批判声中继续做工作,并发出更改的通知。"①

这个时候,顾诵芬首先想到是设计要科学、先进和严肃,自己的"名声"和"威望"又算得了什么!

当时气动组只有四五个人,大部分是新手,没有一起讨论研究的条件,他们都要等顾诵芬给办法,因此气动工作集中在顾诵芬一个人身上。

苏联1953年的强度规范只有马尔达文给了关键数据,也不知道缘由,因此也只能做参考。一个很突出的实例是垂直尾翼的设计,最后黄志千拍板,按此数据减少一半设计。这也是没有办法的办法,没有什么依据,先这么对付着搞下去,否则根本设计不出来。

关于操纵系统,开始设计歼教1是全靠人力操纵的,没有助力器的问题。现在设计必须靠助力器。当时,东风107的主管设计师是屠基达,有人告状,说水平尾翼助力器按照顾诵芬给的载荷,大到得做成水桶那么粗才行,没地方装。

载荷数据是一个大问题,布局确定后,设计外形要画图,就要给出数据,这都是气动力组的事。还有一个难以计算确定的载荷,是后机身风罩载荷。装发动机时,在发动机与机壳之间有一个缝隙,以流通空气冷却发动机。纯粹按理论算,冲压进气口进来的空气慢慢减慢、阻滞以后,压力仍然很大,结构无法承受。但实际情况是,冲压空气进来以后,能量损失很大,所以实际压力并不是很大。

"应该如何计算?我到处请教,到北航找了徐华舫教授,他是教空气动力学的。但徐教授只能说出什么时候出现壅塞,对如何计算也没有好的方法。

"当时很多问题国内没有人解决,一些理论权威、老专家不一

---

① 顾诵芬口述:《我的飞机设计生涯》,师元光整理,航空工业出版社,2011年4月第1版,第76页。

定能解决我们的实际问题，我们只能自己摸索着、对付着干。"①

1958年下半年到1959年年初，已经不仅是东风107的问题了。"大跃进"的形势越来越猛烈，东风107仓促上马，已经应付不了，但同时还有人提出要搞马赫数为3的东风H9，这就牵涉气动加热的温度分布和热应力了，温度怎么算？

接着还要搞X-15级、马赫数6以上的飞机，在这个处境下，真压得人喘不过气来。

顾诵芬当时的处境是在"大批判、大字报"压力下的"匍匐前行"。

"匍匐前行"是个军事术语，顾诵芬用来比喻自己这个时期的心情与处境，既形象又贴切。身躯贴地，缓慢爬行。一方面能小心地保护着自己，另一方面又能一步步地向前迈进。

科学，有时需要的一种精神是忍辱负重。

在大字报的包围下，进退维谷的顾诵芬，硬着头皮，顶着压力，"匍匐前行"。

"白专"典型的入党申请

在这个时候，领导和同事们的认可与鼓励，给了顾诵芬很大的力量。

当时，徐舜寿病了在住院，黄志千和叶正大主持工作，黄志千是非中共人士，有些话也不好讲。顾诵芬当时的压力很大，一方面是被当作"资产阶级知识分子"，在"白专"（比喻"只知道埋头钻研业务，而不重视政治学习的人"）等问题上不断受到批评；另一方面也在努力应对着工作上的难题。

不过，最让他感到安慰的是，得到了领导和同人们的谅解和支持。

"1958年12月，四局副局长段子俊派了党组秘书周星如来找我谈话，他后来调到国防工办当秘书去了。他对我说，段局长对我

---

① 顾诵芬口述：《我的飞机设计生涯》，师元光整理，航空工业出版社，2011年4月第1版，第78页。

的工作是肯定的,不要受人们批判的影响,应继续努力。他还对我说,段局长讲:'现在这么多工作,还是要远近结合,以近为先。'这样一说,我的心里有了底,还是抓主要工作——抓东风107。

"四局总技术处的一位处长,还专门来看东风107的情况。他也对我说:'你用简单的方法计算出来的结果,与人家几十个人算了三个月的数据出入不大,说明你的工作是有成效的,是很不容易的。'这对我也是一个很大的鼓励。"[①]

在设计东风107时,由于对设计超声速歼击机没有经验,对气动载荷没有底,图纸发出去后经常修改,造成结构设计不断返工,惹怒了结构设计的同志,顾诵芬感到压力很大。黄志千鼓励他说:"不要害怕,新生事物总会有失误的,知错就改,怎么也比造成隐患要好。"

在这样的环境条件下,能得到上级的谅解、理解和支持鼓励,顾诵芬心中涌起一阵阵暖流。

生活就是最好的老师。对社会、人生、事业,顾诵芬有了更深的思考。

他平时重视业务知识的学习,同时也丝毫不放松政治学习和自己的思想改造。

1956年,党中央提出"向科学进军"的口号,对创建航空科研机构起到了巨大的推动作用,也大大激发了顾诵芬献身航空事业的热情,更加坚定了他搞好飞机设计的信心。

1957年10月,毛泽东主席在中共八届三中全会上向党员干部提出了"又红又专"的要求,1958年年初,毛泽东主席提出《工作方法六十条(草案)》,《草案》强调:"红与专、政治与业务的关系,是两个对立物的统一。""政治和经济的统一,政治和技术的统一,这是毫无疑义的,年年如此,永远如此。这就是又红又专。""不注意思想和政治,成天忙于事务,那会成为迷失方向的经济家和技

[①] 顾诵芬口述:《我的飞机设计生涯》,师元光整理,航空工业出版社,2011年4月第1版,第78页。

术家，很危险。"①

《草案》对顾诵芬触动很大。设计室年轻人多，思想也较活跃，毛主席的教导，是对科研工作者的亲切关怀，特别是如何正确认识和把握政治与经济、政治与技术的关系等，很有针对性。

不久，按照《草案》的指示精神，一场以高等院校为主的"红与专"大辩论在全国范围内展开。

飞机设计室党支部组织设计人员对"红与专"的关系，即政治与业务之间的关系进行了讨论。

顾诵芬在这个讨论中，没有过多阐明自己的观点。

大家在讨论中有两种观点。有的同志认为，设计室的主要矛盾是飞机设计人员少、任务重，而多数设计人员缺乏经验，业务水平不能适应任务需要，由此提出"红，必须落实于专"；有的同志则认为，设计室的主要矛盾是政治与业务之间的矛盾，由此提出："红，就是要突出政治，高举毛泽东思想伟大旗帜，用毛泽东思想武装头脑、灭资兴无。"

很明显，这两种观点互相对立。

设计室徐舜寿主任认为，设计室是一个百分之百知识分子的单位，设计室的人员到这里来工作之前，都是自己主动要求过来的，有人在车间工作，打了好几次报告非要来才调过来，可以相信他们一定会好好干，不会有什么大的思想问题。目前。主要应该强调"红落实于专"，落实于出成果、出人才。②

徐舜寿的主张是，设计人员必须刻苦学习，刻苦钻研技术，尽快提高业务能力，适应任务的需要，争当飞机设计方面的行家里手。在他心目中，"专家"也是"尖子"。在设计室，有条件有资格成为专家或尖子的人并不是很多，所占比例不过百分之几，顾诵芬就

---

① 《毛泽东文集》第七卷，人民出版社，1999年6月第1版，第351页。
② 老科学家学术成长资料采集工程顾诵芬院士采集小组编《顾诵芬传》，师元光执笔，航空工业出版社、人民出版社，2021年11月第1版，第131页。

是其中一个。

在这场辩论中,顾诵芬成了"白专"的典型。室里的积极分子向主任徐舜寿反映:"顾诵芬连洗脚都看书。"

当然,顾诵芬对此很坦然。

成为"白专"典型对于他来说,也许并不完全是一件坏事。

在那个年代,他戴着这样一顶"帽子",似乎也更有理由保持沉默,而专心于航空科学技术研究,思考一些设计上的理论问题。

飞机设计分为选择型式和确定参数两大步骤。对型式的选择是一种定性的思维,是形成设计基本面貌的一个非常重要的步骤。任何工程型式并非必然如此,而是设计者根据产品的需求,对许多可能采用的候选手段进行人为选择的结果。而确定参数则是用理论或经验公式计算的结果。

也就是在这个时候,顾诵芬对飞机的整体设计,逐步形成了自己的整体思维和具体看法。

顾诵芬已经把飞机的设计作为自己的终身事业,并时刻关注国际航空技术的发展。

1958年年底,顾诵芬正在一筹莫展的时候,四局副局长段子俊委派党组秘书周星如找他谈话,告诉他不要因为有人贴大字报而气馁,同时鼓励他应该向钱学森同志学习,要争取入党。

这对他激励很大。

顾诵芬一直把钱学森作为自己学习的标杆。

在北京,他听过好几次钱老组织的空气动力方面的讨论会,深深为其博学与严谨所折服。钱老性情温和,谦逊儒雅,给顾诵芬留下了极好的印象。

1958年12月27日,《人民日报》第一版报道了钱学森入党的消息。

1958年9月,钱老向党组织写了申请书:"我回国近三年来受到党的教育,使我体会到党的伟大,党为实现共产主义社会这一目标的伟大,我愿为这一目标奋斗,并忠诚于党的事业。"寥寥数句,却字字铿锵。

段子俊副局长也强调要向钱老学习。

顾诵芬思绪翻滚,想起自己走过的路,回忆起少年时的梦想,他决定向党组织靠拢。

1959年,顾诵芬写下了第一份入党申请书,这是他向钱老学习的具体体现,是思想上的一次飞跃。

他在申请书中写道:

"我出身于旧知识分子家庭,在半封建半殖民地的旧中国曾幻想过工业救国和航空救国。但国民党的腐败无能,无情地打碎了我的幻想。新中国成立后,抗美援朝战争的伟大胜利、恢复和发展工业所取得的重大成就,使我深深地体会到没有共产党就没有新中国,也就没有我个人的一切。因此,我要在党的教育下,不断改造自己,克服各种非无产阶级思想,树立革命的人生观,为祖国的航空科研事业作出贡献,早日成为党组织的一员。我愿接受党的任何严峻的考验。"

这是顾诵芬的心里话。爱国之情,以及对共产主义的向往,转化为自觉的行动,那就是坚信党,为共产主义奋斗终身。

然而,就在他决定迈出人生最有意义的一步的时刻,却遭到了意想不到的打击。

由于当时"左"的思想影响,党小组长认为他走"白专"道路,是"白专"典型,属于被"改造"之列,并没有接收他的入党申请书。

在挫折面前,顾诵芬没有灰心,他严格要求自己,把对党的忠诚,默默地倾注到歼击机的设计上。

1981年4月,已经担任601所总设计师兼副所长的顾诵芬由吴正勇、赵沛霖介绍入党。从1959年算起,顾诵芬经历了长达22年的争取和努力。

当顾诵芬入党的消息传开之后,601所的许多职工都在讲:"顾总早就该是党员了。"

"东风梦"破灭

东风 107 确定马赫数 2.0，东风 113 确定马赫数 2.5。

20 世纪 50 年代，中国的飞机设计师对超声速飞机设计只有一个最基本的概念。

当时，顾诵芬注意到了一个问题。哈军工的方案，东风 113 要实现马赫数 2.5，增速可能要好几分钟，与实际使用要求差距很大。

经过认真研究美国国家航空航天局（NASA）发布的相关报告后，顾诵芬发现，其中讲到方向安定性的飞行测试是由飞行员脉冲蹬舵，根据飞机出现的振荡频率算出的，但飞行动作必须非常准确。他豁然开朗，设计了研究思路：采用飞行测试方法测出歼 7 方向安定性的数据，然后与风洞试验的数据进行比较修正。

最后，落实数据还是得靠风洞试验。

当时，民主德国刚刚搞出来一种跨声速风洞，正处于试验阶段。在这种风洞中，用航空涡喷发动机抽气，如果空气湿度过大，则会出现结冰的情况，万一出现结冰，则采用从发动机的排气引一部分热气流去加温的方法。在潮湿的空气中，一开机，流场不好，整个试验段结雾，看不清楚。特别糟糕的是支撑模型的支架是一块很大的刀片。如何减除刀片的影响呢？办法是先不加模型，测单独刀片的气动力，测出结果后，再装模型，测出数据再减除刀片的气动力，才算是飞机的数据。

哈军工根据苏联专家的建议，由马明德安排纪士坪在 1955 年秋去向民主德国订购的。这是中国第一座跨声速风洞。

当时，各单位的风洞试验都要挤在这里，所以要排队。先是给哈军工的东风 113 吹，然后才能吹东风 107。

顾诵芬认为，从民主德国引进的这个风洞技术虽然先进，但并不成熟。

其先进的地方是天平测量结果用光学的方法来记录。天平在风洞外有一个大的框架支撑着，模型架在刀片形的支架上，支架与风洞外的框架交联。风洞框架的各个角落都有镜面，模型有了移动，镜面反射光线就会有显示，并在显示屏上显示出来，通过事先标定的刻度指示数据。

在做横侧特性的时候，模型角度偏转，刀片也随着偏转，这时单独刀片的载荷很大，模型加刀片的载荷也很大，但两者相减后，所得的数据在误差范围里，直观地看不出结果好坏。

顾诵芬急于获取东风107数据，而五院按钱学森的严格要求，制定出一套很烦琐的规定：应该如何列表，如何计算，再如何处理成飞机数据等。吹风后一般要一周后才能得到结果。在测试的时候，试验人员记录，顾诵芬也在做记录，他把数据做了处理，并告诉测试人员，这样测得的数据不行。

做完试验后，顾诵芬刚回到沈阳，五院就来信了，说顾诵芬的数据不是他们的数据，不能用，不合法，这是对顾诵芬提出批评。

而顾诵芬已经看出来，那个高速风洞吹了那么久，试验结果根本不能用。

不久，四局安排了叶正大、徐昌裕去苏联，请他们对东风107方案进行验证评审。顾诵芬等准备了数据、模型，送到苏联，请他们做风洞试验。

1959年4、5月间，苏联航空工业部派了专家，在莫斯科正式提出他们的审核意见。徐昌裕、高锡康都去了，叶正大当翻译。这次谈话，决定了东风107的命运。苏联方面提了几个大问题：性能达不到马赫数2.0，最多1.8，"抬机翼"的方案不能用，水平尾翼布置太靠下……

叶正大写信回来，讲了苏联方面的意见，大家都感到存在问题。

当时，黄志千认为方案得赶快修改，徐舜寿那时已经出院，也觉得应该修改原来的方案，王西萍局长在哈尔滨一次会议上决定，东风107得停下来。

1959年5月，东风107停了下来，设计室进入了一个低潮，大家都有点迷茫。

这时，顾诵芬也只能是看看资料，总结梳理前一段的工作，看哪些算对了，哪些算错了。

1959 年 8 月，中共八届八中全会之后，全国掀起了"反对右倾机会主义"的政治斗争。

在航空工业部门，把整顿产品质量当作所谓"反对右倾机会主义"的政治斗争进行了批判，包括徐舜寿在内的 122 厂、120 厂等不少单位的领导干部被定为所谓的"右倾机会主义分子"，受到了错误处理。这件事严重挫伤了干部的积极性。

紧接着，航空工业跟全国其他行业一样，又一次掀起了大搞高指标的高潮。

然而，即便是面对突如其来的政治"湍流"冲击，徐舜寿也是冷静的。

此时，徐舜寿在考虑下一个型号应该怎么办，尤其是关注东风 113。

哈军工搞东风 113 是由马明德与一位搞电气的蒋教授抓总，各科主任、助教和高班的学生一起搞。但学生们没有画过工程图，拿到工厂难加工。他们的面铺得很宽，因为是学校，所以各专业的人都参加进来，希望搞一个全系统的飞机。

他们在学校里搞了一段时间以后，又到 112 厂建立了第二设计室，沈阳飞机设计室变为第一设计室。搞到 1959 年 7、8 月，问题越来越多，首先是学生面临毕业，不得不回去上课，而这样一来，老师也得回到教室讲课。

徐舜寿一直认为，航空工业最好是一个飞机一个飞机干下去，人也培养起来了，技术也提高了。他考虑到，两个设计室马上就要合并，应该先做一些准备，先提一个方案，想好应该怎样合并。于是，他派了顾诵芬、管德、杜先宜（当时已经从气动组转到总体组当组长）去哈军工看一看东风 113 的进展情况。

哈尔滨的冬天很冷，1959 年初冬，顾诵芬等三个人去了哈军工，学校里冷冷清清，他们只好回到沈阳，把情况给徐舜寿作了汇报。

1959年12月，按上级决定，112厂原第一设计室全部合并到第二设计室，组成东风113设计室。也许是由于新组建的设计室主要任务是完成东风113设计任务，哈军工来的同志担任了室里的主要领导职务。哈军工飞机系军械专业的科主任王秀山任设计室主任，徐舜寿已经不是设计室的主要领导。

1959年年底，正式安排办公室。到1960年年初，两个设计室合并后，东风113的设计工作还没展开，突然接到四局通知，苏联方面答应派专家组来进一步审查东风107的方案。

那时，顾诵芬正在上海，休春节的探亲假。

"1959年批判徐舜寿的右倾机会主义，也把我带上了，自己心情很不愉快。徐舜寿那样努力为党工作，为了东风107夜以继日地干，不断地找资料，解决问题，最后却戴了一个反对革命的'帽子'，我感到震惊，也感到很委屈，年底就请假回去过春节了。那时，春节假也就只有四五天。请假非常困难，就是春节几天假，一个来回，至少一个月的工资扔在铁路上了。我回家住了没几天，就接到电报，让我待命，也许会上南昌。后来要我立刻回沈阳，准备接待苏联专家。"

徐昌裕对这次苏联专家来中国很重视，亲自来坐镇，每天晚上都要听汇报。

顾诵芬提了一个方案，希望请苏联专家们具体讲一下设计超声速飞机的方法，但僵持了一天，人家就是不讲。第二天，专家组正式回复："这次他们来华的任务是审查方案，不是来做系统讲课的。审查方式应该是我们做详细的方案，他们提出问题。"

顾诵芬在《我的飞机设计生涯》中有这样的记载：

"之后就是这样，他们白天提出我们方案中存在的问题，我们连夜加班计算，第二天再把结果交给他们，他们再提出修改意见，我们再改。

"那些天搞得很紧张，也很疲劳，而且生活困难，吃也吃不好。

晚上加班很晚，回去后没有什么吃的，食堂根本没有东西卖，只有一种果酱之类的液体，吃了充一充饥。办公室的钥匙在我手中，每天早上7点钟就要去开门。有一天，我睡得很晚，早上睡过了头，起来晚了，急急忙忙赶到设计室，苏联专家已经等在门口。

"不过他们没有批评我，对我表示原谅，说你们很不容易，我们白天提出问题，你们连夜要改出方案，够辛苦了。他们对我们的这种工作精神是很满意的。"

一共搞了10天。根据他们的意见，原来的方案大部分做了修改，他们觉得满意。最后，由徐舜寿作为中方总设计师总结了方案的修改过程和形成的最后方案。

苏联专家走后，徐舜寿打了报告，希望留下两个人继续搞东风107，得到了四局的同意。与此同时，也对东风113进行了复查，以尽量完善设计方案，结果发现有些设计要求很不合理。徐舜寿认为东风113搞不成。后来，徐舜寿由于脊柱手术，住了大半年医院，没有继续参加东风113工作。

顾诵芬对东风113这一阶段的气动工作，包括各气动导数等怎么计算，写了个总结。

1961年6月1日，国防工委党组向中央报告：为了缩短战线，集中力量，以最快的速度把米格-19和米格-21搞出来，东风113要暂时适当让一让路。

中央批准了这个报告。

至此，"双二五"东风113的研制曲终人散。

在1958年特定的政治形势下，设计指标严重脱离我国国情和航空工业实际，结果以失败告终。这是教训，对飞机设计带来了严重的挫折，值得深思。

在反思中，顾诵芬始终坚持认为，徐舜寿的观点是正确的："搞设计必须有科学程序，先后衔接，逐次接近。"[①] 这些观点都已被实

---

① 辛文：《梦断"113"——"双二五"东风战机的命运》，《航空档案》2005年第11期。

践证明是完全正确的。

徐昌裕在晚年，回忆起这一特殊时期我国航空工业发展的历程，讲了这么一段话：

"第一个五年计划时期，我们是在长江里行船，风平浪静，很顺利。而'大跃进'时期，即从1959年到1962年，我们的船则驶进了大海，面临的是狂风大浪。这一时期有很多经验教训值得总结。

"有同志说，航空工业经历了两个'马鞍形'，这很形象，我们大家都同意。第一个'马鞍形'是'大跃进'，这大家看得很清楚。第二个马鞍形就是'文化大革命'，破坏性大，成就很少，大家都谴责。"①

在这段特殊的历史时期，顾诵芬依然潜心钻研着空气动力学理论，更加严谨地追求科学的真理。顾诵芬运用自己的智慧将空气动力学应用到飞机设计的具体实践中，通过实践跨越了一个又一个障碍，最终成为国内顶尖的航空气动力学专家。

@ 同时期的世界

1959年6月29日、7月2日，毛泽东在庐山同各协作区主任谈话指出："'大跃进'的重要教训之一就是没有搞好综合平衡，这是经济工作中的根本问题。"7月2日至8月16日，中共中央在庐山先后举行政治局扩大会议和八届八中全会。会议前期的内容是总结经验，继续纠正错误。

从1959年开始，中苏关系全面破裂，苏联一个月内撤走了近1400名专家。1959年8月，印度袭击中国边防部队，在中印边境全线发动挑衅。9月21日，联合国大会指导委员

---

① 徐昌裕口述：《为祖国航空拼搏一生》，航空工业出版社，2006年11月第1版，第136页。

会通过表决，同意将中国代表权问题列入联大讨论的议程。12月，艾森豪威尔访问印度。

1959年，美国的英格伯格和德沃尔制造出世界上第一台工业机器人，机器人的历史真正开始。

第五章

腾跃：「歼8」振长空

搞科研如同打仗，没有牺牲的精神，是难以取得胜利的。不搞个水落石出，决不罢休。

——顾诵芬　1978 年 8 月

摸透米格-21

1960年12月20日，中共中央批准成立航空研究院，番号为国防部第六研究院，代号为中国人民解放军4847部队，隶属国防部建制。第六研究院下设10个研究所。

1961年2月23日，国务院总理周恩来任命唐延杰为六院院长，后又任命王振乾为政治委员，还先后任命了三个副院长、一名常务副院长。6月12日至30日，航空研究院在北京东交民巷22号空军招待所礼堂召开成立大会。

1961年8月3日，国防部第六研究院第一设计研究所（飞机设计研究所）在沈阳正式成立（简称六院一所、沈阳所、601所）。刘鸿志任所长，徐舜寿、叶正大等任副所长，黄志千任总设计师。研究所下设研究室。王南寿任气动室主任，秦丕钊（苏联茹科夫斯基空军工程学院毕业）任副主任。

所长刘鸿志，1920年10月出生于陕西凤翔县，1936年参加革命，1938年加入中国共产党。抗美援朝战争时期，任东北空军航空工程部副部长。1955年任军委空军航空工程部党委委员、组织计划处处长。1958年任空军第一研究所所长。他事业心强、知人善任，群众威信高。

航空研究院和沈阳所成立，对新中国飞机设计事业是一次具有里程碑意义的调整与重组，给当时处于艰难中的飞机设计工作带来了新的希望。其中最重要的一点，就是尊重航空科学技术发展规律，尊重知识，尊重人才。

研究所成立之初，所部设在北京南苑，当时在沈阳有好几摊，部分科研设计人员在112厂，还有的在小河沿试验工厂。

刘鸿志带着王南寿来了解情况，办交接手续。

当时，六院派了器材部长，航空工业局由徐昌裕为代表，沿着设计室的房间一个个来看，办理交接。

六院一所是按照军队建制组织的。工作逐步稳定了下来，又补充了100多名新毕业的大学生。气动室从原来不到10个人，一下子增加到20～30人，规模大了，室内分为性能组、进气道组和颤振组。

"飞豹"飞机副总设计师高忠社回忆说："六院一所在那个时期，徐舜寿领导科研队伍大兴读书之风，清晨树林下、草场上书声朗朗，夜晚全所灯火通明，图书馆的灯光通宵达旦。白天走进办公室鸦雀无声，人们除了工作都在埋头学习。老一所的技术人员至今回忆起来，无不认为自己的成长是靠那几年钻研业务打下的基础。"

沈阳所成立之初，坚决贯彻《科研十四条》提出的出成果、出人才的方针，十分重视科技人员的培养。

当时，顾诵芬在气动室行政上没有任何职务，只有一个工程师头衔，心里也有些想不通。顾诵芬在自传里写道：

"我有些想不通，认为这个气动组是自己弄起来的，现在什么也不管。后来，王南寿代表党委给我解释，说希望有一些技术骨干不要管行政的事，以便有充分时间钻研技术。组织上这么说了，我就尽力干好自己的事，主要是做一些规划性的工作……还有，就是新来的100多名大学生，特别是到气动室的，我觉得他们一定要学一学基本的东西才能干活，所以拉了一个单子，提出一批应该看的文献资料清单，后来也成为所里编写基本功大纲的一个基础。"[①]

一所建立起来了，到底要干什么，这是一个大问题。

徐舜寿提出搞一个超声速喷气式教练机，调来陈一坚搞总体设计，还安排了一部分人去成都帮着屠基达设计歼5甲。

就在一所研究方向尚未确定的时候，突然传来消息，说苏联要将米格-21给中国。

顾诵芬清楚，米格-21是当时世界上最先进的新型歼击机之一。这个型号的飞机，是苏联一型超声速喷气式第二代战斗机，由

[①] 顾诵芬口述：《我的飞机设计生涯》，师元光整理，航空工业出版社，2011年4月第1版，第94页。

苏联米高扬设计局于 1953 年开始设计，1955 年原型机试飞，1958 年开始装备部队，20 世纪 60 年代作为苏联空军的主力制空战斗机，是 20 世纪产量、装备最多的喷气式战斗机之一。

米格 -21 采用单座三角翼气动布局，安装一台涡喷发动机，是根据朝鲜战争中喷气式战斗机空战经验研制的，主要任务是高空高速截击、侦察，也可用于对地攻击，特点是轻巧、灵活、爬升快、跨声速和超声速操纵性好、火力强，其中高空高速性能被摆在了首要位置。

20 世纪 60 年代初期，中苏关系破裂。新中国的航空工业与其他苏联对华援建项目一样，一时陷入困境。1961 年 2 月，赫鲁晓夫突然给毛泽东写信，表示愿意向中国提供米格 -21 歼击机的制造权。此前，米格 -21 还处于研制阶段的时候，中国就与苏联签订了引进该机的技术援助合同。但随着中苏关系突然恶化，苏联单方面中止执行合同。如今，在中苏关系异常紧张之时，赫鲁晓夫突然做出这样一个令人迷惑不解的反常的友善举动。①

这无疑是黑夜里突然出现的星光。

为了摆脱受制于人的境况，进一步加快我国飞机国产化的步伐，满足空军建设发展的需要，1961 年，沈阳所和沈飞的广大工程技术人员对从苏联引进的米格 -21 飞机的全套技术资料、苏联样机和散装件进行了技术摸底、吃透工作。

根据中央的决定，1962 年 5 月，六院和四局下达了《关于共同组织米格 -21 飞机技术摸底，为仿制及进一步自行设计做好准备的联合指示》。②

显然，摸透米格 -21 成为全所目前的首要任务。

顾诵芬便一头扑进研究米格 -21 的工作中。

---

① 顾诵芬等编《中国飞机设计的一代宗师徐舜寿》，师元光主笔，航空工业出版社，2008 年 11 月第 1 版，第 197 页。

② 同上，第 198 页。

顾诵芬看了苏联米格-21的图纸、理论图，包括数据、外形图等，很受启发。原来设计东风107、东风113时一些不清楚的、想不到的、不理解的、感到解决起来有困难的问题，看了他们的图纸以后就迎刃而解，知道怎么干了。

一所技术委员会为此召开了扩大会议，专门讨论摸透米格-21飞机的问题。会议总结了1958年"大跃进"以来盲目追求高指标的经验教训，动员技术骨干冷静下来，脚踏实地搞好新的科研设计任务。在会上，徐舜寿总结了大家的讨论意见，提出了摸透米格-21飞机的目的和方法。他要求，通过复制摸透米格-21飞机的全套图纸、技术资料，对米格-21来一次反设计。设计人员要结合在设计超声速飞机中遇到的技术问题，通过必要的计算分析和试验验证，主要解决"是什么？为什么？怎么办？"这三个层次的问题。[1]

顾诵芬认为，要摸透气动特性，还应该对来自苏联的资料通过风洞试验加以验证。他需要掌握的不仅是摸透米格-21这架飞机的设计，更重要的是要从中探索、总结高空高速飞机的研制、设计、飞行试验的基本规律。

当时有一个好的条件，气动室副主任秦丕钊被空军十一航校请去做翻译。他曾在苏联留学，俄文又好，跟讲课专家很合得来。所以专家就将带来的资料都给了他，秦丕钊把其中有用的资料，如一些理论图、气动特性曲线用描图纸描下来，寄回所里。顾诵芬将经过风洞试验获取的数据与这些资料给出的数据进行比较，心中就有底了。

按照顾诵芬的建议，研究所根据他们的图纸，制造了米格-21模型并放进新建成的AT-1风洞（后定名为风雷1号，即FL-1风洞）做风洞试验。

可是，试验结果出来以后，发现飞机的方向稳定性与苏联提供的资料数据差了近10倍。

---

[1] 顾诵芬等编《中国飞机设计的一代宗师徐舜寿》，师元光主笔，航空工业出版社，2008年11月第1版，第198-199页。

有些我们之前没有想到的问题，苏联的说明书上都说到了。其中最重要的一项，就是米格-21最大马赫数是如何限制的。说明书上讲的是由方向稳定性限制的，就是在飞到马赫数2.05的时候，方向稳定性还应该有足够的余量，但没有说这个余量有多大。说明书上还给出了方向稳定性的一条曲线，也就是时导数随马赫数变化的那一条曲线，可是没有标这条曲线是在哪个高度测得的，也没有说是哪一种型号。

对于这个问题，顾诵芬利用一切机会探求其症结所在。在顾诵芬的脑海里，存留着太多的疑问，摸透米格-21正好给了他一个机会。

顾诵芬回忆起这段时间的工作，讲了这样一句话："摸透米格-21起了一个做习题对答案的作用。"

通过这次"对答案"，顾诵芬心中更有底了。

虽然中国当时还没有能够满足需要的风洞等试验设施，但苏联提供的资料为他的思想做了验证。顾诵芬的想法与思路是对的，他更加坚定地沿着自己确定的方向走了下去。

然而，由于苏联方面在转让技术时有所保留，很多关键的技术资料并没有提供，而所提供的米格-21飞机样机的一部分零件，根本无法装配成飞机。顾诵芬只得组织团队进行反向研发，前后历经3个春秋，来吃透米格-21的整体设计。

1963年7月底，六院副院长徐立行在一所主持召开了六院摸透米格-21飞机技术报告会。在这个会议上，一所共宣读了22份技术报告，徐舜寿作了《62式（米格-21）飞机关键技术问题和研究方案》总结性报告，顾诵芬、管德等分别作了气动力、气动弹性分析等专题报告。会后，整理出版了《摸透米格-21飞机经验汇编》。

3年来，顾诵芬可谓卧薪尝胆，踏踏实实地补充和校核了米格-21的设计技术资料，也学习掌握了原设计的思路和方法。

3年来，通过对米格-21飞机进行系统的"技术摸透"，顾诵芬为研制新型战机打下了扎实的技术基础。

《科研十四条》

历史总是在曲折中前进。

经历了"大跃进"这个近乎疯狂的年月,随着东风系列的破产,无论是决策层还是具体科研层,大家都从狂热走向冷静。

于是,在1961年上半年,国家科学技术委员会党组和中国科学院党组在调查研究和广泛听取科学技术界意见的基础上,制定了《关于自然科学研究机构当前工作的十四条意见》,即《科研十四条》。

这既总结了新中国发展科学技术事业的经验教训,更是针对"大跃进"中曾经发生过的错误制定出的有效政策和措施。

1961年7月,经中共中央批准,《科研十四条》在全国试行。

顾诵芬看到了希望,认为自己的科研工作进入了一个崭新的"黄金时代"。

《科研十四条》重申了党对知识分子的政策,提出:要团结一切爱国的知识分子,鼓励科学技术人员走"又红又专"的道路。在科研工作方面,《科研十四条》提出,要整顿科学技术工作的规章制度,保证科学技术工作的正常秩序。并规定,科学研究机构的根本任务是出成果、出人才;为了保证科学技术人员得以用主要精力从事科学研究,规定每周至少有5/6的时间从事业务工作,不得以政治学习、社会活动或其他活动冲击业务工作时间。

2001年春节,顾诵芬再一次重读了20世纪60年代初学习过的中央文件——中共中央《关于自然科学工作中若干政策问题的批示报告》,仍然感到非常亲切。于是,他写了《重读〈科研十四条〉有感》一文,发表在2月12日的《光明日报》上。

"过年扫除整理书架,偶然发现了20世纪60年代初学习过的中央文件,即中共中央《关于自然科学工作中若干政策问题的批示报告》,感到非常亲切,油然想起当时《科研十四条》的作用。在三年困难时期及不公正对待知识分子时代中,中央发出了这样的政策性文件后，大大激励了科技人员的积极性，使我国的科技事业又蓬勃发展。我国'两弹一星'的成就与《科研十四条》的作用是分不开的。"

作为一名科技工作者，顾诵芬对新中国科研事业的责任感不断增强，在文章中也提出了一些建议与思考：

"重读《科研十四条》，对照当前现实，我感到有一点我们还应该继续贯彻，即其中第六条'坚决保证科学研究工作时间'。文中说：'必须切实贯彻中央和国务院关于保证科学研究工作时间的规定。研究工作就是研究机构的"生产第一线"。各项工作都要服务于第一线的需要，应该尽一切可能，把研究技术人员的精力和工作时间，用于研究工作。'……

"读到这段，我深深感到当时党中央的英明，抓住了保证科技人员出成果的最关键条件之一——时间。不保证科技人员的时间就很难出成果。一个科技人员没有时间去读书，去了解科技的新成就，去做实验计算，怎么可能有创造？"[1]

随后，六院制定了《航空研究所暂行条例（草案）》，使《科研十四条》进一步具体化，以保证它的落实。

在刘鸿志的主持下，一所党委按照党的政策和六院的要求，研究制定了《关于贯彻"科研工作十四条意见"的措施》（共68条），并把"摘帽子、解疙瘩"工作作为全面贯彻党对知识分子政策的突破口。

据刘鸿志回忆，被认为在"红""专"上有问题的共6个人，较突出的是顾诵芬同志，他认为搞尖端科研没有技术是搞不出来的，搞飞机必须具备三点："风洞、规范、教授或讲师一级的专家。"因此，他被说成走"白专"道路。研究所不仅为他平了反，而且把他由气动工程师直接提为副总设计师，使其聪明才智得到了充分的发挥。

---

[1] 顾诵芬：《重读〈科研十四条〉有感》，载《顾诵芬文集》，航空工业出版社，2016年3月第1版，第393页。

有了比较宽松的政治环境和领导层之间的互相信任，徐舜寿会同叶正大、黄志千等领导，在科研管理方面做了很多具体的组织领导工作。

比如，在徐舜寿的倡导下，成立了首届技术委员会，负责主持开展所内技术活动及组织所外各个专业技术领域的学术交流活动。徐舜寿任主任，叶正大、黄志千任副主任，委员由包括顾诵芬在内的各室领导和技术骨干共12人组成，同时聘任北京航空学院徐鑫福教授为特约委员。

当时，技术委员会组织召开的各种会议气氛活跃，科技人员都很愿意参加，确实起到了协助研究所党政主要领导进行科学民主决策的作用，并有效地推动了研究所的科研设计工作开展，全所呈现出一派蓬勃向上的面貌。

有了摸透米格-21的底子，再加上宽松的科研环境，顾诵芬浑身都是劲，再次迎来了飞机设计的黄金岁月，步入了人生的春天。

被授予少校军衔

1961年是新中国历史上极不平凡的一年。

这一年，我国遭受了最为严重的自然灾害，国民经济进入最困难时期。而以美国为首的势力对我国的封锁没有丝毫放松，海峡局势也是险象环生。

美国康维尔公司研制的世界首款超声速战略轰炸机开始服役，这款最高时速达2倍声速的四发轰炸机拥有高空高速和航程远等特点，它的出现让苏联当时在役的前线截击机和战略轰炸机无不相形见绌。

超声速到底是怎么回事？

飞机的飞行速度超过声速，是20世纪中期航空技术发展中的最大转折之一。围绕这件事，出现了航空理论及工程实践上的突破，比如美国研究空气压缩性作用的航空科学家冯·卡门、第一个突破音障的美国试飞员耶格尔，均名垂千古。

科学探索就是这样神奇而充满魅力。声音是人通过耳朵这个器官获取的，而人还有其他器官，比如鼻子是闻气味的，眼睛是感受光线的。为什么只有声速成为航空的一个重要速度指标？为何气味和光线的速度对飞机没有突出的影响呢？

声速之所以重要，是因为声速是空气中压力传播的速度。当飞机以低于声速的速度在自由的空气中运动的时候，空气是压不住的。比如我们用手掌去拍打空气，手拍过去，空气让开了，感觉上是拍了一个空；但是如果用高于声速的速度去拍打，超过了压力传播的速度，空气还来不及让开，物体就闯上去了，就像一辆汽车闯进缓缓移动的牛群，前行的车子就会受到很大的阻碍，又像用打气筒打气来压缩空气，不但很费力，而且气筒很快就会发热。所以超声速飞行首先要解决空气被压的现象。

飞机的速度超过声速，是在第二次世界大战后期出现了喷气技术以后才成为可能的。

美国首款超声速战略轰炸机开始服役，冲击最大的还是我国。

当时甚至有传言说，美国可能直接将 B-58 部署在台岛地区，并装备核武器对我国进行核讹诈。我国空军对于高空高速截击机的需求变得极为强烈。

这时中苏关系的全面破裂，让中国压力空前。

面对如此严峻的国际形势，在国土防空方面，中国空军和海航部队急缺一款高空高速的截击机，来保卫祖国的领空安全。希望能在摸透米格-21 飞机的基础之上，研制一款高空高速、续航能力强并兼具较强机动性的截击机，以满足空军对国土防空的迫切需求。

1964 年 1 月 5 日，顾诵芬被授予中国人民解放军少校军衔。

成为中国人民解放军这个优秀队伍的一员，是顾诵芬长久的向往和心愿，也是他人生的一次机遇、一次飞跃。顾诵芬非常珍惜能有这样的机会穿上军装，同时也意味着自己从事的事业更加光荣、更加神圣，自己肩负的责任更加重大。

当时，顾诵芬在气动室是工程师，没有任何行政职务，同批的设计人员大部分是 1963 年 9 月参军，而顾诵芬晚了半年。

"后来我知道是因为要授我少校军衔，与尉官不在一批。我授军衔是在 1964 年年初。"① 顾诵芬说。

与同时被授予少校军衔的叶正大、沈尔康相比，无论从年龄、资历或职务等方面看，显然，这是组织上对顾诵芬的一次破格、破例的决定。能够得到组织如此信任和重用，凸显出顾诵芬在飞机设计科研方面的实力和素养。

"气动室主任王南寿一再告诫我，外面有不少反映，不仅在一所，连二所都有反映，认为我只专不红，要我一定要谨慎。"②

顾诵芬暗下决心，要不负组织的厚爱，全身心扑在科研上，谦虚谨慎，更好地回报组织，报效祖国。

当年 6 月，国防部六院任命顾诵芬担任一所副总设计师。10 月，六院决定开始新机研制。③

1963 年毕业于清华大学工程力学数学系的李天，是顾诵芬的主要科研助手。李天回忆：

"顾院士在参阅了大量国外有关文献资料后，经分析研究，首次提出了用时间向量法试飞测米格 -21 的方向安定性的方案。他推导公式，确定测试参数和试飞方法，向试飞员葛文墉（后来担任了空军副参谋长）讲解试飞中的动作和应注意的问题，特别提出了脉冲蹬舵要非常准确的要求。同时，他和大家一起在现场及时计算分析数据，然后确定下一个起落的试飞科目。工作中他虽然是领导，

---

① 顾诵芬口述：《我的飞机设计生涯》，师元光整理，航空工业出版社，2011 年 4 月第 1 版，第 104 页。
② 同上。
③ 中国航空工业集团有限公司编《顾诵芬：咏其骏烈 诵其清芬》，师元光整理，航空工业出版社，2020 年 1 月第 1 版，第 133 页。

但和大家打成一片，进行具体计算，认真分析数据，向飞行员详细交代试飞应注意的问题。他的忘我工作精神、一丝不苟、认真细致的作风，给我们新同志树立了良好的榜样，是我们心中的楷模。"

经过半个多月的奋战，顾诵芬终于成功地测得了米格-21在M=2.0时方向安定性的大小，这是国内首次，他也摸清了超声速战斗机在最大飞行马赫数时应有的方向安定性数值。

谈到顾诵芬在超声速战斗机方面的贡献，李天多次提到这是中国"首次""第一次"的字眼。经过一次次"计算""设计""修正"，顾诵芬最终掌握了一套风洞试验数据修正方法。

歼 8 方案

1964年年初，在经历了3000多次风洞试验，试验了26种新材料后，摸透米格-21的第一阶段技术工作胜利结束，为设计中国人自己的歼击机奠定了坚实基础。

歼击机是空中作战的主力，从一定程度上讲，也是一个国家空军实力的体现。

新中国的歼5、歼6，包括歼7，都是仿制苏联的机型。

1964年5月，航空研究院提出，要在米格-21飞机的基础上，自行设计一种性能更好的歼击机。

航空研究院要求，"从摸透仿制到自行设计，按照战略方针的需要和自己水平的可能，从小改到大改，摸着石头过河，循序渐进，初战必胜，争取时间，把成果拿到手"，提出改进、改型工作应分两步走，先改进，后改型，并确定了米格-21飞机改进的具体意见。1964年10月，在沈阳所，召开了"米格-21机改进改型预备会议"。唐延杰院长讲话并表示："我们主张衔接，即仿制工作进行到一定程度，就开始自行设计。……现在应该把重点转移到自行设计上去了……从形势来看，由摸透转到自行设计也是必要的。"这次会议提出了由摸透转为自行设计的新任务，明确了改型机的主要战术技术指标。

我国新型歼击机研制由此开始。

研制过程分为五个阶段，即论证阶段、方案设计阶段、工程研制阶段、设计定型阶段和试生产阶段。飞机总体设计在整个研制过程中具有统领作用。因此，顾诵芬特别强调，飞机设计是一个反复迭代、逐次逼近的过程，要研制出好的飞机，保证设计质量是关键。

当时提出的技术指标是：新型截击机最大平飞速度应达到2.2马赫，实用升限在2万米左右，航程超过1500公里，作战半径不小于350公里。同时，新飞机应搭载先进的火控雷达和电子设备，装备红外制导空空导弹，能够在夜间和恶劣气象条件下作战。这些指标对于当时的中国航空工业来说是个不小的挑战。

在采用何种动力方面，航空研究院提出了两个方案。一是单台方案，即采用全新研制的大推力发动机的方案；二是双发方案，即采用两台改进的成熟发动机的方案。

到底是选择"单发"还是"双发"？两种意见摆在面前，大家莫衷一是。

两种方案，各有利弊，如何取舍？尺度很难拿捏，一步走错，歼8的研制周期就可能延长若干年。

起初，大家大多倾向于单发方案，顾诵芬也是主张选择单发。

但，601所总设计师黄志千持不同观点。黄志千提出，由于重新研制的新发动机赶不上新飞机的研制进度，建议装两台歼7现有的发动机，以满足飞机性能的需要。[①]

1964年10月，新机方案进入最终讨论阶段。

整整5天的会议，讨论的依然是单发方案，但提及新发动机的研制周期，却没人能预估，会议一度陷入僵局。

---

① 徐昌裕口述：《为祖国航空拼搏一生》，航空工业出版社，2006年11月第1版，第176页。

黄志千做事很深入，也很谨慎。他一直担心发动机做不出来，于是定了做一个双发的方案，要总体室排一个方案看看。总体室就真做了一个展示模型，拿到了会上。黄志千提出双发歼击机可以保证进度，符合中国国情。他的方案有理有据，说服了在场所有人。

　　"黄志千提出双发的方案建议，刘鸿志他们都表示赞成，叶正大也赞成，我不赞成，发表了反对意见。……但最后技术委员会还是同意了黄志千同志的意见。"[1]顾诵芬说。

　　原来，黄志千在提出双发的想法后，让总体室做了一个方案。

　　这个方案肯定比米格-21好，座舱就坐一个人，重量肯定比两架米格-21轻，阻力也肯定小，两台发动机性能肯定是有把握的。

　　黄志千做事很谨慎，也很深入，一直担心发动机做不出来，于是确定双发的方案以后，总体室就做了一个展示模型。关于这个展示模型，顾诵芬在后来的回忆中，讲述了一个细节：在六院会议讨论单发方案时，二所对新歼击机采用全新方案感到难以保证研制周期，会议僵持不下。六院的一位助理员说，一所还有一个双发方案。这个模型当时用报纸包着，唐延杰院长便让拿到会上，这个事就再也瞒不下来，因为一所不想一开始就拿出这个方案及模型。

　　"当时院里的总工程师室董绍庸、荣科都参加了。董绍庸原来有一套方案，先涡喷，再涡扇等。这样打乱以后，就定了一个用双发的65方案，再搞一个单发的，怎么搞，当天下午就让我们讨论。"顾诵芬说。

　　最后，唐延杰院长在会上拍板决定，新的歼击机方案还是用双发。[2]

　　为了表达广大科技人员的心声，鼓舞士气，激励大家奋发努力，六院总工程师荣科立下了"军令状"："保证按时研制出空心气冷

---

[1] 顾诵芬口述：《我的飞机设计生涯》，师元光整理，航空工业出版社，2011年4月第1版，第108页。

[2] 同上。

涡轮叶片所需要的专用新型耐热合金材料，否则，甘愿把脑袋挂在二所大门上示众。"①

历史实践证明，选择双发是一个稳妥的决策，是保证歼 8 飞机能够研制成功的必要条件。

顾诵芬善于在具体的设计实践中学习。通过歼 8 方案的论证，他再一次深刻感悟到，黄志千身上值得学习的东西真是太多，其思维方式、处事风格和解决问题的智慧，真的不是一天两天能学得到的！

要做一个好的设计师，除了善于总体规划，还需要解决具体问题的能力。这有点像一个好的音乐指挥，如果仅仅看到他在演出时手势漂亮、气势宏伟，便以为音乐指挥挥动手势是他的全部本领，那就错了，那只是艰苦排练结果的表象。要做到表面动作漂亮是比较容易的，而要了解他驾驭音乐的真正功夫，应该看他与乐队排练中的协调能力。同样，一个飞机设计师，善于妥善处理日常随时冒出的技术难题，是显示技术功力的关键点。顾诵芬对黄志千的钦佩是发自内心的，他认为黄志千在关键问题上敢于创新、善于创新。

后来，顾诵芬也强调："现在看这个决策是正确的；如果那时不这样，1969 年飞机就上不了天，而且歼 8 的性能也不会有今天的数据。"②

这就是顾诵芬对科学的态度：严谨、认真。也映照出他做人的本质：坚持原则、实事求是、虚心学习。

1965 年 5 月，总参谋长罗瑞卿批准了新机的技术指标和研制任务，飞机型号正式命名为歼 8。

歼 8，成为我国第一款自主设计的全新战斗机型。

---

① 中国航空工业集团有限公司编《大家之道——向顾诵芬院士学习》，航空工业出版社，2022 年 3 月第 1 版，第 91 页。
② 同上。

接过前辈的重担

天有不测风云，歼 8 飞机坎坷的命运似乎早已注定。

1964 年 5 月，正值歼 8 飞机开始设计之时，徐舜寿却被调离，到新岗位任职。

顾诵芬对歼 8 的前途忧心忡忡。

10 月，黄志千被任命为歼 8 的总设计师，顾诵芬是其得力助手之一。作为一所副总设计师、技术办公室的成员，顾诵芬的业务范围主要是气动布局方面，这要求他必须认真配合好黄志千，全方位对歼 8 飞机性能进行关注和思考。

这本是珠联璧合的黄金搭档。然而，不幸发生了。

就在歼 8 工作全面铺开之际，1965 年 5 月 20 日，黄志千在执行上级布置的任务时，因客机失事而遇难于开罗。

黄志千的遇难，是中国航空工业之痛，是歼 8 研制之灾，让顾诵芬夫妇尤为感到悲痛。三年前，黄志千把妻妹江泽菲介绍给了顾诵芬，成全了一对佳偶。

痛失姐夫黄志千后，江泽菲与顾诵芬的心里一下子笼罩着一层厚厚的阴霾。姐姐江载芬和家人有了一个约定——不再乘坐飞机。这并不完全是出于对飞机安全性的不信任，更重要的原因是不能让亲人再回忆往事，而由此产生哀恸、惊恐和担忧。

然而对于顾诵芬来说，这怎么可能做得到！

顾诵芬化悲痛为力量，35 岁的他以副总设计师的身份，继续负责气动布局设计。

此时，青春勃发、激情四射的顾诵芬，心头再一次涌起万丈豪情。为捍卫祖国的领空、设计新一代自主研制的战机，是他永远不变的初心和使命。

战机研制的过程，就是直面困难和克服阻碍的过程。每一个环节都是对自我发起的挑战，都是对昨天的超越。

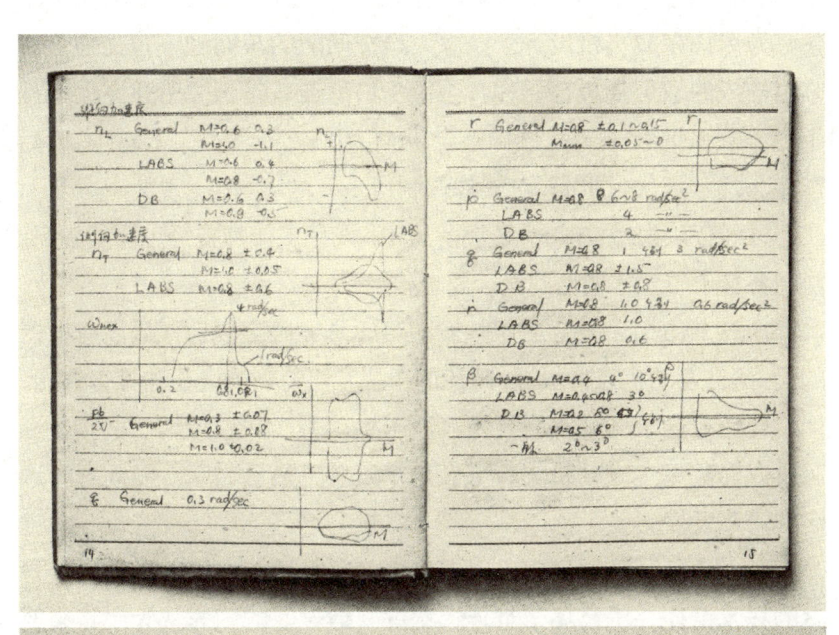

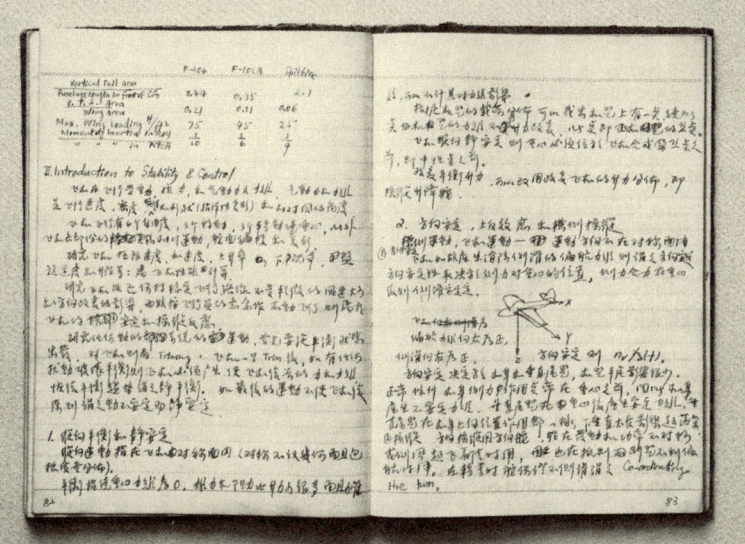

歼8飞机研制时期的技术笔记

航空研究院原党委书记刘鸿志在回忆录中记述:"那时候,大家都有一个共同的信念,一定要研制出我国自己设计的高空高速歼击机。"

为尽快完成飞机设计,技术人员在简陋的车间地下室工作,在临时搭成的双层通板铺居住。饿了啃口凉馒头,困了趴在图板上打个盹,醒来继续干。就这样,全机 11,400 多个零件、1200 多项标准件、几万张 A4 图纸……一件件制造,一笔笔画出。

顾诵芬认为:"在每个研制阶段中,设计工作都要经过反复磋商,协调各种矛盾,才能达到设计要求。"

1965 年 6 月,歼 8 使用双发的目标方案确定以后,最没有把握的是,两台发动机靠得很近,喷流的干扰有可能影响飞机的推力性能。

顾诵芬要求气动室赶紧做喷流干扰模型,并进行地面试验,当时可以在哈军工发动机实验室做这个试验。最后做了,没问题。这个难题算是解决了。

另一个问题是,到底采用机头进气还是两侧进气?两种进气方案的技术工作,已经搞了半年。搞进气道专业的同志认为,将来要装大雷达,坚决要搞两侧进气;从机载设备安装和使用维护角度考虑,也希望采用两侧进气。

而顾诵芬还是主张采用机头进气,他担心两侧进气将影响飞机性能。

唐延杰院长对歼 8 还有一个要求,就是"初战必胜",性能必须要好,所以研制压力非常大。

刘鸿志下决心,把两个方案都做出模型,然后做对比风洞试验。两侧进气道模型不好做,机头进气模型相对好做。之后,通过航空研究院的协调,从上海借来了几位老工人,加班加点干了三个月,模型做出来了,再做风洞试验。

比较后发现,两侧进气和机头进气两种方案在总压恢复方面基本是一样的。这样公说公有理,婆说婆有理,又争论了三个月。

两种方案对比,只有进气试验数据,还不能完全说明问题,但要测阻力，模型又做不出来。

正在争执不下的时候，顾诵芬从空军副司令员曹里怀口中听到一个情况：早在1965年3月，浙江前线空军曾打下来一架台湾空军的美制RF-101超声速侦察机。黄志千得到这个消息，立刻带着搞军械的人员去部队了解情况，部队的反应很强烈，认为空战主要还是靠机炮。原来歼8方案没有把机炮当回事。黄志千回来后，认为歼8要加强机炮的火力。于是，马上组织力量进行设计讨论。可叹，黄志千壮志未酬，先去了。

刘鸿志所长参加了全所技术人员的讨论会，讨论了三天。

最后，刘鸿志作了会议总结，决定采用机头进气的方案，也确定了机炮的选用。这个方案最终得到六院的批准。

1966年年初，歼8飞机进入了发图试制阶段。

为了迎接这一鼓舞人心的战斗任务，601所于3月下旬进行了全所动员，号召全体科技人员上歼8研制第一线，后勤保障部门要一切为一线服务。辽宁省委和沈阳市委对歼8飞机的研制工作也十分关心，给予了有力的支持。沈阳市委还于1966年3月25日发来《给试制歼8飞机及发动机全体同志的一封信》："祝同志们旗开得胜，获得辉煌成就！"

各级组织的关怀，犹如春风，温暖着顾诵芬和广大科技人员的心。

1966年4月初，顾诵芬和歼8现场设计人员，扛着行李，抬着桌椅，登上大卡车，开进112厂。科技人员在112厂的设计楼和各车间的地下室摆上设计图板，在昏暗的灯光下，开始详细设计，为工厂试制提供生产图样。

兵马未动，粮草先行。后勤部门早在工厂为技术人员搭好了通铺。技术人员到达后，他们就把做好的饭菜送到设计现场。尽管吃住和工作条件较差，但技术员们个个精神饱满，干劲十足。为了抢时间、争速度，许多技术人员连续几昼夜不离工作现场。

就这样，大家于1966年8月就完成了图样设计。

首飞成功

一个难题刚刚解决，又有新的问题冒了出来。

眼下最重要的也是最麻烦的就是振动问题。

而振动问题，风洞试验根本就无法看出来，必须试飞。

一个好的试飞员，不仅要会飞，而且要知道为什么这么飞。试飞员要有坚实的理论基础，在试飞过程中必须拿到精准的数据，为工程设计人员提供第一手资料，尽可能不浪费任何一个起落。

后来获得"科研试飞英雄"荣誉称号的试飞员王昂曾经多次讲到，在飞行结束后，试飞员要回答三个问题：今天飞了什么动作？飞机发生了什么问题？解决的方案是什么？

大多数试飞员都能回答第一个问题；对飞行中的飞机出现的问题，一个合格的试飞员也可以回答得出。最关键的是第三个问题，这要求试飞员从现象看到本质，不仅要了解到底有什么问题，能做出正确判断，及时处置，同时还要针对这些问题提出自己的解决方案，供设计人员在修改、完善飞机设计时参考。

试飞的飞行员主要来自六院八所（试飞院）。试飞院有空军试飞团，属于军地共同领导。六院对试飞非常重视，成立了专门的试飞领导小组。

1967年年初，确定下来的试飞员是葛文墉和蒋德秋，他们两位都是空军航校的飞行员。后来换成中队长尹玉焕和飞行员鹿鸣东，明确以尹玉焕为主、鹿鸣东为辅。

顾诵芬组织各相关专业人员，给这两位试飞人员讲了一个多星期的课，还陪他们去哈尔滨看了风洞试验。

在接触中，顾诵芬与试飞员成了无话不说的好朋友，也从他们身上学到了许多宝贵的东西。

"鹿鸣东文化程度不高，刚到沈阳参加歼8试飞的时候，曲线图表看不大懂，是我们帮他弄通的。但他有一个特点，就是很钻研，确实很喜欢学习，这是葛文墉带出来的。

"葛文墉是高中生，参加过抗美援朝，1950年参军，当了飞行员。葛文墉很钻研，他带出的都是这样的飞行员。他要求飞行员每次飞下来，都要做笔记，记下自己的感受和飞行中的问题。我去过他们航校几次，蒋德秋也是他带出的，也是这样。那时工厂的试飞员，飞下来以后，只是报故障，哪儿偏了、哪儿振动、哪个灯不亮什么的。而他们十一航校的每个人都有一个大本子，每次飞下来至少写两页。鹿鸣东也有这个习惯。"①

可是，对于试飞，也有不同意见。

一种意见认为试飞的时机尚早，还不成熟；而另一种意见是必须尽快试飞，如果不试飞，问题解决不了，影响歼8研制的进度。

顾诵芬同意后一种意见，他建议尽快按计划试飞。

1969年6月，曹里怀到沈飞检查工作，在认真听取了设计人员、沈飞参试人员和试飞员的意见后，排除一切干扰和杂音，果断作出决定："7月5日，歼8飞机上天！"

历经磨难的歼8终于来到起飞跑道上。

这个时刻，让多少人魂牵梦绕。这其中，就包括歼8的设计团队。

7月5日清晨，天空晴朗，微风习习，旭日透过薄纱般的云层把金辉洒向大地。

在沈阳飞机厂的机场上，歼8英姿勃发地停在机场南端，等待着起飞的命令。

主持试飞的空军副司令员曹里怀，观看试飞的沈阳军区司令员陈锡联，沈阳军区政委曾绍山及三机部、辽宁省、沈阳市革委会的负责同志，601所、112厂等单位的领导、技术人员、工人等，都等着仰望雄鹰在蓝天上翱翔，并穿过那朵朵白云。

此刻，试飞机场上的人们屏住呼吸，注视着跑道一边的歼8。

---

① 顾诵芬口述：《我的飞机设计生涯》，师元光整理，航空工业出版社，2011年4月第1版，第127页。

顾诵芬在为歼8试验机做了最后一次检查后，试飞员尹玉焕开始起飞。

尹玉焕的战机驾驶履历丰富，他曾开着战斗机在东北、东南沿海一带上空飞过。"可以说，在我转业前，当时空军所有的喷气式战斗机，我几乎都飞过。但对我来说，一生中的荣光时刻还是驾驶歼8战机完成首飞任务。"

"1969年6月底，我接到通知，歼8战机具备首飞条件了，要求我们做好飞行准备。但是当时距离首次滑行已经过去半年时间了。"尹玉焕说，如果需要进行首飞，至少需要一周的准备时间。"但是时间紧迫，组织命令我们必须马上做好准备，最终，我和鹿鸣东只用了三天时间，就完成了准备工作。"

顾诵芬手持秒表，准备测算滑行时间。9点38分，根据曹里怀的指示，首飞指挥员苏国华下令："起飞！"

两颗绿色信号弹凌空而起，歼8飞机长啸一声，尹玉焕驾驶歼8飞机在跑道上疾速滑行，拉杆爬升，飞至3000米上空，风驰电掣地从人们眼前滑过，它抬头、拉起、爬行，冲向蓝天深处。

天从人愿，顾诵芬的秒表测得的数据与计算完全相符。

20分钟后，歼8在3000米高空平稳欢快地盘旋三圈，动作矫健而轻盈，机身苗条而细长、漂亮而美观。

不一会儿，从塔台的话筒里传来尹玉焕的报告："飞行正常。"飞机在两次通过机场上空后，平稳地降落在机场上，歼8首飞成功了！

当尹玉焕驾驶着试验机稳稳地降落到跑道上时，顾诵芬卡到嗓子眼的心终于落下来了，随后地面上的人群爆发出一阵阵欢呼，人们欢呼着向战机跑去。

"首飞成功了！"机场上响起欢呼声和雷鸣般的掌声。

有的振臂欢呼，有的欢喜雀跃，有的热泪盈眶⋯⋯

看着自己主持设计研制的飞机飞上了蓝天，顾诵芬与战友们热烈握手，互相祝贺着。

"歼 8 是一架多么好的飞机啊！飞起来真好看！"在场观看首飞的陈锡联和曹里怀不禁异口同声。

这个时候，顾诵芬的身旁有一个戴草帽的人走过来，对他竖起了大拇指，然后说了一句话："你们一所，真行！"

尽管顾诵芬当时还不知道面前这个人是谁，但他能感觉到这句话的分量极重。后来，他才知道这个人竟是抗美援朝战斗英雄，志愿军"王牌飞行员"，曾任空军第一军副军长张积慧。

此后，张积慧的那句话就一直在顾诵芬的耳边环绕，这是他所听到的最高评价！

顾诵芬的老同事徐德起在《呕心沥血为新机》一书中细致地描述道："首次试飞成功了！观看的人群一片欢腾！当时一些人去赴'庆功宴'了，他却悄悄离开人群，去思索下一步试飞方案。"

中国工程院院士杨凤田当年在歼 8 首飞现场且参与设计，他晚年接受记者采访时，仍动情地说："到现在为止，我来所工作 40 多年了，从事歼 8 系列飞机的研制，难忘的事很多，最难忘的是歼 8 白天型飞机首飞，这是我终生最难忘的，是我第一次看到我参加设计的飞机从地面上飞起来。""由于当时的资金、物资条件都极其有限，歼 8 的研制阶段只生产了一架飞机，这架'独生子'的研制只能成功，不允许失败！"

首飞成功以后，领导接见了首席试飞员尹玉焕和全体机组人员。

曹里怀说："我代表空军党委、空军部队向参加歼 8 飞机研制的工人、设计人员和干部致敬……歼 8 飞机是架好飞机，一定要支持这架飞机！"

曹里怀这位开国中将异常激动，说："快，快向北京发电，向毛主席报喜。"7 月 9 日，人们给毛主席发去了《报喜书》。[①] 电报发出几天后，北京回电："毛主席看了歼 8 飞机上天的消息很高兴，

[①] 王树棕等编著：《"凤"舞蓝天——记中国工程院院士杨凤田》，航空工业出版社，2011 年 4 月第 1 版，第 60 页。

提出要看看歼 8 飞机的模型。"

当天晚上，沈阳 112 厂的工人赶制了有机玻璃包装盒，然后，把歼 8 飞机模型装进去，连夜送到北京。

为了纪念 1969 年 7 月 5 日这个特殊的日子，沈飞在 01 架歼 8 飞机的机头两侧，喷上了"6975"的编号。

歼 8，这型凝聚了中国航空人报国强国信念的战机，它的首飞成功，标志着我国在自行设计制造歼击机的道路上迈出了可喜的一步。从此，中国不能自行研制高空高速歼击机的历史结束了。

7 月 9 日上午，01 架歼 8 飞机进行第二次试飞。观看这次试飞的有两万余人，试飞后，现场举行了歼 8 飞机首飞成功祝捷大会。

而在鼎沸的人群中，衣着朴素的顾诵芬，正在悄悄拭去激动的泪花……

振动，还是振动

歼 8 首飞成功并不是团队工作的终点，后续的研制将面临更多的挑战。这是因为，设计、试制阶段更多的是进行科学的计算和理论的推演，这一切，最终还要在试飞阶段经受实践的检验。

问题果然出现了！

歼 8 首飞成功后，8 月初，向大速度飞时出现了抖振。

飞行员说，就像在不平的马路上开着一辆破公共汽车的感觉，颠得太厉害。

折腾了一个来月，用了多种方法没有能够解决问题。

顾诵芬怀疑，是不是有气流分离？他在 AT-1 风洞看后机身的油流试验，结果从试验中看到，涂在后机身的油层就像开了锅一样翻滚。于是，他决定对后机身做修形。

顾诵芬提出，在后机身加一个收缩度缓和的机尾罩，减少气流分离。

这个方案大家也赞成，这么改了以后，飞到马赫数 0.8 以后，果真不振了。

在研究解决这个问题的时候，试飞员要回航校去。临走前，尹玉焕对顾诵芬说："老顾啊！就这样吧，飞到这个速度就可以了，不要再往超声速飞了。"

唯有鹿鸣东，他的意见是要坚决飞下去。

装上这个罩子后，就准备开加力飞超声速。

在一次预试中，鹿鸣东开了加力，但罩子的蒙皮被撕了，翻了过来，穿透了水平尾翼翼面，扎了一个大窟窿。当时试飞员没有感觉，下来以后，大家都吓了一大跳，感到非常紧张，没有出问题真是万幸。

后来，团队下决心去掉了这个罩子。由于是收缩太快的原因，就考虑在原机尾罩上开吸气门，鹿鸣东也认为可以，于是就加了十个弹簧进气门。马赫数到 0.9 以前，弹簧门打开，靠发动机喷流的引射作用，把分离气流吸除。①

就这样，去了这个罩子以后继续试飞。

鹿鸣东认为振动水平可以忍受，可以继续飞。但飞到马赫数 1.1 时，又振了，飞机左右晃动，机头摆动很厉害，减速就不振了。

鹿鸣东下机之后说明了情况。大家都有些惊慌，好不容易花了几个月排除了马赫数为 0.86 时的振动，现在又振了。

顾诵芬与大家一起研究，真有些一筹莫展。

歼 8 到底能不能飞上天？质疑声慢慢多了起来。

"连跨声速都不过关，还搞什么超声速！"甚至还有人提出要停止歼 8 的研制工作。

顾诵芬说："歼 8 的问题，不是一下子能解决的，要一点一点地解决。"

这时，鹿鸣东念了一段毛主席的语录："我们的同志在困难的

---

① 顾诵芬口述：《我的飞机设计生涯》，师元光整理，航空工业出版社，2011 年 4 月第 1 版，第 125 页。

时候，要看到成绩，要看到光明，要提高我们的勇气。"他丝毫没有谴责设计人员的意思，而是给大家鼓舞士气。[①]

管德认为可能是方向舵"嗡鸣"，提出将方向舵液压助力器关掉，这样活塞两边的筒里都有油液，一旦有振动，就会产生阻尼，变成阻尼装置，以此可以判断是不是"嗡鸣"。鹿鸣东说行，就这样，果真解决了问题。

两项振动排除后，歼 8 决定往高速冲刺……

1969 年，对于世界航空工业来说注定是一个特殊的年份。

这一年，美国先后提出 F-14 和 F-15 两种战斗机的设计方案。两者都是通过加大发动机的推力（提高全机推重比）和增大机翼面积（降低翼载荷）来改善机动性能的，前者还使用了变后掠翼技术，因而飞机设计得比较大。苏联也在同期研制成了米格 -27 和苏 -17 战斗机，利用变后掠翼技术来协调高低速飞行矛盾。

这一年，英国、联邦德国和意大利三国开始论证狂风战斗机方案，最终采用的也是变后掠翼布局。

这一年，中国面临的形势非常严峻。一方面要应对来自美国的战争威胁，在南边抗美援越；另一方面，由于当年 3 月发生了"珍宝岛事件"，把原本就已紧张的中苏关系推向战争的边缘。

我国歼 8 飞机首飞成功，标志着我国在自行设计制造第二代战机的道路上迈出了可喜的一步，对于振奋人心、树立国威起到了极大的作用。

正是在这一环境中，歼 8 飞机的研制进入设计定型试飞阶段。

三上蓝天破难题

1970 年 3 月 10 日，整装待飞的歼 8，像一只矫健的雄鹰，准备

[①] 老科学家学术成长资料采集工程顾诵芬院士采集小组编《顾诵芬传》，师元光执笔，航空工业出版社、人民出版社，2021 年 11 月第 1 版，第 301 页。

遨游长空。

上午 10 时，飞机离开起飞线；10 时 3 分 58 秒时，飞机的爬升高度已达规定高度 1.1 万米，这个爬升速度比歼 7 飞机整整快了 3 分钟；接着，飞行员一推油门，两台发动机同时接通加力，霎时，飞机冲过了声速，不到 5 秒，飞机马赫数已达 1.2。

当飞机平稳降落后，飞行员第一句话就是："歼 8 是超声速飞机，不是亚声速飞机。"①

听到这句话，顾诵芬再也忍不住内心的激动，泪水夺眶而出。

4 月份之后，歼 8 转到陕西西安阎良继续试飞。

可是高度一上去，振动又来了。

每当飞行的马赫数达到 0.86，飞机就会出现剧烈振动和多仪表失控等一系列问题。

然而，这些困难反而更加坚定了顾诵芬继续前行的决心。

他以严谨细致的工作态度和无私无畏的攻坚克难精神，义无反顾地再次向一道道难关发起挑战。

"1974 年，我去空军十一航校征求对歼 13 飞机的意见，正好遇到了鹿鸣东刚从阎良回来，他拉着我说：'老顾啊，歼 8 的振动没有完全排除，还应下点儿功夫！'那时所里不让我管歼 8，让我搞歼 13。"顾诵芬回忆说，"1978 年，我已经担任了 601 所的总设计师兼副所长，这样歼 8 也得管。我担心遗留问题挂账太多，难以通过定型审查，就想使把劲，把振动等问题彻底解决。"

当时，顾诵芬看到了欧洲狂风战斗机的图片，在垂尾根部装了一排涡流发生器，这种涡流发生器很薄很短。北大西洋公约组织报告中也对解决后机身气流分离振动做了介绍。

外罩不能装，是否可以用涡流发生器？顾诵芬想到这里，便立即安排气动室设计员严仁达来做这件事。严仁达是留苏归国人员，业务素质强，与顾诵芬私人感情也很好。可是，涡流发生器做出来

---

① 顾诵芬：《把理想写在祖国蓝天》，《工人日报》1993 年 5 月 4 日。

以后,试了试,没有解决问题,还是振动。

怎么办?关键时刻,有重要话语权的首席试飞员鹿鸣东再次站出来力挺歼8飞机,他对设计人员说:"你们能把飞机设计制造出来,也一定能够克服当前遇到的困难。我愿意飞下去……"

鹿鸣东的执着和献身精神,令顾诵芬感动不已。

既然风洞试验看不出问题,干脆就在飞机上贴毛线,在天上观察气流流动情况。

顾诵芬定下了这个大胆而具有挑战性的方案。

这个时候,顾诵芬把生命融入使命,硬是把自己逼到了山重水复疑无路的境地。

顾诵芬说,他乘坐歼教6飞机跟在歼8飞机后面,近距离地观

顾诵芬(后座)与鹿鸣东在歼教6飞机上

察歼 8 在空中飞行后的机身流场。

鹿鸣东认为这是个好办法。

在空中实际观察飞机飞行中的气流流动和干扰情况，与风洞试验的道理和方法是相似的，在风洞模型上看不出的现象，也许试飞能看清。

但这样做风险极高：歼教机必须紧跟歼 8 高速飞行，会产生 4～5 个过载，这对从未接受过飞行训练的顾诵芬来说是有很大风险的。而顾诵芬是飞机研制的核心领军人物，容不得半点闪失，况且总设计师亲自上天在世界范围内都几无先例……

对于作出这个决定，包括如何乘飞机升空，顾诵芬在自传中作了细腻而真切的描述：

"我提出自己上天上去观察。为了准备，按照规定要进行身体检查。先由我们卫生科检查，再由试飞大队的航医检查，看能不能上天。卫生科检查的结果，认为我营养还不错。……

"当时我不敢让江泽菲知道，为了不让她起疑心，所以得在家吃饭，晚上的空勤灶没有敢去吃。那时，工作在 112 厂，我们骑自行车从所里宿舍到 112 厂，要骑 20 多分钟。"①

由于黄志千逝于空难，江泽菲与他有个"不再乘坐飞机"的约定。但是，此时的顾诵芬决心已下，他说服领导，背着爱人，坚持上天，用望远镜近距离仔细观察，努力寻找出振动的原因。

就这样，顾诵芬 3 次乘坐鹿鸣东驾驶的歼教 6 飞机升空，近距离观察歼 8 试飞情况。

"歼击教练机的空调系统不如客机那样好，再加上小飞机的高速飞行和剧烈的颠簸，我感觉憋得难以忍受，阵阵的恶心和头晕，搞得我浑身虚汗淋漓。这时，耳机里传来了试飞员的询问：'老顾，身体怎么样，挺得住吗？'我说不要紧，就是看不清楚流场，再向

---

① 顾诵芬口述：《我的飞机设计生涯》，师元光整理，航空工业出版社，2011 年 4 月第 1 版，第 129-130 页。

前面的飞机靠近点。这时我们乘坐的歼击教练飞机与歼 8 飞机的距离从 50 米、40 米接近到 30 米，最近时还不到 20 米。这是非常危险的，因为飞机正在高速飞行，搞不好两机就会相撞。鹿鸣东同志并不管这些，只管我能不能看清。有了这样的条件，我就集中精力观察歼 8 飞机尾部那一片红毛线。40 分钟后，飞机降落了。胶卷冲出来，没有明显的结果。观察失败了。人们用探询的目光望着我。

"怎么办？是暂时先回避一下，还是坚持到底，把问题搞清楚？如果试验停了，我个人不会有什么损失；继续搞，如果还搞不清，对个人的影响怕不好收拾。有许多人替我担心，劝我改变主意，不要继续搞了。"①

顾诵芬想起了贺龙元帅。1965 年 8 月 14 日，国务院副总理兼国防工业委员会主任贺龙元帅来到沈阳，接见了顾诵芬等人。顾诵芬跟随所领导向贺龙元帅汇报新机情况。贺龙听了，特别高兴，他说："歼 8 我同意，歼 8 要早日搞出来，成功后要大大庆祝一番，我要来。……就是要走中国自己的路，搞自己的东西，不要怕失败，一百次、二百次，失败了可以再来，总会成功的。飞机上天，党、军队和人民都会感激你们的。"

听了元帅的这番话，顾诵芬的精神为之一振，同时也感到肩上的责任重大。

"正当我徘徊的时候，我想到贺龙元帅的话。1964 年，这位功勋显赫、威震四方的元帅，专程安排时间听取关于我国飞机设计工作的汇报，听完后，贺龙元帅说：'好，就是要搞自己的东西，要走中国自己的路。不论是现在，还是在将来，这个方向一定要坚持下去，走自己的路。'元帅的话给我极大的鼓舞，并激励着我勇往直前。这时我已清楚地意识到，路，已在脚下。搞科研如同打仗，没有牺牲的精神，是难以取得胜利的。不搞个水落石出，决不罢休。我坚定地表态继续伴飞。

---

① 顾诵芬：《把理想写在祖国蓝天》，《工人日报》1993 年 5 月 4 日。

"我又重新布置了试验的过程,调整了贴在歼8飞机后机身的红毛线,除了照相机外,还带了一具望远镜,又开始了新的飞行。

"战鹰呼啸着再次飞上蓝天。两架战鹰的距离越来越近,这不仅需要试飞员有大公无私的精神,还需要有高超的驾驶技术。延伸的彩带把碧空装点得美丽妖娆。功夫不负有心人。在试飞员的大力支持下,我终于取得了珍贵的现场资料。降落后,通过对尾部毛线的仔细观察,找到了抖振的原因。后来我们在水平尾翼的根部和后机身交界处加了整流片,彻底地解决了飞机抖振的问题。"[1]

鹿鸣东后来也回忆道:"顾总那会儿已年近半百,却丝毫不顾高速飞行对身体带来的影响和潜在的坠机风险,毅然带着望远镜、照相机,在万米高空观察拍摄飞机的动态,这让所有在场的同志都十分震撼和感动。落地后,他还颇有点自豪地说:我下来以后身体状况还可以,一起上去的同志不如我。"

成功了!

歼8飞机研制进入了一个全新的发展时代!

顾诵芬(右)与鹿鸣东

---

[1] 顾诵芬:《把理想写在祖国蓝天》,《工人日报》1993年5月4日。

试飞英雄与歼 8 的生死情

新飞机设计生产出来，只能算完成了一半，还有一半要通过试飞才能完成。设计完全符合实际是很少见的，做出来之后在使用中才能发现问题，然后进行修改，才能达到设计要求。所以说，好飞机是飞出来的，是试飞出来的。

1952 年 3 月，空军一纸命令：在沈阳 112 厂组建空军试飞组。这是第一次有正式任命的试飞员编制，虽然只有 3 人。这标志着新中国空军第一支试飞员队伍的建立。3 名空军飞行员几乎是在完全没有任何试飞条件也没有试飞经验的情况下，凭着不惜一死的"拼命三郎"精神，开始了新中国匆匆上马的试飞史。据统计，他们在 9 个月的时间里，把 473 架战伤飞机送上战场，飞上蓝天。[①]

1981 年 11 月，在航史办成都会议上，顾诵芬作了《研制歼 8 飞机的体会》的报告，顾诵芬深情地说："通过歼 8 的研制，我们深深体会到试飞工作的重要性。正因为有鹿鸣东、尹玉焕、滑俊、王昂同志等这样一批智勇双全、热心科研的试飞员，歼 8 才能研制成功。"

因为歼 8 研制要征求部队指战员的意见，顾诵芬和多位空军战斗英雄和试飞英雄结下了深厚的友谊。

第一架歼 8 制造出来以后，遇到了跨声速抖振、空中停车、后机身温度高、航炮支撑构件打裂等一系列故障，通过 200 多个起落的飞行才把这些故障一个个排除，最终达到了国家批准的设计要求。

这其中，试飞员立下了汗马之功。

每次提及鹿鸣东、尹玉焕、滑俊、王昂等试飞英雄，顾诵芬都被他们为科学献身的精神感动。

试飞员王昂说："作为一名试飞员，勇敢是必须的，但只有勇敢是绝对不够的，还必须具有控制风险的敏感性、冷静坚毅的性格、

[①] 张子影：《试飞英雄》，安徽人民出版社、安徽文艺出版社，2017 年 2 月第 1 版，第 216 页。

完备充分的知识结构。"

一个好的试飞员能够在设计方案论证阶段从作战使用的视角出发,帮助设计师对影响飞行安全的设计提出修改意见。

任何一架飞机上天前都要做许多准备工作,试飞员需要从飞机设计阶段一直跟到飞机总装出厂为止,对飞机的各种性能及是否有利于作战提出意见,这样才能使新机在定型前把隐患消除在萌芽状态。要提出这些有价值的意见,就需要试飞员具有较高的文化水平和航空专业知识。

试飞员的每一次试飞,无疑都是把自己的生命融入试验,因此,他们被称为和平年代离死亡最近的人。

有资料显示,1947年到1956年的10年中,号称"空中霸主"的美国仅在进行超声速飞机的颤振试飞和操稳试飞中,就摔掉56架飞机,72名试飞员为此殉职。

在歼8的研制过程中,由于试飞手段还很落后,所以新机试飞中发生的故障,往往主要靠试飞员的判断,这样做,试飞员势必冒一定的生命危险。

在这个问题上,鹿鸣东有句名言,他曾对顾诵芬说:"生死观的问题,对我们飞行员来说,是已经解决了的事,你们不用考虑。"

歼8问世之初,鹿鸣东被上级选中,和尹玉焕一起参加试飞,从此,开始了他和歼8飞机数十年的不解之缘。

在接下来的试飞中,发生了许多难以想象的问题。设计人员和技术人员几经攻关,多次改进,旧的问题解决了,新的问题又出现了。

"你们认为要怎样试,我就怎样去飞。"鹿鸣东的果敢精神深深感染了顾诵芬。

在排除歼8抖振故障时,鹿鸣东飞了30多个起落,通过反复实践来配合仪器判断振源,最终较彻底地排除了抖振。判断振源的试飞有一定的危险性,以往也曾多次出现过振裂结构的故障。另外,在解决发动机停车问题上,鹿鸣东不顾双发停车危险,多次自己监视进气道喘振的发展,最终得出了解决超声速进气道喘振问题的调节方法。

顾诵芬因此与鹿鸣东成为事业上的知音。

鹿鸣东热心科研,愿意探索新领域,每次飞行都有一定的进步。在确定飞极限状态时,如大马赫数之前,他往往自己在前一个起落已经进行了试探,所以对于该如何飞,事先都能提出意见。常规试飞大纲不能规定而使用时又需要的,他往往主动提出要做,如筋斗、半翻滚侧转等都是没有规定要做的,而他主动提出要飞行参数,自己进行了试飞,取得了成功。[1]

王昂也和鹿鸣东一样,视歼8胜于自己的生命,顾诵芬每当提及他,心底都涌动着一股暖流。

1958年9月,王昂从北京航空学院毕业了。这时,恰逢试飞院急需从大学毕业生中招收试飞员。王昂毅然放弃了留在大城市、留在父母身边的机会,选择了试飞员这样一个充满危险的艰辛职业。王昂报名后,先在航空学院学飞行,毕业后任飞行教员。1962年6月,王昂正式参军,成为中国人民解放军空军部队中的一员,成为新中国第一代合格的长空卫士。

1966年,王昂跨进了试飞员行列。

在一次歼8战机的定型试飞中,飞机冒出了滚滚浓烟,指挥员已下达跳伞指令。王昂拒绝跳伞,坚持驾机着陆。落地时,飞机伞舱已经熔化,左轮胎也因紧急刹车而爆裂。

事后,王昂十分坦然地对顾诵芬说:"这是新中国自力更生自己独立设计的第一架战斗机,为什么塔台叫我跳伞我没跳?我就一个想法:歼8是一个'独生子',尽量能保存就保存。实在没有办法,那牺牲了也就牺牲了!"[2]

---

[1] 顾诵芬:《研制歼8飞机的体会》,载《顾诵芬文集》,航空工业出版社,2016年3月第1版,第192页。
[2] 张子影:《挚爱蓝天》,《解放军报》2019年1月7日。

紧接着，歼 8 型飞机又解决了发动机空中停车等重大技术难题。

1978 年 6 月，王昂驾驶歼 8 进行高空加力边界试验，飞机在高空时突然双发同时停车。他一面观察飞机下滑情况，一面启动发动机。在 1.2 万米的高度里，他连续 3 次轮番启动发动机失败，转眼飞机就跌落到近 3000 米高度。

在王昂第六次尝试时，发动机终于重新启动了！

这时，飞机距离地面仅有 1500 米。王昂冒着生命危险挽救了飞机，取得了歼 8 飞机无动力情况下在高、中、低空中的准确下滑率。

顾诵芬根据王昂提供的线索，找到了原因，消除了隐患。

在试飞员滑俊心中，歼 8 是"国之重器"，自己则"以命铸之"。为歼 8 的定型，他不惜以命相搏。

1976 年 10 月的一天，滑俊驾驶新型歼 8Ⅰ飞机起飞，进行发动机边界定型试飞。任务要求取得在 2 万米高度和最大速度加力平飞 1 分钟的重要数据。他做完准备动作，接通双发动机加力，战鹰如离弦的箭向最大速度猛冲。突然飞机开始振动，而且越来越厉害，这是滑俊飞行以来从未遇到过的异常现象。

他立即意识到，这样振下去，会使发动机严重损伤，后果不堪设想，必须立即停止，否则有可能造成空中停车的重大险情。他眼疾手快，边报告飞行指挥员边收油门关加力。紧接着"嘭——嘭——"两声巨响，他心里顿时紧张了一下，但立刻镇静下来，发现两台发动机全部停车。

面对突如其来的险情，滑俊坚定沉着，尽力操纵飞机减少高度损失，创造条件准备空中开车。第一次启动右发动机没成功，再换左发动机仍未成功，此时十几吨重的巨型战鹰完全失去了推力，以每秒 100 多米的速度急剧下掉，转眼间坠落到 8000 米以下的乌云中，简直就像钻进了墨水瓶里，外面什么也看不见。他既要按仪表飞向机场，又要设法保持好飞机状态继续进行空中开车，没想到第五次空中启动又告失败。

1949 年 3 月入伍的滑俊，此时已经在飞行副团长的位置上干了 4 年，是中国试飞员队伍中举足轻重的人物。

滑俊努力调整自己的心理状态，消除紧张，他心里只有一个念头：对祖国和人民负责，尽最大努力保住新型战鹰。

第六次启动，还是没有成功。

高度已经下降到了 4000 米，从发生故障到现在，滑俊在高空坚持飞行了 6 分钟。

他第七次开动按钮，这一次，飞机所在高度层的空气条件有所改变，滑俊终于听到了熟悉的发动机声音。

安全着陆后，当他走下飞机，被久等的人们团团围住。他在空中无推力飞行 6 分钟的危急情况下，仍然得到了发动机的宝贵资料，令人惊叹。

有人问他："当时空中情况危急，你想到跳伞了吗？"《空军飞行人员飞行大纲》规定，飞行员在特殊情况下，允许跳伞逃生，弃机保人。

滑俊的回答是："祖国和人民信任我们，部队同志瞪大眼睛看着我们，试飞员的步子大不大，直接关系到国防建设的速度快慢，只要国家能早一天强大起来，我们作出再大的牺牲也是值得的。"

在摸索前进的试飞路上，每一次起飞都可能是永别，但试飞员们说："这条路，总得有人去蹚！"

当时，年近半百的副团长滑俊，本可以不用再飞，但他向党委递交了决心书——主动承担歼 8 试飞的任务。

如今，滑俊已经退居二线，但他的名字，如同一个英雄的符号，标志着一个试飞时代。1980 年 1 月 3 日，中央军委授予他"科研试飞英雄"荣誉称号，颁发"一级英雄模范勋章"。[①]

歼 8 从 1969 年 7 月 5 日上天到 1979 年共 8 架飞机飞行了 1100

[①] 张子影：《试飞英雄》，安徽人民出版社、安徽文艺出版社，2017 年 2 月第 1 版，第 237 页。

多个起落，700多个小时，终于在1979年年底完成了设计定型，这和英雄的试飞员、地勤人员和试飞所的科研人员的努力是分不开的。

1979年12月31日，航空产品定型委员会同意歼8型飞机设动成功。

1980年，歼8开始小批量装备部队。

在10年的研发历程中，在英勇无畏的试飞员的支持下，顾诵芬带领设计团队历经千难万阻，终于成功克服了诸如跨声速机体振动、发动机频繁停车、机体温度过高等技术难题。

一生一醉为定型

1980年3月2日，国务院、中央军委常规军工产品定型委员会批准歼8设计定型。12月，正式交付部队使用。

1985年10月，经国家科技进步奖评审委员会评定核准，歼8项目被授予国家科技进步奖特等奖，顾诵芬的名字，位列获奖者名单的第一位。

1986年2月20日，国务院、中央军委常规军工产品定型委员会批准歼8飞机生产定型。

歼8，从设计到定型，前前后后经历了21个寒暑春秋。

此后，在整个80年代，歼8及改进型歼8Ⅰ承担起国土防空的重任。

21年，对于人的一生来说，是一个太长久的概念。

1964年，34岁的顾诵芬以副总设计师的身份参加到歼8项目中，为歼8飞机付出了全部的心血和精力，与歼8飞机共同经历了大起大落、大悲大喜。

这漫长的历程、跨越的艰辛，难以用简单的文字描述……

1965年5月，正当歼8飞机的总体设计进入关键阶段，总设计师黄志千因飞机失事不幸遇难。

1966年，是歼8飞机研制大干快上的关键性一年。就在这一年的1月29日，日夜为航空事业操劳、作出极大贡献的沈飞第一副厂长兼总工程师高方启因多年超负荷工作积劳成疾，突发心脏病，不幸逝世，终年51岁。他在临终前还念念不忘地叮嘱："战备第一，一定要搞好歼8飞机……"

1968年7、8月，"文革"进入了"清理阶级队伍"阶段，顾诵芬这个技术尖子进了"学习班"。①

顾诵芬的全部心血都凝聚在歼击机设计上，让他离开设计所，这不亚于夺去他的生命。顾诵芬痛苦，但更多的是思索，他分析试飞失败的原因，写出了一份特殊的长篇"交代"，针对试验中可能出现的问题，提出14个重要的技术关键，详细列出解决办法。

回忆起当年的情景，顾诵芬说："1968年3、4月，二所虞光裕来与我们协调，看发动机还有什么问题。他觉得最担心的是在歼8进气道比较长的情况下，发动机能不能顺利起动。他提出做一个真实的进气道模型，加装在发动机上做地面开车试验。我也主张这样做，但搞进气道的同志都认为不需要，认为只要地面进气总压恢复不掉就不会有问题，而且做这个地面试验用的进气道模型时间也来不及，王南寿最后决定不做这项试验。对这个问题，我心里总是不踏实，像揣着个小兔子一样，惴惴不安。后来进了'学习班'，我不能去试飞站了，就仔细听112厂的发动机试车，因为歼8发动机的声音比较响，与别的型号不同，从声音可以分辨出来。最后听到发动机试车的声音，我才放下心。"②

…………

遗憾、不公、屈辱，甚至献出生命，他们都不在意。他们要的，就是一架中国自己设计的战斗机。

---

① 顾诵芬口述：《我的飞机设计生涯》，师元光整理，航空工业出版社，2011年4月第1版，第115页。
② 同上，第116页。

歼 8 终于飞起来了！

1979 年年底，歼 8 白天型飞机完成设计定型工作，那是 21 年历程中一个辉煌的里程碑，成为顾诵芬终生难忘的一段记忆：

"那天，我喝醉了。定型会结束以后，也没有什么招待会，就是在 112 厂办公楼对面的二楼干部食堂，大家一起吃饭。首飞试飞员尹玉焕也来了，他是很能喝酒的，但用的不是酒杯，都是大碗喝，也喝醉了，醉得不省人事，吐得一塌糊涂。当时也没有小汽车什么的，晚上吃完饭要回家了，我们管行政的副所长赵国庆清点人数，找不到我了。那时，我正在厕所里吐呢！"①

不会喝酒也不善于表达激情的顾诵芬，开怀痛饮，这是他在自己的飞机设计生涯中第一次也是唯一的一次酩酊大醉。

在 92 岁的顾诵芬成为"感动中国 2021 年度人物"时，中央电视台记者敬一丹等登门采访他，顾诵芬又回忆起那次醉酒，仍兴奋地说：

"高兴啊，我这人不太会说话，只能用大碗喝酒来表达兴奋，还有就是想起了很多故去的良师益友，徐舜寿、黄志千……他们没能等到歼 8 定型这一天。"

这是歼 8 飞机设计者、领导者、生产者辛勤劳动得到国家、军队正式认可后的骄傲和兴奋，也是所有参与研制工作的人员实现久盼心愿后的欢快和豪放。

在完成了中国第一型高超声速战机——歼 8 的方向安定性设计之后，顾诵芬说："歼 8 方向安定性开始是按风洞试验的数据设计的，后来通过飞行试验研究，发现歼 8 立尾面积可能大了一些，但至少可以保证，没有设计错误。"

谈及顾诵芬在飞机气动力设计方面的历史地位，李天院士感慨地说："顾诵芬是中国飞机空气动力学设计的奠基人、开创者。"通过一项项细致入微的研究、试验，顾诵芬将中国的飞机设计研究

---

① 顾诵芬口述：《我的飞机设计生涯》，师元光整理，航空工业出版社，2011 年 4 月第 1 版，第 136 页。

带入了高超声速时代。

在《我的飞机设计生涯》一书中，顾诵芬说："歼 8 可以说就是这样连滚带爬地定型的。"①

歼 8 飞机的研制过程是曲折的，更是辉煌的。

歼 8 飞机的发展开创了一条研制国产歼击机的成功之路。

1986 年 8 月，在沈阳 601 所 25 周年所庆大会上，顾诵芬讲了这么一段话：

"回顾历史展望将来，无论是增强防御力量，还是发展国民经济，都需要我们这样的一支能够不断发展的设计队伍。我们现在又面临一个跨时代的飞跃，面临这些没有干过的新技术，我们要突破这个关口，就应该发扬我们从无到有设计歼教 1 的精神；要刻苦钻研、严肃认真，像设计歼 8 一样去掌握先进技术。我们应该发扬建所的传统，要树立起独立自主、自力更生、洋为中用、推陈出新，为攀登航空事业高峰奋斗终身的志愿。我们应该刻苦读书，认真钻研技术，团结协作，发挥集体力量，不计个人名利恩怨，为发展祖国的航空事业写下新的历史篇章。"②

这是顾诵芬的肺腑之言。

歼 8 的故事说不完

"有一个梦想，在信念中历尽沧桑；有一声呼唤，在蓝天里荡气回肠；有一个奇迹，在搏击中挺起脊梁；有一种士气，在云海里神采飞扬。一代代儿女前赴后继，为神州谱写锦绣华章。"

这是在航空工业沈阳飞机设计研究所办公楼上铸着的"航空之歌"，名字叫《告诉世界，告诉未来》。

---

① 顾诵芬口述：《我的飞机设计生涯》，师元光整理，航空工业出版社，2011 年 4 月第 1 版，第 138 页。
② 顾诵芬：《1986 年 8 月在沈阳 601 所 25 周年所庆大会上的讲话》，载《顾诵芬文集》，航空工业出版社，2016 年 3 月第 1 版，第 235-236 页。

"歼8最能代表航空人精益求精的技术理念和专注执着的工匠精神。"2019年7月4日,在沈阳所举行的院士与媒体座谈会上,几乎参与了歼8从立项到生产定型全过程的中国工程院院士李明如是说。

第二天,7月5日,是歼8飞机首飞成功50周年,人们跟随这架飞机的传奇历史,重回它的出生地——航空工业沈阳飞机设计研究所,重温歼8成长的艰苦岁月。

1956年,39岁的徐舜寿成为飞机设计室的主任设计师。

1956年,42岁的黄志千成为飞机设计室的副主任设计师。

1956年,29岁的叶正大成为飞机设计室的副主任设计师。

1956年,26岁的顾诵芬成为飞机设计室的一员。

1956年,24岁的管德成为飞机设计室的一员。

1963年,27岁的李明从哈军工毕业,被分配到六院一所工作。

1963年,25岁的李天从清华大学毕业,被分配到六院一所工作。

1964年,23岁的杨凤田从哈军工毕业,被分配到六院一所工作。

…………

他们的故事里有歼8,歼8的故事里有他们。

"非常幸运,我赶上了歼8的研制。那时领导都放手锻炼年轻人,我也大胆去尝试。"1965年,歼8进入打样设计阶段,杨凤田随叶正大副所长到606所(今中国航发动力所)协调配套发动机事宜,并由他起草了技术协议,这是他参加工作后第一件有成就感的事情。"当时只有一个想法,歼8飞机是成百个单位、成千上万人的劳动结晶,绝不能因自己的得失荣辱,损害这成千上万人的劳动。"

正是他们的艰难探索、前赴后继,实现了几代中国人的航空梦,奠定了中国航空工业的基石;正是他们的无私奉献、敢于牺牲,激励着航空人坚定不移地为我国航空武器装备现代化建设贡献力量。

歼8飞机的研制为我国培养了一大批高素质的设计师、领军人才和技术骨干。成就了5位院士:顾诵芬、管德、李明、李天、杨凤田;同时推出了一批中国航空工业响当当的人才,还有为歼8飞机早期生产作出了重要贡献的老工人。其中，飞机制造领域第一位全国劳动模范、被人们亲切地称为"神奇的榔头"的陈阿玉，敲出了数不清的歼击机零部件。

在《研制歼8飞机的体会》一文中，顾诵芬总结：

"歼8飞机从提出设计方案到第一架飞机上天仅花了四年半的时间。后来由于'十年动乱'的影响，花了十年时间试飞，歼8白天型飞机才达到定型。飞机性能达到或超过了设计指标，十年试飞没有发生重大故障。总的来说，研制是顺利的，前一段的进度是较快的，所以取得这样的成果，我们感到有下列几点是值得吸取的。"

在文中，顾诵芬总结了五点体会：确定方案时注意了需要和可能相结合的实事求是的做法；充分的地面试验验证是保证设计质量的重要条件；科研与使用、生产相结合，是搞好新机研制的必由之路；试飞是新机研制的重要阶段，必须重视试飞工作；加强技术服务，及时解决试用中的技术问题，保证新机顺利装备部队。

这是从无数次失败中得出的宝贵经验，也是中国航空工业的宝贵财富。

一直以来，外界（包括广大的空军指战员）都亲切地赞誉顾诵芬为"歼8之父"，但顾诵芬不愿意别人这样称呼他。

一次，中央广电总台一名记者采访顾诵芬，提到"歼8之父"这个称呼时，近视镜镜片后，原本和蔼的顾诵芬那双一直弯弯的笑眼，竟突然瞪圆了。他提高了嗓音，认真地对这位记者说："这就是'瞎扯'，加上这种头衔对推进飞机的发展一点好处都没有。"

顾诵芬认为，自己并非一开始就担任总设计师。谈及歼8的设计定型，他总要提到前任总设计师。此外，虽然后来顾诵芬担任总设计师了，可他从未把总设计师看作最重要的人，他总是强调："这是一个团队的劳动成果，从设计师到试飞员，以及厂里的技术人员和工人师傅，每一个人都为飞机献过力。"

顾诵芬强调："飞机是一个复杂的系统，因此，飞机设计必须依靠各种专业技术和系统完成，是集体智慧的结晶，是各设计专业团队共同的创造，不是总设计师一个人做得成的。而要实现研制的最终成功，更重要的是还需要依靠工人师傅。

"我人生中受到的最深刻的一次教育是在'文化大革命'最乱的年代，正常的科研、生产乃至社会秩序遭到严重破坏，领导干部、技术骨干动不动就被揪斗、批判，群众组织分为不同派别，甚至发展到'武斗'。但就在这种形势下，1967年在沈阳飞机厂歼8试制车间，分属三个派别的工人师傅贴出了表达同一个心声的大字报——为了我们中国自己的歼8早日上天，无论哪一派群众组织都不要停工上街。当时歼8飞机在沈阳飞机厂广大工人心中是'争气机'，必须靠自己的力量做出来。他们的爱国心和对祖国航空事业的责任感、使命感教育了我，使自己在厄境中进一步坚定了信念——为了祖国的航空事业，自己作为一名技术人员，无论环境如何艰难都不能有丝毫懈怠。"[①]

管德在回忆录中也写道："歼8飞机研制，曾经是我和一些同代人度过十年'文革'的一个强大支柱。"

歼8飞机的发展也是我国航空工业奋发图强的一个缩影。歼15总设计师孙聪院士说，歼8是航空报国精神打造出来的！歼8并不只是一个简单的型号，而是中国在非常困难的情况下努力攀登航空技术高峰的证明。

在中国航空工业的发展历程中，歼8站在了自主研制的起点，一个个自主创新的战机型号在其后也陆续冲上蓝天，守卫着祖国的领空。

科技发展的脚步不会停歇，一代战机终会老去，而航空人航空报国的初心永远不会褪色。载入史册的除了数据、参数，还有精神。

歼8研制中所体现出的精神，仍将鞭策着中国航空人不忘初心，

[①] 中国航空工业集团有限公司编《大家之道——向顾诵芬院士学习》，航空工业出版社，2022年3月第1版，第125页。

砥砺前行!

歼 8 的故事说不完……

@ 同时期的世界

1969 年 7 月 5 日,歼 8 飞机首飞成功。在此前后,世界风云变幻,国际政治格局发生了重大变化。

1969 年,苏联入侵珍宝岛,对我国国家安全构成极大的威胁,中苏关系全面恶化。而在这一时期,美国依然敌视中国,中美关系仍然处于强烈的相互敌视状态。

1970 年 10 月,由中国、坦桑尼亚和赞比亚三国合作建设的坦赞铁路开工,1976 年 7 月正式通车。坦赞铁路的修建与通车,象征着中非之间的合作与友谊。

1971 年 4 月,中国邀请在日本参加第 31 届世乒赛的美国队访华,开启中美"乒乓外交"。10 月 25 日,第二十六届联合国大会以 76 票赞成、35 票反对、17 票弃权的压倒性多数通过了阿尔巴尼亚、阿尔及利亚等 23 国提出的要求恢复中华人民共和国在联合国的一切合法权利,并立即把蒋介石集团的代表从联合国一切机构中驱逐出去的提案,中华人民共和国重返联合国。

1961 年至 1972 年,美国完成载人登月任务,即阿波罗计划。

1972 年 2 月 21 日,尼克松抵达北京。2 月 28 日,中美双方经过反复磋商,在上海发表了《中美联合公报》。

第六章
温暖：情爱的纯朴

我后半生还能干点事都是靠她。

——顾诵芬　2021 年 11 月

爱情最美的模样

2021年11月3日。这一天，是顾诵芬人生的高光时刻，也是他一生中最难忘、最幸福的一天。

这天上午，国家科学技术奖励大会在北京举行。顾诵芬和清华大学王大中院士荣获2020年度国家最高科学技术奖。

坐在轮椅上的91岁高龄的顾诵芬从习近平总书记手中接过奖章和证书。

习近平总书记将象征着中国科技界最高荣誉的奖章佩戴于顾诵芬院士的胸前，并俯下身，亲切地与坐在轮椅上的顾老握手。党和国家把这份沉甸甸的褒扬，授予这位91岁仍在为航空事业殚精竭虑的科技泰斗，也授予了新中国航空事业发展历程中那些心有大我、赤诚报国的人们。

会后，习近平总书记走向行动不便的顾诵芬院士，同他再次握手，亲切交流。

从这一时刻起，顾诵芬的名字家喻户晓，被世人更加广泛关注，他的事迹也更加被人们所了解。

20世纪80年代中期，由于顾诵芬的工作性质，许多信息不让公开，周恩来总理也曾让人转告飞机设计人员要做"无名英雄"。

此刻，顾诵芬获得国家最高科学技术奖，是党和国家对他毕生科研工作的充分肯定和高度认可。

国家最高科学技术奖于2000年由中华人民共和国国务院设立，由国家科学技术奖励工作办公室负责，是中国五个国家科学技术奖（国家最高科学技术奖、国家自然科学奖、国家技术发明奖、国家科学技术进步奖、中华人民共和国国际科学技术合作奖）中最高等级的奖项，授予在当代科学技术前沿取得重大突破或者在科学技术发展中有卓越建树，在科学技术创新、科学技术成果转化和高技术产业化中创造巨大经济效益或者社会效益的科学技术工作者。

这个奖项每年评审一次，每次授予人数不超过两名。

至今，已有 35 人荣获这项中国科技界的最高荣誉，登上了我国科技界的最高领奖台。

在国家科学技术奖励大会现场，中央广播电视总台时政记者的镜头记录下了温情一幕：

顾诵芬登台领奖时，他的妻子、85 岁的江泽菲在台下微笑地注视着。

从江泽菲注视顾诵芬的目光中，能够读出她对丈夫的欣赏崇拜，宛如一位科技"追星族"一般，满眼闪耀着星光。

大会结束后，当江泽菲穿越人群来到丈夫身边，两位老人的手紧紧相握。

这一握手，让人泪目。

就是这个特殊时刻不经意的举动，诉说着两位老人相依相伴、相敬如宾的温暖情愫，诉说着江泽菲对丈夫那种流淌在内心深处的真挚之情、纯洁之爱。

这一握手，让人钦佩。

在这个特殊场景下的无声表达，诠释了两位老人对荣誉的珍惜、对爱情的尊重和对初心的坚守。

从顾诵芬的神情中，也能够读出他对妻子数十年来默默奉献的感激之情。四目相交的那一刻，满眼都是温暖和欢喜。

注视、握手，正所谓"此时无声胜有声"，这份感情是任何华丽动人的语言都无法表达的。这对老人的深情，打动了众多观众的心，感动了无数人。

人们常说，一个成功的男人背后，往往有一个优秀的女人。这个女人，在事业上能够给他支持，在生活上能够帮他料理；正因为这样一个女人的存在，才能够让她的男人成为足够优秀和成功的人。优秀的女人，能够平衡好丈夫的事业和生活。她会理性且成熟地处理好生活琐事，给丈夫足够的时间和精力去创造价值、报效祖国。

江泽菲就是这样一位优秀的女性。

"军功章里也有她的一半。"顾诵芬以身许国，离不开江泽菲的默默支持：那平淡绵长的陪伴、义无反顾的支持、同心协力的前行。

"你守望着祖国的蓝天，我守望着你。"这就是顾诵芬和江泽菲的真实爱情。

江泽菲回忆，结婚59年来，顾诵芬几乎把所有的心血在浇注到飞机设计上了，家里的生活都丢给了江泽菲，江泽菲无言地支持着丈夫的科研事业。

结婚以后，江泽菲在做好自己工作的同时，一直支持顾诵芬，从来没有丝毫的怨言。

她是一位非常理性的知识女性。她用自己的行动，阐释着自己的人生选择和价值坚守。

在平平淡淡中相濡以沫，在默默无闻中天长地久。

这才是伉俪情深、白头偕老。

这才是真正的爱情。

正如众多网友所说："这就是爱情最美的模样！"

1963年，他们有了一个儿子顾衡，是在上海生的。

由于江泽菲与顾诵芬都忙于工作，因此俩人商议将孩子留在上海的老人家中。江泽菲说，孩子生下来以后自己又舍不得了，想把孩子带回沈阳，但顾诵芬仍坚持俩人原来的约定，他对妻子说："如果带回去，我可不能帮你带孩子。"

江泽菲屈服了。她想到自己的医院实行的是24小时住院医师制，即便晚上休息，也要保证随叫随到；她又想到自己单位那些初为孩子妈妈的同事在处理工作和哺乳、照护婴儿之间关系时的艰难；她更知道自己的丈夫对工作的投入和付出的一切，即便他不这么说，也一定难有时间和精力帮助自己。

母子分别，江泽菲更深地体会到了公公、婆婆当年送顾诵芬到沈阳时的依依惜别、难舍难分的心境……

岁月风雨，走过漫漫人生之路的这两位老人，他们的爱情与坚守，也是我们这个时代宝贵的精神财富。

"繁霜尽是心头血，洒向千峰秋叶丹。"当两鬓斑白、坐在轮椅上的九旬老人，出现在代表国家最高科技荣誉的领奖台，一种以身许国的家国情怀与崇高精神在无声地传递。

而在此刻，在现场，见证着顾诵芬获奖的人们，在分享、品味、思索着顾诵芬的辉煌瞬间的同时，内心深处也在抒写着为航空事业奋斗的壮志豪情。

这个大奖，也是对所有航空人的充分肯定和激励。

中国航空工业集团科技委张东波说：

"现场见证了这一神圣时刻，我感到十分激动与光荣。近年来，很荣幸能够在顾院士身边工作，顾院士无私奉献的崇高境界、治学严谨的工作态度、谦虚有礼的道德风范、朴实无华的生活作风深深地教育了我。作为航空科技工作者，我们要以顾院士为榜样，坚定航空报国初心，勇担航空强国使命，努力为航空科技自立自强作出更大贡献。"

中国航空工业集团原党组副书记李玉海满怀激情地说：

"能有幸在现场近距离见证我的老前辈、老领导顾诵芬院士接受习近平总书记颁发的2020年度国家最高科学技术奖，当时的感受是很高兴、很激动，也很骄傲、很自豪。

"我刚到航空工业沈阳所参加工作时，顾总是所里的总师。可以说是顾总把我领进飞机设计研究这个大门的。看到顾老数十年如一日孜孜追求航空报国，而今荣誉加身，确实是十分高兴和激动。同时也想，顾总的荣誉不仅属于他自己，也属于为航空强国不懈奋斗的几代航空人。这个荣誉是党和国家授予以顾院士为代表的航空科技人员和航空人的，我心中充满骄傲和自豪。"

中国航空工业集团医疗保障中心路盈说：

"谈起获得最高科学技术奖的荣誉，顾老说得最多的是'惭愧，

江泽菲（摄于 1959 年） 　　　　　　夫人江泽菲与儿子顾衡

顾诵芬在操纵系统实验室，背后离不开夫人江泽菲的支持。

我也没做什么事！'顾老每天坚持看报、看资料、看时政新闻，虽然已是 91 岁高龄，但始终保持学习的状态，这些都深深感动着我们！听顾老讲自己与飞机的故事，能深刻感受到他就是用一辈子认真做好一件事的人！他从小立志，坚持不懈，淡泊名利，精益求精，宁静致远！他身上的闪光点感动并鼓舞着我们 80 后这一代！鼓舞我们也要在自己的工作中敢于担当，奋力开拓，不负韶华！"

几天后，面对记者的采访，顾诵芬回忆起那个瞬间："对我来说获奖很惭愧，你后面的事做不动了，坐上轮椅还能做多少事？我们航空的事都不是一个人干得起来的，都是团队集体努力。"

荣获国家最高科学技术奖之后，顾诵芬院士收到了来自各方的贺信、贺电。他的故乡，中共苏州市委、苏州市人民政府的贺电中写道："少壮担纲，韶华逐梦，震苍穹还望四海；老骥伏枥，晚霞耀天，摘星辰而琼八方。"

这份贺电，是对顾诵芬在航空事业耕耘七十载的航空报国人生的最好总结。

江泽菲及其家世

时光回溯到 60 年前的沈阳。

这一年，就在顾诵芬全力摸透米格 -21 而有了重大突破和收获之际，他也迎来了人生的幸福时刻，收获了爱情。

在茫茫人海中，他认识了比自己小 6 岁的江泽菲。

这一年，顾诵芬 31 岁。当爱情降临时，他却毫无准备。

在自传中，顾诵芬回忆道：

"我是 1962 年 8 月初结婚的。1961 年，黄志千介绍我与他妻子的妹妹江泽菲认识。那次黄志千约了我和江泽菲在他家里见面，是一个早上，我和黄志千要出差到南京，是为了水轰 5 的事。等到我们要出发的时候，她也没有来，我们就走了。至于有文章写到我与江泽菲第一次见面的情景,我真的忘了,记不清楚了。"[1]

当时,年轻的顾诵芬给领导和同事们的印象是,永远是一身涤卡中山装;永远是夹着一本书,来去匆匆;永远是埋头于工作、业务之中。已经31岁的顾诵芬还是单身,他把全部时间和精力投身于事业之中。

而担任一所总设计师的黄志千对顾诵芬厚爱有加、关心备至。

他与妻子江载芬商议,要为顾诵芬和妻妹江泽菲做月老。

在601所工作期间,顾诵芬作为年轻之辈,一直是黄志千工作上的得力助手、事业上的好帮手。据江载芬回忆:"1963年的一天,志千兴致勃勃地对我说:'小顾(指顾诵芬)当我的assistant(助手)了。'"欣喜之情,情不自禁,跃然而出。

江泽菲,籍贯安徽旌德江村,1936年1月出生在北京的一个名门望族。

江泽菲的爷爷江绍杰,清光绪三十年(1904)甲辰恩科进士,后留学日本攻读法学,毕业于日本法政大学。历任吏部学治按教习、京师高等审判厅推事、苏州府知府、安徽安庆道尹。辛亥革命后曾任江苏省高等检察厅检察长,北洋政府段祺瑞执政期间短期代理安徽省省长。民国期间任国会政治议会议员、国会参议院议员。如今,北京国子监的一块进士碑上镌刻着江绍杰的英名。江泽菲的父亲江世忻早年就读于北京大学化学系,毕业后留校任教。他一生体弱多病,但酷爱读书、购书,嗜书如命,不善生计。江泽菲的母亲刘世瑜毕业于师范学校,是大家闺秀,能诗善文,但也不甚通晓世事。他们都是性格忠厚、心地善良、性情宽容的人,都非常关心子女的学习和教育,各方面要求都很严格。

在这样的家庭环境熏陶下,孩子们个个学有所成。

家里兄妹五人,江泽菲排行最小。

---

[1] 顾诵芬口述:《顾诵芬自传》,师元光整理,航空工业出版社、人民出版社,2014年1月第1版,第125—126页。

大哥江泽垓，燕京大学毕业后在高等教育出版社工作，1957年去世；三姐江载华，燕京大学历史系硕士毕业后从事编辑、翻译工作，1969年"文革"中去世；大姐江载芬、二姐江载芳和江泽菲，在逆境中奋力拼搏，历经坎坷，终于成就了一生的辉煌事业，谱写出江氏一门"教授三姐妹"的佳话。

由于是家里最小的姑娘，江泽菲出生后就一直深受父母的宠爱，加上哥哥姐姐们的百般呵护，儿时的她可以说是娇生惯养。不幸总是在非常时刻降临。1945年，抗战胜利之初，年仅45岁的母亲因病离世，此时江泽菲还是一个刚刚入小学不久的幼童。

中华人民共和国成立后，囿于当时的社会环境，家境也已不比从前。少年江泽菲早早懂事，默默地承受着一切压力，在学校里努力学习，以取得优异成绩来忘掉一切不愉快的事。

凭着坚忍不拔的精神和毅力，1952年，年仅16岁的江泽菲以优异成绩被北京医学院录取。

1957年大学毕业时，她的二姐江载芳已是北京儿童医院的儿科大夫，在北京的医疗界很有名望了，1954年《中国青年》杂志第10期封面人物就是江载芳。江泽菲毕业后是可以留在北京工作的。

但组织上把她分配至沈阳。江泽菲无任何怨言，奔赴沈阳，在沈阳医学院（今中国医科大学）附属医院当儿科大夫。

这一去，江泽菲和她的大姐江载芬教授就与新中国飞机设计制造事业结缘一生一世。

大姐江载芬，1947年毕业于北京辅仁大学英语系，一生从事教育工作。中华人民共和国成立后，她在北京市东城区五一女子中学任高中英语教师。1951年国庆节后，一位在沈阳工作的老同学给江载芬来信，说他们夫妻有意介绍一位非常了解的同事、从事飞机设计制造工作的同志与她认识。他们要介绍的这位同志，就是新中国战斗机设计制造事业的先驱、国防部601所首任总设计师黄志千。

就这样，大姐江载芬与飞机设计师黄志千走到了一起。

也正是因为大姐江载芬的原因，江泽菲与顾诵芬牵手结缘。

顾诵芬回忆，黄志千在给他介绍的时候，特别强调，江泽菲的家庭政治上是有点问题的，如果与她结婚，可能与自己一样，有些涉及国家绝密的、太尖端的工作就不能干了，让他仔细考虑。

黄志千提到的江泽菲的家庭政治上有点问题，是指她的大哥江泽垓，他是一位具有一定声望的文化界人士。但不幸的是，这样一位有才华的学者，被归入"自由主义知识分子"一派。

顾诵芬听了他的话，并没有多想。

而对于他们第一次见面的情景，两个人都已记不太清楚了。

1952年，大姐结婚时，江泽菲刚考入大学。姐夫（江泽菲称黄志千为黄哥哥）单位来了一些年轻人，其中就有顾诵芬。在那么一个热闹场合里，他们也许见过面，但彼此都没有留下什么印象。到沈阳后，江泽菲住在单位宿舍，只有星期日、节假日去大姐家玩。

江泽菲记得，1961年的一天，她到大姐家，感到气氛不同以往，大姐和黄哥哥似乎有点紧张，后来才知道，原来是他们约了顾诵芬来。在这以前，他们已经对自己说过"小顾"这个人，但她没有太在意，只是觉得大姐和姐夫都是知识分子家庭出身，喜欢读书人。

那天，见到顾诵芬后，她觉得这个人显得特别拘谨。

经过一段时间的交往，1962年8月，顾诵芬与江泽菲结婚了，他们组建起幸福的小家庭。

从介绍，到相处，再到结婚，一切都平平淡淡，没有花前月下，没有卿卿我我，有的只是在各自的工作岗位上努力进取，比翼双飞。

"择一事，终一生；择一人，终一生。"

从此，携手走过半个多世纪，顾诵芬和江泽菲始终相互扶持、相互信任。

爱书如痴的简朴生活

江泽菲说，结婚以后，他们一两个月进一次城。

早上一起出去，到沈阳最繁华的商贸中心，就是火车站附近的太原街。顾诵芬直奔书店，看书、查书、买书，一待就是很久，一动不动。而江泽菲到菜市场、食品店、百货商店采购食品家用。大约3小时以后她去书店找他，然后一起回来。

结婚以后，直到1966年把儿子顾衡从上海接回沈阳以前，他们很少在家里做饭。

顾诵芬买了一个当时街上卖冰棍用的保温桶，周日所里的食堂开两次饭，他们一般都是早上打饭回来放进保温桶里，到中午拿出来吃，下午再去打饭回来留到晚上吃。

改革开放以后，国家开始向海外派出访问学者。1983年，上级给沈阳医学院下达了选拔访问学者的指标。江泽菲回忆说：

"我的英语一直是上中学时的那点底子，组织上通知，让我参加大连外国语学院的出国考试，我不愿去，一是感觉老顾这里离不开，尽管生活很简单，但还是需要我照顾的。再就是我觉得自己英语水平不高，去了也考不上。老顾倒是很支持我，力主我去参加考试。一考还真考取了。就这样，到了挪威，一去一年零五个月。本来是两年的时间，我提前就回来了。"

在江泽菲赴挪威期间，顾诵芬的生活更加简单了。

601所原总体室副主任、研究员刘孟诏回忆说，顾总的爱人出国在外时，顾总要他帮忙在八一仓库买压缩饼干和军用罐头等食品。那时，顾总的压缩饼干买了一箱又一箱。原来，为了节约时间，他都把压缩饼干当饭吃。

"文革"期间，沈阳市群众生活必需的粮油副食品供应严重不足，很长一段时间里，每人每月限供三两食用油。江泽菲出国期间，这种情况还没有完全好转。

令江泽菲感到惊异的是，回到家后，她第一眼看到的是窗台上摆着一排装得满满的油瓶子。顾诵芬解释说是他不喜欢闻油烟味道，就只是炖点肉，加点白菜、豆腐。后来，江泽菲才知道，在她不在家的这段时间里，顾诵芬基本就不做饭。

"可以说，除了读书，顾总对生活的要求极其简单，甚至吃饭也仅是对工作学习的一种保障。"

1983年的一天，年轻的同事利用顾诵芬午休时间，赶至其家中汇报工作。"当时，写字台上放着一本很厚的、已经翻开的英文专著，桌子右手端杂七杂八堆放着许多书，有些还打开着，一看就是经常翻阅的。旁边放着一块已啃了几口的面包，没有菜，甚至连杯水都没有。"

航空界公认的"大家"，学习还如此废寝忘食。这一幕，深深触动了年轻同事的心，令他们终生难忘。

顾诵芬一生酷爱读书。熟悉他的人都知道，除了工作以外，他唯一的爱好就是读书。

顾诵芬认为，读书是获取知识的重要途径。"好多事情你要做，那就不能凭空想，必须找一些材料，需要认真读书。另外，只读书而不去用、不去想，那是空的；不读书，净想事儿也是空的。"

读书还是解决问题的有效方法。一次，为了解决歼教1机身两侧进气的难题，顾诵芬专门从沈阳跑到北京找资料。北航图书馆白天学生在用，他就借辆自行车，晚上骑车去查资料。

为了能自己看懂外文版的书，顾诵芬努力学习外语。他英语基础本就很好，加上工作后仍然坚持学习，口语、笔译等在全行业内都是首屈一指的。参加工作后，为了更好地开展工作，他又自学了俄语，自己翻译和校对了大量书籍和资料；为了拓展知识，他还自学了日语和德语。

此外，顾诵芬的博闻强识在业内是出了名的。1965年毕业分配到所里的一个同事曾说，到所后第一次听顾总讲课，顾总在黑板上写下一串长长的、复杂的气动力数学公式，完全凭记忆。这个同事当时就感到由衷的敬佩，因为这样讲课，他在大学里只见到过一次，是钱学森先生的课。在以后的工作中，他所见到的工程技术人员，不论名气有多大，再没有第二人如此。

"他的脑子对资料的储存真不亚于一台计算机。每当我在工作中碰到一些技术问题，他都能立即给出 NASA 或 AGARD 报告号，我一查，果然是要参考的内容。"中国工程院院士杨凤田回忆说。

中国科学院院士李天则赞叹："他就像一个活图书馆。之所以有这个本领，一是他勤奋学习，抓紧一切时间读书；二是他有惊人的记忆力，看过一遍就记住了。"

顾诵芬痴爱科技书刊资料，钻研到了忘我的程度。年轻时曾与顾诵芬同住一间宿舍的冯家斌回忆：

"我还记得我们同住一个单身宿舍的生活情景……顾诵芬晚饭后大部分时间在办公室工作，找资料，看书，所以回到宿舍比较晚。他回到宿舍里，首先是拿暖瓶到茶炉打一瓶开水，用开水先冲一大茶杯奶粉并用汤勺搅拌一下。余下的热水倒在脚盆里，再到水房兑些凉水，放在桌子下面，自己坐在窗边，双脚轻轻地放在盆里，然后翻开桌上早已准备好的要看的书，这些书大部分是英文版的技术书。手里捧着书，水盆里双脚互相搓洗，还不时地用勺子搅拌一下茶杯里的奶粉，总之手、脚、眼都不闲着。当书翻得差不多的时候，双脚也泡好了，此时，奶粉凉热可口，便一饮而尽。然后，到水房洗漱完毕，回屋里倒头便睡。这种在睡觉前既补充了营养，又看了书，还做了泡脚保健的良好生活习惯是一成不变的，常年如一日。"

顾诵芬爱好书籍期刊、勤于钻研学习，是从小形成的习惯，他一直保持着。徐舜寿很早就注意到了顾诵芬这一点。

徐舜寿的夫人宋蜀碧回忆说："1958年10月份，舜寿从沈阳回来，准备搬家去沈阳。那天，顾诵芬来帮忙，中午休息时，他就坐在院子里看书。舜寿对顾诵芬感情很深。他平时经常问孩子：要是小顾叔叔遇到这样的事情，他会怎么做？往往不等孩子回答，他又说：'他肯定会找本书来看！'于是孩子们也学会了，遇到问题就说找本书来看看。"①

这一点，给黄德森也留下了深刻的印象。1956年，黄德森被分配到飞机设计室从事文件管理和标准化工作。尽管开始时他俩在工作方面接触不多，但黄德森还是清楚记得：

"由于顾诵芬是得力助手，徐舜寿主任将他视为技术核心人物，并为他提供各种学习和工作机会，经常宣传他勤奋好学、刻苦钻研的优良作风，使他有机会在飞机设计实践中发挥聪明才智，作出突出贡献。

"顾诵芬外语功底深厚，英语自不用说，就连俄语也很有造诣。他曾翻译或校对米格飞机说明书等资料。我在翻译俄语资料中遇到难题时，就向他请教，他不但能正确而周详地解释，而且常常介绍他的学习经验。他告诉我，学习外语必须多读多看，多联系实际，做到熟能生巧，才能应用自如。"

除了气动力专业，担任歼8系列总设计师后，顾诵芬又很快掌握了总体、重量、外形、结构、强度、飞控、航电、环控、武器、电源电气、仪表等各个专业的技术。顾诵芬对这些技术并非简单了解，而是深入研究。这在客观上逼迫他不断拓宽自己的知识面，不断从书刊中汲取新的知识。

半个多世纪过去了，回忆起当时的情景，顾诵芬说："当时不学不行，要搞超声速的飞机，不抓紧时间去读一些这方面的书和资料，怎么能解决等着你的问题？"

直到现在，顾诵芬在北苑的陈旧的办公室，仍然像一座"书的森林"，而他能清楚地记得每一本书的位置，甚至记得每一本书的内容。如果有人来找他探讨某项技术，他会站起来走向书架，几乎

---

① 老科学家学术成长资料采集工程顾诵芬院士采集小组编《顾诵芬传》，师元光执笔，航空工业出版社、人民出版社，2021年11月第1版，第142页。

不假思索地抽取一本书或刊物，翻到某一处，指给来者看。就在这样一个狭小简陋的环境里，他敏锐地关注着国际航空前沿科技发展的动态，思考着未来的发展。他说："现在科技发展快，不学习就跟不上形势的变化。了解航空的进展，就是我的晚年之乐。我现在能做的也就是看一点书，翻译一点资料，尽可能给年轻人一点帮助。"

好医、贤妻

江泽菲是儿科大夫，她是大家公认的"好医生"。

而江泽菲的"好"，一方面是出于医者的职业素养和道德操守，另一方面是基于她的个人修养与家庭文化熏陶。无论对患儿、对患儿家长，还是对临时求助的邻居、同事或朋友，她总是有求必应，和若春风。

当时，601所的职工大都是结婚不久的年轻人，所以婴幼儿很多。由于研究所的所在地离大医院远，所医务室的医护人员力量薄弱，所里职工的孩子有了病，人们首先想的是找江大夫。结婚后，江泽菲也就成为所里的编外儿科大夫。

有了这样的妻子，顾诵芬对同事、对同志们的关心，也扩展到了医疗保健的范围。

601所原十三室主任姜成伟回忆：

"歼8飞机试飞前，我在飞机站排故，接到临时通知，下午1点到所里开会。当时已接近中午12点了，我立即骑车回到所里。当走到小韩屯的路上，迎面来了一辆卡车。为了赶时间，我骑得很快，躲闪不及就摔倒在路边的沟里，起来时自觉无恙，便继续骑车回所。一进会议室，顾总见我就问，你眼睛怎么了？我说，从工厂回来，骑车摔沟里了。会后，顾总跟我说，明天你在办公室等着，让江大夫带你去医院检查一下。我说好像没有什么事，他说，检查一下好。次日刚上班，江大夫就带我到医大（中国医科大学）做了眼科检查，发现眼底正常，出血是眼内微血管破裂造成的，没有什么大事。我眼睛出血了，连我自己都没有当回事，我与顾总又非亲非故，他却如此关心爱护下属，我十分感激，终生难忘……

"还有一次，让我难以忘怀。我爱人患肩周炎，就诊在医大一院。我们请人做了检查，拿到 X 光片时，那人小心翼翼地对我说，可能有问题，周边模糊，可能是癌，你不要跟她说。我顿时傻了眼，既怀疑又恐惧，回家却装作没事一样，一夜心情沉重。此时，我把 X 光片送到顾总家里，请他夫人找人给看看。第二天上班时，顾总把片子送给我，并说，没有什么事，你放心好了。一下子把我沉重的包袱卸掉了。我既高兴又感激，一时说不出话来。"

高执权是 1967 届北京航空学院毕业的高才生，毕业后到部队锻炼两年，1969 年被分配到 601 所气动力室，工作中得到顾诵芬的悉心指导，进步很快。

他回忆起顾诵芬对自己和家人的关心，动情地说：

"顾总平易近人，无微不至地关心同志。他为人忠厚、低调。由于当年大家工资都很低，据我所知，遇到特殊困难的同志，不少人都向他借过钱，他都是有求必应。我听说过，他跟江大夫两个人的家庭情况都是比较好的。他俩工资可能在家里的一个抽屉里放着，我们借钱，他就拿出来，说：好啊！拿出来用，放着也是浪费嘛。"

高执权的爱人王宝玉是辽宁省财政厅医务所的大夫，平日里都是忘我工作。1981 年，她在体检时，发现卵巢里有个黄豆大的东西，但她根本不当回事。尽管所在单位离医大步行也就 10 分钟左右，可她从不去看病，照样下农场参加劳动。

高执权回忆：

"有一次下班洗手时，同事看着她说，王大夫，你怎么又怀孕了？她很奇怪，说我怎么会怀孕？同志们说，没有怀孕，那肚子怎么都那么大了？在同事的坚持下，她去医大检查身体。一检查，大夫说，你怎么耽误这么长时间才来？已经长得这么大了，要立即住院做手术。

"那时候,床位很紧张,顾总的爱人江大夫,已经40多岁的人,楼上楼下跑一头汗,给安排解决这个问题。她的学生担任主刀。我爱人做了手术,现在对身体影响很大,因为整个卵巢切除之后,人的内分泌系统就紊乱了,但她现在还健在,这是1982年的事。

"顾总他们两口子真是没的说。我爱人住院,顾总还到医院去看望,结果没到探视时间,人家不让进来。他也不找江大夫把他领进去,就坐在那里等时间,然后再进去,你说他这个人。"

杨凤田在回忆601所的文章中,也写到江泽菲:

"顾总的爱人江大夫关心他人,在601所是有名的。江大夫是沈阳中国医科大学有名的儿科大夫。我所大部分职工都住在所内大院,所区在皇姑区塔湾,是近郊区,离市区医院很远,小孩子看病十分困难。现在所里25岁到30岁左右在儿时生过病的孩子,几乎都被江大夫看过,有的是到顾总家看,有的是江大夫到有病小孩子的家里看。江大夫真是全心全意为病人无偿服务。"

顾诵芬的工作性质特殊,有极强的保密性,即便是对家人也不能吐露半字,因此相比普通家庭,江泽菲需要承受的压力和责任更多。

一天,江泽菲偶然听别的家属说了顾诵芬的工作,回到家后,她决定逗一下丈夫,就跟他说了他工作的一些事。

顾诵芬特别紧张,说你怎么知道?

"你说梦话的时候我听到的。"江泽菲说。

顾诵芬更紧张了。

一看如此,江泽菲才跟丈夫说了实情,她是在公交车上听别的家属说的。顾诵芬这才如释重负。即便如此,有些事情顾诵芬还是坚决不让家里知道。

江泽菲在当儿科医生的同时,主攻发育儿科学和儿科遗传学领域的医学专业研究,1963年至1964年在上海第一医学院儿科医院进修遗传学,1983年至1985年由国家教委派往挪威奥斯陆大学遗传研究所做访问学者，1987年调至中国儿童中心工作，直至退休。

退休之后的江泽菲，则是全身心地支持和照料顾诵芬。

晚年的顾诵芬多次感慨地说："我后半生还能干点事都是靠她。"

好人"小顾"

在同事、朋友眼中，顾诵芬是一个较典型的书生，更是个十足的"好人"。

在大家眼里，顾诵芬的"好"最显著的体现是纯朴、大度和亲切。

当年，在沈飞设计室，缺了一个把手的自行车，成了顾诵芬的一个标志，也是"好人"顾诵芬的一个具体体现。

在设计室的那些日子里，大家的生活和工作条件都很简单，上下班基本上都是步行，可唯有顾诵芬、程不时两人由于参加工作时间早一点，有自己的自行车，而且是民主德国产的钻石牌。那个时代，自行车对于大多数中国人来说是高档消费品，刚参加工作的年轻人望尘莫及。

顾诵芬的老同事冯家斌回忆道："后来他们的自行车成了公车，去远处办事来不及时，还有一些想学骑自行车的，都用他们的自行车。不久顾诵芬的自行车把手摔断了，只剩下一个把手，他却不在意，而且也不修了，剩下一个车把手的自行车他骑了很久。平时人们生活都有注重点，有的注重吃，有的注重穿，有的注重爱好。而顾诵芬给我的印象是，在吃穿戴上过得去就行，没有特别的讲究。他把所有的精力扑在工作上。"[1]

这辆车也不知顾诵芬骑了多少年，他还总是乐呵呵地说："骑自行车也能干出社会主义。"

对于这辆自行车，江泽菲回忆说：

---

[1] 老科学家学术成长资料采集工程顾诵芬院士采集小组编《顾诵芬传》，师元光执笔，航空工业出版社、人民出版社，2021年11月第1版，第146页。

"他那辆自行车是在北京四局的时候用分期付款的方式买的，后来带到了沈阳。本来，他的父母——也就是我的公公婆婆——是反对他买自行车的。老人们的想法是，大城市里人来车往，骑自行车有危险，上海就有不少人从来不骑自行车。一次，公公去北京，看到他骑自行车，很生气，怪他不听话。

"就是这辆自行车，在沈阳成了公车，也不上锁，谁需要就拿去骑。本来摔坏了一个把手，换一个就是了，但他就这样对付着，还说好用。我们结婚以后，我多次要他去修，他当耳旁风。有一次，我趁他不在家，就给他换了一个把手，结果他还不高兴。"

多少年以后，人们还谈论着，直到成立六院一所，顾诵芬还骑着车去沈飞解决技术问题。这个路程确实是很远的。

在一所，大家学骑自行车都借顾诵芬的车，车把很可能就是别人学车时摔断的，但他就那么骑。一直到1965年，六院集体转业，每个人都拿到了一笔转业费，这样大家才买了自行车。

这坏了一个把手的自行车，成为顾诵芬善良纯朴、随和大方的一个标志。

1984年，顾诵芬已是沈飞总设计师兼601所的所长，但他还是骑着那辆自行车，外出工作也常骑着。有时出差回来，也不要车去接，而是坐公交车回所。别人问他为什么这样，他说：油这么紧张，要车干吗？为国家节约吧。

顾诵芬还把一贯的简朴作风带到"家长"位置上来。当时，601所里有关部门计划用5万元改变一下单位的环境面貌，请示顾诵芬，顾诵芬听了却说："这还要花什么钱？动员大家义务劳动，按离地10厘米的标准，把草割一割就是了。"

年轻时，顾诵芬精力充沛，常常连续工作几十个小时。身边的同事都知道，顾诵芬有几个"戒不掉"的习惯：上午进办公室前，一定要走到楼道尽头把廊灯关掉；各种发言稿从不打印，而是亲手在稿纸上誊写修改；审阅资料和文件时，有想法随时用铅笔在空白处批注……细微之处，透露出他骨子里的认真与严谨。

顾诵芬心里揣着两笔账，一笔是公事的"明白账"，另一笔则是私事的"糊涂账"。他说："做一个明白人谈何容易？对科研试验能计算主要数据；对技术攻关能挂帅出征，出主意，给点子……但当一个糊涂人则更难，凡对私事，诸如名利、晋升、提级、涨工资、受奖等，越糊涂越好。"

原中国航空工业第一集团公司（简称中国一航）科技委办公室主任贾小平讲道："顾总多次推掉名目繁多的担任顾问、名誉主席这样的邀请，他希望把更多的时间拿来学习钻研、看书、看杂志、上网搜集科研方面的信息或处理与飞机设计、航空科研有关的工作。他和吴老（吴大观）在科技委工作这么久，有多少次将外单位寄来的评审费、审稿费退回，我没有记录，因为这在我们工作中已经是常态。"①

黄德森是南航第一届毕业生，也是最早进入设计室的年轻人之一。对于"好人小顾"的印象，他在一篇文章中这样写道：

"1956年8月成立设计室，他（顾诵芬）是随同徐舜寿和黄志千先行赴沈报到的人。当时他26岁，而设计室不到100人，平均年龄只有22岁。但大家叫顾诵芬为小顾，这是因为他长相年轻，举止斯文，作风谦和。虽然他已是极少数的八级工程师，工资100多元，可说是年岁大、资格老（1951年交大毕业）、学问高，但他毫无架子，和大家工作、生活在一起，平易近人，所以大家叫他小顾，实际是一种亲切的昵称。"②

顾诵芬年轻时会看看电影，对有趣的电影念念不忘。一位友人曾回忆说，当年顾诵芬看完电影《好兵帅克》以后，对某些情节特别感兴趣，在宿舍里津津乐道地讲给大家听，自己也乐得前仰后合，

---

① 师元光：《两院院士 实至名归》，《中国科学报》2016年1月4日。
② 老科学家学术成长资料采集工程顾诵芬院士采集小组编《顾诵芬传》，师元光执笔，航空工业出版社、人民出版社，2021年11月第1版，第124-125页。

开心极了。他一直都是这样，在生活上、感情上跟大家融合在一起，所以大家都亲切地叫他"小顾"。

徐舜寿夫妇对顾诵芬特别关心和爱护，平时也都称他"小顾"，孩子称他"小顾叔叔"。

这一叫就叫了一辈子。

2016年夏天，几个晚辈去看望徐舜寿的夫人宋蜀碧，老人还喜笑颜开地说："前两天小顾来看我了！"疼爱、欣慰之情溢于言表。①

一声"小顾"，包含了多少前辈对他的殷殷期盼，又包含了多少晚辈对他的尊敬与爱戴。

"梅英疏淡，冰澌溶泄，东风暗换年华。"秦观在《望海潮》中发出如此感叹。

昔日的"小顾"已是今天的老顾、顾老、顾总了！

如今，顾诵芬与江泽菲两位老人住在北京市北五环外的一座建于20世纪60年代的家属楼里安享晚年。

"笑起来如孩童般纯真"

2018年春节前夕，中共中央政治局常委、中央书记处书记王沪宁代表党中央在北京看望科技专家，顾诵芬是其中之一。

顾诵芬借此机会，专门就航空工业人才培养问题向王沪宁提出建议。

从新闻照片中可以看到，顾诵芬身体硬朗，满面春风，笑容可掬。他真切地感受到了党和政府的关怀与温暖。

他家客厅里摆的是一套枣红色的老式橱柜，沙发上罩了一个白布缝的罩子，家庭装饰仍保持着20世纪的风格……

纯粹、淡泊。

这是顾诵芬进入航空工业系统后一直保持的两种品格。

---

① 《歼-8之父顾诵芬：仿制就等于命根子在人家手里》，《北京日报》2017年2月16日。

"我们这个岁数，所求不多。"对于物质生活，他几乎提不起欲望，对于名利也长期保持冷淡。

淡泊以明志，宁静以致远。把热爱科学、探求真理作为毕生追求，专注于自己的科研事业，勤奋钻研，静心笃志。

2021年11月30日，沈阳所举行"顾诵芬图书馆"启用仪式。中国科协党组书记、分管日常工作副主席、书记处第一书记张玉卓和顾诵芬在北京以视频形式出席启用仪式。

中国工程院院士李明、杨凤田为图书馆揭幕。

这个活动，令毕生爱书、读书的顾诵芬非常高兴。

这是他为航空事业、为后来者再一次发光发热。

馆内收藏了顾诵芬院士主持编撰的著作，以及航空工业科学家的传记等书籍，提供航空相关领域图书、期刊及科普读物，可供科研人员学习参考。

2022年5月10日，以顾诵芬为主人公原型的广播剧《逐梦长空》全媒体首发式在航空工业沈阳飞机设计研究所举行。

这个三集广播剧讲述了"顾骏"等航空工业科学家建立新中国飞机空气动力学设计体系，开创我国自行设计研制超声速歼8歼击机，主持国家大飞机工程等感人故事。向引领关键核心技术攻坚的航空科学家致敬，向建设科技强国的时代英雄致敬，向一代代踏踏实实、勤勤恳恳的奋斗者致敬，是该剧的精神内核。

顾诵芬曾当选第六、第七、第八、第九届全国人大代表，第八、第九届全国人大常委会委员，并被提名为全国人大教育科学文化卫生委员会委员。一个曾经被批评为"不问政治"、"白专"典型的人，坐到了国家最高权力机关的发言席上。

生活中的顾诵芬是个"乐天派"。他毕生阳光向上，知足常乐，心无旁骛地专注于祖国的航空事业，喜乐豁达是他的天性。

顾诵芬从小就爱笑。如果留心观察，就会发现他的所有照片都是笑脸。在保存下来的黑白照片中，一张童年照片最为有趣：他叉开双腿坐在地上,面前摆满了玩具模型,洗车、火车、坦克应有尽有。面对镜头,他笑得很开心。

新华社记者胡喆,谈到采访顾诵芬的感受:

"第一次有幸与顾老面对面、近距离采访是在2017年,当时顾老是作为知识分子的典型被我们采访报道。那时顾老已经87岁,但精神状态很好,非常和蔼可亲,耐心地解答着记者们提出的每一个问题,始终面带微笑。"

央视原《开讲啦》节目导演周彬芳谈及采访感受时说:

"接到这个任务,有些不自信。因为对顾爷爷的印象太深刻和具体了,我怕我的文字表达不出这种深刻。

"走进会议室,第一眼见到顾老,心里发出惊叹,这也太不像一位年近九旬的老人家了!伴随着顾老的分享与讲述,了解到顾老的经历、他与飞机的故事,以及他对最前沿科技的关注和见解。他讲述得很平静,每一句话却铿锵有力。我内心感慨,原来这就是信仰的力量。

"顾老是我国航空事业发展的一位重要奠基人。非常感谢能够有这样一次经历,能够和顾爷爷有这样一次深入的交流。沟通结束,顾老和我们商量录制时间能否安排在下午,后来我从单位同事那里了解到,原来那天上午顾老还要去医院看病。敬佩、心疼。每每回忆起这一次经历,都觉得幸运和美好。录制那一天,顾老如期而至,我们现场感受了一场震撼人心的'开讲'。"

苏州市档案馆副馆长沈慧瑛在《走近顾诵芬院士》一文中,描述了采访顾诵芬的印象:

"2013年,我负责编写《苏州院士》一书时,从文字和图片上领略过顾诵芬院士的风采。当今年1月拜访他时,顾老给我的印象又略有不同,生活中的他是那么儒雅温和、平易近人,笑起来如孩童般纯真。那次相见,顾老慷慨地将其父亲顾廷龙精心保管并修订的《顾氏家谱》捐赠给苏州市档案馆。

"……次日早晨,我来到顾老家楼下,考虑再三,按响了顾家的门铃。

"顾老的夫人江泽菲老师热情地打招呼,让我在他们家一起吃早饭。我说:'昨晚8点才吃晚饭,现在一点不饿。'江老师把我引进客厅,说:'顾老一早就说老家要来人,平时他8点半到办公室,今天打算8点就到那儿等你们。'正说着,同行的朋友们得知我已到顾老家,也高兴地赶过来,拍摄了顾老家中几个镜头。原来我们打算9点到他的办公室采访,而现在提前了1个小时,时间更加宽裕。我们提出与顾老夫妇合影,江老师推却。我说,顾老的军功章有您的一半。顾老也在一旁乐呵呵地说:'功劳很大呢。'确实,学医出身的江老师对他照顾有加,为他继续工作保驾护航,功不可没。"[①]

在顾诵芬的人生坐标里,既有来自身为文化大师、上海图书馆名誉馆长的父亲顾廷龙老先生的中华文化的"血",也有属于新中国第一代知识分子艰苦奋斗的"脉"。在顾诵芬的航空生涯里,两种"血脉"交相辉映。

顾诵芬很喜欢笑。

"头发花白,精神矍铄,一副眼镜平添几分儒雅,平和微笑又多了几分亲近。"法制网评这样描述顾诵芬。

直到白发苍苍,他的笑容里仍察觉不到一丝沧桑,依旧似朝阳初现,暖意融融。

@ 同时期的世界

从1961年至1978年,顾诵芬担任沈阳飞机设计研究所气动室高级工程师。

1961年,党中央正式提出调整国民经济的"八字方针",即"调整、巩固、充实、提高"。为进一步统一党内认识,

[①] 沈慧瑛:《走近顾诵芬院士》,《中国档案报》2019年7月18日。

党中央于 1962 年召开了七千人大会、西楼会议和北京会议。

这一时期，中国周边的国际环境由于美国和苏联的压力而趋向紧张。

1962 年，在美国的支持下，台湾国民党反动派大肆叫嚣要"反攻大陆"。1964 年 8 月，美国以"北部湾事件"为借口，进一步把侵越战争从南方扩大到北方，对我国南方构成了严重威胁。10 月，我国自行制造的第一颗原子弹成功爆炸，打破了美苏的核垄断，更加引起美国政府对中国的敌视。1965 年 1 月，美国国防部长麦克纳马拉在讲话中直言不讳地说，美国的真正目标"不是帮助朋友，而是遏制中国"。

第七章
信任：敬仰的良师

我永远忘不了我的这些良师益友。当初，他们重视的是航空工业之创建，而非个人问题。回顾当年，他们报国有心，而无利己之念。

——顾诵芬　1986年9月

"他为天空而生，又从天空陨落"

顾诵芬对黄志千的感情，如同一坛陈年老酒，时间越长越显醇香。

不仅仅因为黄志千是他与江泽菲的"红娘"，更重要的是，黄志千的思想境界与人生追求、科学精神和工作作风，深深地感染了顾诵芬，也影响了顾诵芬。

顾诵芬一想到黄志千，总是认为他还活着，活在自己的心里。

尽管他只活到51岁。

对黄志千，顾诵芬既敬仰，又感激，也惋惜。

黄志千离开时，正是歼8飞机设计最关键、最艰难的时刻。

顾诵芬在《回忆志千同志》一文中写道：

"志千同志离开我们已经20年了，回忆往事，历历在目。如不过早离世，相信他对我国的航空事业还会作出更大贡献。"[1]

在这篇忆文中，顾诵芬思绪如潮，回顾了与黄志千相识、相知的经过。

从交大毕业不久，顾诵芬就在黄志千身边工作。

"我认识黄志千同志是在1951年10月。当时，我刚离开学校，被分配在航空工业局机关（在沈阳）工作。这时正是抗美援朝战争期间，空军需要加快修复飞机，局机关便组织一批技术人员复制飞机备件图样，我也是其中之一，成天忙于翻译和描图。这和自己轰轰烈烈搞新飞机设计的梦想完全不一样，因此一直不安心工作。组织上对我帮助教育，但效果不大。后来比我高班毕业的刘鹤守同志给我介绍了黄志千同志。他告诉我，黄志千同志原来在英国是搞喷气式战斗机设计的，为了建设祖国的航空事业，于1949年毅然回国。一开始，他参加修建机场，现在又在112厂代理设计科科长，整天发图、修理飞机，什么怨言也没有。志千同志对画图十分重视，认

---

[1] 顾诵芬：《回忆志千同志》，载《顾诵芬文集》，航空工业出版社，2016年3月第1版，第343页。

为大学生如果画不好图，就别想设计飞机。只有认认真真锻炼好按规范画图的本领，将来才能够设计好飞机。

"后来，刘鹤守同志还要我一定去见见黄志千同志。

"在10月初的一个星期日，我们在饭馆见了面。黄志千同志并没有给我做什么思想工作，只是讲了讲画图的重要性。另外，也说了说按照苏联体制统一制图标准是我们当务之急，因为学校学的都是英制的东西。志千同志平易近人，仅凭他自己的行动，就使人肃然起敬。所以，从那次谈话之后，我对画飞机备件图就开始认真对待了。"

这是顾诵芬对黄志千的第一感觉。

初见黄志千，其人格魅力令年轻的顾诵芬眼前一亮。

在顾诵芬眼里，黄志千是他的老校友，是位学识渊博的老大哥，还是江苏同乡。

1914年1月23日，黄志千出生于江苏淮阴。

学生时代的黄志千，就不同于常人。他的大学同学、航天专家王子仁回忆说："志千性格内向、寡言谈，因络腮胡很密，面目虎虎然，同学们亲切地称他'黄老虎'。"

"黄老虎"深沉的背后，是他对事业特有的专注与细致。

1937年7月，黄志千从上海交通大学机械系航空专业毕业时，顾诵芬正好7岁。此时七七事变爆发，一腔热血的黄志千满怀航空救国的热情，报名参加空军，赴南昌航空机械学校就训。第二年4月结业后，他先后辗转于云南垒允、缅甸八莫、四川新津等地参加飞机修理和飞机发动机试车等工作。

1943年4月至1946年9月，黄志千在美国进行飞机设计制造工作，同时入美国密歇根大学航空研究院攻读硕士学位。1946年9月，奉命赴英国格洛斯特飞机公司参与中英合作设计战斗机的工作。

1947年，英国伦敦郊外，一架流星喷气式战机灵巧地在云朵中穿梭，最高飞行速度达到975公里/小时，创造了飞机飞行速度的世界纪录。看着自己参与设计的飞机试飞成功，黄志千心中有了新的希望：有朝一日中国也能制造出喷气式飞机。

留学英国时，黄志千抓住难得的机会，刻苦学习航空设计技术。当时，英方禁止中方人员进入设计部门，还封锁了核心技术资料。然而，特别优秀的黄志千被英方破例选中，负责机身后部结构设计。

这一时期的生活工作经历，为他后来立志航空报国、回国从事飞机设计制造工作奠定了思想基础，提高了技术素养，积累了宝贵的实践经验。

1949年2月，黄志千不顾国民党空军当局要他回广州报到而后转赴台湾的指令，毅然决然地于4月乘船离开英国，途经印度孟买、新加坡、抵达中国香港，在中共香港地下组织的帮助下取道朝鲜仁川，于6月到达天津。9月，黄志千被分配到华东军区航空处航空工程研究室飞机组工作。

1951年7月，因抗美援朝战争需要，黄志千奉命到沈阳飞机制造厂任设计科代理科长，负责抗美援朝作战飞机米格-9和米格-15的修理维护保养工作，直接服务于抗美援朝空军作战的需要。

"我的同学汪乔森、张渺都在志千同志领导下工作，见面时也经常谈谈志千同志的事。他们说，苏联专家也很佩服他，因为当时修理的米格-15飞机在苏联是绝密机种，图样资料给得很少，而且也没有强度计算报告，而志千同志往往能够很好地解决被损坏机体的修复问题。另外，还听李在田同志说过，他们是1951年年初从高工校毕业到112厂工作的，当时只有苏联专家带领工作，很费劲。一次，苏联专家说：'你们很快会好的，有一位莫斯科都知道的工程师就要来了。'后来才知道指的就是黄志千同志。不久，他就到112厂当了设计科代理科长。"顾诵芬回忆道。

黄志千具有战略眼光和牺牲精神，这是顾诵芬最佩服他的地方。

1956年年初，黄志千参加了制定《1956—1967年科学技术发展远景规划》的工作，接着又参加了局机关为保证112厂歼5试制而组建的工作组。与此同时,他还与徐舜寿同志一起酝酿建立自行设计队伍及自行设计的第一个型号方案。

歼教1设计之时,徐舜寿坚信,在仿制成功歼5的基础上搞一架中级喷气式教练机是可能的。这主要是因为黄志千有设计早期喷气式战斗机的实践,而且有歼5借鉴,因而设计方案得到了航空工业局领导的同意。

于是开始组建设计室。

设计室在组建时,首先遇到的是地点问题。

北京当然最理想。可是从事业发展方面考虑,设计室应该与生产基地在一起。组织上考虑再三,还是决定选择沈阳。

顾诵芬回忆道:"志千同志当时结婚才4年,孩子还很小,爱人工作地点离住处又很远。可是他一心为了事业就顾不了这些,过完十一国庆节就带领程不时和我一起来到沈阳。"

就这样,顾诵芬一踏上飞机设计之路,就遇到了良师黄志千。

这是顾诵芬的幸运,也是中国航空设计事业的幸运。

很快,顾诵芬就在黄志千的直接带领下,开始了新中国第一架飞机的自主设计。这就是中级喷气式教练机歼教1。

"志千同志是有心人,早在英国搞设计时,他就注意搜集资料,为今后发展自己的飞机所用。这时,他便把从英国带回来的1600 kgf推力的德温特喷气发动机的性能曲线拿出来做参考,我们立即开展工作。在进行飞机的方向安定性设计时,又遇到了没有设计准则的困难,因为教科书上的东西不能用。志千同志又提供了他在英国手抄的《飞机设计规范》AP-970的第6章,以及一些有关的期刊资料。他回国时,由于受行李超重的限制,只得把一些期刊资料的封皮、广告等没有用的东西都撕掉,而将有用的东西带了回来。在设计室创建时期,志千同志所提供的资料起了很大的作用。"

1961年8月,黄志千被任命为601所总设计师,被授予中校军衔,同年当选第三届全国人民代表大会代表。

此时，黄志千遇到的第一件事就是在摸透米格-21飞机的基础上再搞自行设计。

当时，中苏关系破裂，苏联只提供生产图纸而不派专家协助，而且米格-21飞机的图纸批次很乱，许多地方还不协调。作为总设计师，黄志千制定了发图协调原则，审查了所有装配图样，经常工作到深夜，终于在1962年年底发出了全套图样，保证了112厂的试制生产进度。

这套图样，顾诵芬认为是仿制生产机种中质量最高的一套。

顾诵芬永远都忘不了黄志千带领设计人员拖着木质战机模型，顶风冒雪跑到城市郊外，进行风洞试验的情景。

当时正值东北的冬天，冰天雪地，寒风如刀，裂肤刺骨。在多数东北人选择"猫冬"的时候，黄志千攻克难关的意志却坚如磐石，斗志似火。

顾诵芬说："每次试验，他都在场，像守望自己的孩子一样，观察战机的一举一动。"在长达两个月的时间里，黄志千带领设计人员一起梳理试验数据，确保了战机两侧进气设计的可靠性。

黄志千对年轻人十分关心，要求技术人员具备严格的工程素质，顾诵芬深感受益最深。

"我在处理技术问题，特别是技术数据时，往往凭记忆。志千同志则一再告诫必须查文件，记忆难免有失误之处。万一失误，造成的后果就会很严重。志千同志对我们在技术上的失误，不是责难，而是经常鼓励。

"我自己感受最深的是设计东风107的时候，由于对设计超声速歼击机没有经验，对气动载荷没有底，发出去后经常修改，造成结构设计不断返工……志千同志不但不责难我无能，反而鼓励我不要害怕，新生事物总会有失误的。他还告诫我们要从飞机的全局出发，不要考虑个人得失。他这样一说，我们反而能更冷静地考虑技术问题了。"

1965年5月20日，黄志千同志化名黄刚，以中国进出口公司工程师的身份，乘巴基斯坦航空公司班机赴西欧采购测试设备，飞机在埃及开罗上空失事，黄志千不幸以身殉职。

出师未捷身先死。"他为天空而生，又从天空陨落。"

此时，距批准歼8战机研制方案仅仅3天。

当时，为避开全国人大代表的身份，人们为黄志千开追悼会送别时，用的名字仍然是黄刚。

"天空没有留下我的身影，而我曾飞过。"黄志千，这位航空赤子以悲壮的方式告别了他挚爱的飞机设计事业。

痛失良师益友，顾诵芬悲痛不已——

"万万没想到他会遇难牺牲。志千同志的殉难对我国的飞机设计事业来说是个巨大的损失，而他的为人和作风始终是我们航空设计人员的楷模。看到我国飞机设计事业今天的成就，不能不怀念黄志千同志为我们开创这条道路时所作的贡献。"

黄志千牺牲时，江载芬已调入沈阳工作，他们的三个女儿最大的还不满12岁。

1971年，江载芬调入北京航空航天大学工作，直至退休。在校期间，她主要从事英语教学工作，给博士、硕士研究生上英语课，同时兼任《大学英语》杂志的编辑。由于她教学成绩突出，获原航空部"部属研究生优秀教师奖"荣誉。

晚年的江载芬，一直笔耕不辍，出版多本英语教学专著。2001年，江载芬已近80岁高龄，还与人合作翻译出版了美国人罗伯特·卡尼格尔的《师从天才》一书。三个女儿在她含辛茹苦的精心培育下，也个个优秀，人人成才。这样优秀的后辈，亦可告慰黄志千的在天之灵了。

顾诵芬化悲痛为力量，接过黄志千的重担，成功地把歼8战机送上了祖国的蓝天。

"他很像我们在学校时的老师"

对顾诵芬来说,徐舜寿是他从事飞机设计的直接领导,也是他非常敬仰的良师益友,更是他人生中的第一个"贵人"。

言及徐舜寿,顾诵芬总是深情地说:"徐舜寿同志是新中国飞机设计事业的奠基人,他永远是我们中国飞机设计人员学习的榜样。"

在顾诵芬眼里,徐舜寿是与詹天佑、茅以升这些工程界先行者一脉相承的爱国学者。他们到国外去学习先进技术,目的非常明确,就是用来振兴中华民族。他们在建设自己国家的事业中竭尽所能,万死不辞,而不是看到外国先进,就跟在外国人后面拾一点牙慧、扮一番风流。

中国飞机的自主设计,徐舜寿的作用可谓"功不可没"。有人把他称为"中国的米高扬"。顾诵芬能够在徐舜寿的直接领导下进行飞机设计工作,亦是其人生之幸。

四局从沈阳迁到北京,顾诵芬调到第一技术科。一心想搞飞机设计是顾诵芬和徐舜寿的共同愿望,两人默契共事。

"我第一次见到徐舜寿同志是1951年9月在沈阳。当时他是航空工业局生产处技术科的副科长,负责审查俄文技术资料的翻译工作。我从老同志那里知道他过去设计过飞机,1950年翻译了苏联的《飞机构造学》。到1952年,航空工业局机构调整,他被任命为第一技术科科长,主管各飞机厂的设计科工作及飞机制造的工艺技术问题。我也被调到他的科里当技术员。"[1]

顾诵芬经常向徐舜寿请教图纸上俄文的技术词汇。徐舜寿年长顾诵芬十几岁,顾诵芬感觉徐舜寿"很像我们在学校时的老师"。

徐舜寿航空报国的雄心壮志,敏而好学、刻苦钻研的求学作风,勇于创新的科学摸索,既与顾诵芬志趣相投,也给他树立了一个标杆。

1917年8月21日,徐舜寿出生于浙江。

---

[1] 顾诵芬:《忆新中国飞机事业的奠基人——徐舜寿同志》,《航空知识》2003年第8期。

他的曾祖父徐延祺官至内阁中书、总理衙门章京，祖父徐麟年是一位诗人，父亲徐一冰是我国著名的体育教育家。

徐舜寿在浙江湖州南浔镇度过了童年和少年时代。

徐舜寿从小就品学兼优，在小学时就曾跳过三级。

徐舜寿的哥哥徐迟曾任中国作协理事、湖北省文联副主席，是著名的散文家，他在《我的文学生涯》中描述：

"那时并不知道，我全家的灵气却是集中于他一身的。他后来长得轩昂，仪表非凡，品学兼优，吸取知识比海绵还多、还更加饱满。……

"两年前（注：1924年）我弟弟已上了小学，因在学龄前自学了小学一年级的课程，入学时学校考了他一下，就免掉了他一年级的功课，一下子让他进了二年级。他学了一年，又因为功课特别的好，而跳了一级。……

"我弟弟可不得了，他读完了这年的四年级课程，又是因为成绩实在太好了，学校里又给他跳了一级。1926年，他入学才三年，竟已念了六年级。他跳了一个三级跳，一下子差不多已撵上了我。"[①]

1933年，徐舜寿在嘉兴秀州中学毕业后报考大学，由于成绩优秀，被南京金陵大学和清华大学两校同时录取。经过认真思索，他选择了清华大学机械系的航空专业。

徐迟回忆徐舜寿刚入清华时的情景：

"我则在北京的车站接了他，看见他脸色苍白，身体羸弱不堪，又得到两位表兄弟帮助，把他送到清华，没误了日期，顺利进入学校。头两个月，他身体一直不好。有一次病倒，校医检查过后，原来是根本没有病痛，就需要好好吃几顿饭，增加营养。这很合我的胃口，我陪他在食堂里点好菜，一起吃了好几顿。那时他和我商量，他念什么专业好？当他告诉我，那个学期，清华第一次开班办起航

[①] 顾诵芬等编《中国飞机设计的一代宗师徐舜寿》，师元光主笔，航空工业出版社，2008年11月第1版，第21-22页。

空专业，我又以长兄身份，大表赞成，这样他就进了机械系的航空专业。"①

在清华大学读书期间，徐舜寿深受梅贻琦和马约翰的教育理念影响，不仅学业成绩优秀，打下了坚实的航空知识基础，还经常参加体育运动，并积极投身于爱国运动，参加了1935年"一二·九"运动。

抗战爆发后，面对日本军机的肆意轰炸，有志之士都认识到了振兴我国航空工业的必要性。1941年，美国国会通过《租借法案》。1942年6月，中美签署《抵抗侵略互助协定》，根据其中的条款要招聘公费留美实习生。徐舜寿又抓住机会考取了中国空军第四批赴美留学生。

1945年，徐舜寿先在韦德尔公司学习零件制造，后来到麦克唐纳飞机公司学习飞机设计，并参与了FD-1和FD-2飞机的设计工作。1946年3月，徐舜寿到圣路易斯华盛顿大学研究生院攻读力学。8月，徐舜寿奉命回国，奔赴南昌第二飞机制造厂参加中运2和中运3运输机的总体设计和性能计算，他主要负责发动机选型和飞机外形定线。

1956年10月，徐舜寿主持创办了我国首个飞机设计室，并担任主任设计师，同时担任歼教1的总设计师。飞机设计室下设13个设计组，顾诵芬任空气动力学组组长。

顾诵芬回忆："在沈阳112厂创建飞机设计室，并由徐舜寿担任主任设计师。他患有严重的椎间盘突出症，不顾孩子幼小，抛弃了在北京舒适的生活条件，一人来沈阳创建新中国的第一个飞机设计室。"

为了使飞机设计室这个新组建的团队尽快成为一个团结协作的集体，徐舜寿做了大量艰苦细致的工作。尤其是在留住年轻设计人

---

① 顾诵芬等编《中国飞机设计的一代宗师徐舜寿》，师元光主笔，航空工业出版社，2008年11月第1版，第24页。

才方面，徐舜寿可谓呕心沥血、煞费苦心。

"1957年，在刚组建的设计室内，人员来自四面八方。由于东北的气候寒冷、生活条件差，特别是吃粗粮，部分南方青年较难习惯。记得曾有个人提出想调回南方工作的请求，徐老师从支委会上知道后，在一天晚上主持召开会议，茶水一杯，拉家常似的和大家谈心。记得他说了这么一番话：'航空工业集中了国家最优秀的人才，能够被选进这个部门为巩固国防贡献青春，是我们的光荣。我本人生长在江南鱼米之乡，但是只要是搞飞机，到哪儿都行。现在请大家认真考虑几天，如果还是要走，就请写报告，我一定同意放人。只为个人着想的人，即使再好，我也不要，走了也不可惜。'后来，再也没有人提出要调动了。"

当年，设计室年轻的设计员吴铁民，后来在611所担任了飞机结构设计师。他回忆起自己刚进设计室的一些情景时，说：

"当时沈阳工厂住宿条件较差，我们同学三人只好临时住在单身宿舍楼边的楼梯过道处的所谓的'宿舍'里。有一天晚上回来睡觉时，发现门大开，锁被破坏，较好的衣服被偷窃一空。徐老师知道后，一天晚上他到了我们的住处，与我们促膝谈心，记得有这样一段话：抗战初期，他从杭州南下逃难，路上亦被小偷把随身行李洗劫过，想想当时国难深重，亦就不当一回事。'你们日常衣服所缺布票，我设法给你们解决。'果然不出数日，就给我们三人每人补助了15丈布票。"[①]

1964年，上级决定将徐舜寿调到西北地区的一家研究所。当时，歼8研制刚刚起步，妻子宋蜀碧问他："你愿意这个时候调到那里吗？"徐舜寿毫不犹豫地说："只要是搞飞机，到哪儿都行！"

徐舜寿的回答，宋蜀碧并不感到意外。

宋蜀碧，1946年毕业于华西大学英语系，专攻外国文学。她美貌、

---

① 顾诵芬等编《中国飞机设计的一代宗师徐舜寿》，师元光主笔，航空工业出版社，2008年11月第1版，第113页。

贤淑、聪慧，从小受到良好的家庭教育，养成勤奋认真、纯真坦诚的品德。1946年9月，她与徐舜寿在成都结婚。

多年后，宋蜀碧回忆，在刚搬到工厂家属楼时，夜里她第一次听到发动机的试车声，徐舜寿告诉她："这是最美的音乐。"

2017年8月21日，是徐舜寿诞辰100周年的日子，顾诵芬在央视《开讲啦》栏目中谈到自己的飞机设计事业，首先提到的就是徐舜寿。

"徐舜寿的生命是短暂的。但他却将这短暂化为永远，成为中国飞机设计的一盏明灯。"

在中国的航空工业发展史上，徐舜寿是一位里程碑式的人物。从歼教1的设计到初教6的研制，从强5的成功到轰6的改进，从歼8设计方案的论证到自行设计运7，这些中国航空发展历程中赫赫有名的机型都和徐舜寿息息相关。

2008年，顾诵芬主持编写了《中国飞机设计的一代宗师徐舜寿》一书。

在这本书中，顾诵芬讲到一个故事。

他在与徐舜寿一起出差的时候，看到徐舜寿为了充分利用时间，在硬卧车厢里，把随身携带的硬壳提箱当桌子，摊开稿纸就开始翻译。徐舜寿的翻译水平很高，半个小时就可以翻译2页，就是以这样的速度，徐舜寿在去南昌的旅途中硬是把康恩《飞机强度学》一书译了出来，而且在翻译的过程中根本不需要借助字典。这本书于1954年3月出版，所得稿酬，徐舜寿一如既往地全部捐献给了抗美援朝战争。

作为新中国早期航空工业的规划师和奠基人之一，徐舜寿一直在思考如何建设具有中国特色的飞机设计体系。当年作为徐舜寿的工作搭档的一所所长刘鸿志评价他是中国航空工业科研战线上"难得的帅才"，并且说："我这个所长就像是马戏班子里敲锣的。我负责把人找来，把条件搞好。真正搞飞机设计，搞一所的队伍建设、人才培养，出成果、出人才，靠的是徐舜寿。我甘愿当条件所长。"[1]

2012年，顾诵芬在《中国飞机气动弹性专业的奠基人管德》一书的序言中，再次忆及徐舜寿：

"管德刚进入飞机设计室时，徐舜寿同志对他是否能干得长还有些怀疑。徐舜寿与管德约法三章，要他做好'六分业务、四分秘书工作'的思想准备。管德一来，徐舜寿没有让他从事飞机总体设计或气动方面的工作，而是安排他画飞机外形模线，即用二次曲线将飞机布置好的固定点连起来。求解二次曲线的各项系数是非常繁杂的，当时没有电子计算机，只能靠手摇计算机，一算就是一整天，甚至于晚上还要加班。大约用了一个月的时间，才将歼教1飞机的外形基本确定。此时，徐舜寿已经在考虑歼教1这种亚声速飞机必须考虑的颤振问题。我当时担任设计室气动组组长，徐舜寿的意见是把管德调到气动组，专攻气动弹性。

"那时国内大专院校都还没有设置气动弹性专业课程，更没有做过实际工程工作的人，所以飞机设计室建设气动弹性专业只能靠自己努力。徐舜寿拿出两本刚出版的英文气动弹性专著，要管德和他一起看，每周六下午同他一起讨论。以后凡有国内外气动弹性专家来沈阳，他都要让管德去见。他们不仅做计算，同时也注重试验。当时飞机设计室别的试验手段还没有，却买了地面共振试验用的传感器。通过徐舜寿和管德近两年时间的努力，最终保证了歼教1飞机的颤振安全。

"1958年后，管德同志又转向超声速歼击机气动弹性问题的研究，他不仅带领团队进行烦琐的数值计算，同时也开始了高低速风洞试验研究。"[2]

徐舜寿勤于思考、善于总结，在实践中形成了比较系统的飞机

---

[1] 顾诵芬等编《中国飞机设计的一代宗师徐舜寿》，师元光主笔，航空工业出版社，2008年11月第1版，第194页。
[2] 师元光等：《中国飞机气动弹性专业的奠基人管德》，航空工业出版社，2012年9月第1版，序第2-3页。

设计、管理思想及人才培养的理念和方法。

"他不仅自己看书，还喜欢将他自己的心得体会告诉我们，有时候还要和我们讨论。他读书效率高，而且能够抓住要点。"顾诵芬说。

徐舜寿在育人用才方面有自己独特的见解。

徐舜寿鼓励年轻的技术骨干要"坐下来，钻进去，冒出来"。他还对技术人才的专业知识提出高水平要求，他表示："一个飞机设计人员一定要熟悉十种以上飞机的同一构件或系统的构造，并能进行分析比较，论述其优缺点，概括出各类设计的传统，知其所以然。"

他认为，工程设计要有"常规的快手和关键的专家"——前者是指一般工程师，他们是常规计算分析的快手和打样画图的能手；后者是指课题研究的专家，确定方案时能拍板定案。他自创"优选培养法"和"自然淘汰法"，挖掘了7名技术尖子，其中3位成长为中国工程院院士。

晚年的顾诵芬缅怀徐舜寿时说：

"1958年6月，在筹划设计超声速歼击机时，徐舜寿极力主张赶快建超声速风洞。在他的推荐下，把沈航校长韩志华同志调来组建气动研究室，还把设计室气动组的高锡康同志和一些刚从北航气动专业毕业的同志都调去搞风洞建设。开始时，气动研究室也由徐舜寿统管，就这样只用了一年多时间就建起了AT-1风洞。正是这个风洞，为我们自行设计的高速飞机作出了重要贡献。而如今很多同志都不知道，这个风洞创建人是徐舜寿同志。这些都充分说明了，徐舜寿不仅搞飞机设计，而且注重相关研究的基础设施建设。"

徐舜寿的贡献，不仅在于参与了飞机设计、飞机设计机构及基础设施建设，更重要的是他以自己的学识修养与言传身教，培养了一大批优秀人才，造就了一批中国航空工业的栋梁之材，顾诵芬、程不时、陆孝彭、屠基达、管德等便是其中代表。

在"文化大革命"中，徐舜寿给夫人宋蜀碧的信里这样写道："作为副总，顾是够的，我把一、十两个所的总师、副总师一共八个人，一个个（徐、黄、叶、沈、蒋、王、郑和顾，除蒋你不认识外，余都知道吧）比过，技术上，他是头一、二名的……"①

信中所说的八个人为徐舜寿（时任十所副所长兼总设计师）、黄志千（时任一所总设计师）、叶正大（时任一所副所长）、沈尔康（时任一所副总设计师）、蒋成英（时任一所副总设计师）、王洪章（时任十所副总设计师）、郑玉麟（时任十所副总设计师）和顾诵芬。徐舜寿在把自己列入其中进行比较，得出的结果是顾诵芬在技术上排名一、二。

也正因此，徐舜寿说："对于顾诵芬同志，我是长期地、一贯地在较广的范围内宣传他用功，能看书，会查资料，有分析能力，能解决问题等。对于他的晋级、评衔等，我历来是主张往高里定，破格提为副总设计师，以及一参军就授少校军衔，认为不这样不足以鼓励钻研业务。"②

顾诵芬没有辜负徐舜寿的这一评价和厚爱。

正当徐舜寿应该为我国更多新型飞机设计贡献自己的力量时，他却于1968年1月6日不幸离世。

"徐舜寿死时才51岁！"徐昌裕发出如此感叹。

徐昌裕担任原航空工业部副部长，他一直与徐舜寿工作在一起，彼此配合默契，知根知底。徐昌裕这句话，道出了所有熟悉和了解徐舜寿的人的悲痛之情……

顾诵芬的心情更是与徐昌裕一样，徐舜寿的音容笑貌经常浮现在他面前：

"徐总身材修长，面带微笑，平时习惯穿米黄色夹克，颇有学者风度。他讲话时，总是微笑地注视着我们这些刚出校门的年轻人，勉励我们要全身心投入工作，钻研技术……"

黄志千夫人江载芬回忆说："徐舜寿调到西安后，当他听到志千

---

① 《顾诵芬文集》，航空工业出版社，2016年3月第1版，第467页。
② 同上，第468页。

去世的消息时，曾托人向我要黄志千生前的一套航空书籍作为纪念。"

江载芬在回忆文章中感叹："多年来我常想，他们两人（指黄志千和徐舜寿，两人都是 51 岁去世）如都能尽其天年，作出更大的贡献，那该多好啊！"

"他对我进行了严厉的批评"

顾诵芬跟随徐昌裕工作将近 30 年，徐昌裕是他一直尊敬和爱戴的好领导。

1951 年 9 月，顾诵芬从上海交大毕业分配到刚成立的航空工业局，徐昌裕是生产处处长，顾诵芬在生产处配造科做制图工作。

当时正是抗美援朝战争十分紧张的时候，工厂刚建，还没有设计力量，战伤的飞机缺件等着自己配，局机关承担了将苏联给的配件图样翻译复制成中文发给工厂的任务。顾诵芬对这种工作很不感兴趣，因为他向往的是自己设计飞机，而这样的工作和自己的梦想差得太远，因此不能安心工作。

徐昌裕看到这种情况后，让刘鹤守（当时的支部委员，上海交大 1949 年毕业生）做顾诵芬的思想工作，可是顾诵芬还是想不通。

不久，到了 1952 年春，在广泛开展的"交心"运动中，徐昌裕参加了顾诵芬的思想检查会，在会上他以自己的切身经历教育了顾诵芬。

回忆这个经历，顾诵芬说：

"徐昌裕也是在交大学航空的，他奔赴延安时，哪有什么航空工程搞？当时需要的是炼油，他就参加建锅炉、制蜡烛的工作……他当时工作很出色，还受到了领导的表彰。他对我进行了严厉的批评，指出个人的志愿要服从革命的需要，这就是革命的人生观，批评我没有树立正确的人生观。这对我震动很大，于是我开始改变自己的想法，下决心搞好本职工作，业余学习也都用于解决当前的飞机修理问题。实际上，这为我后来搞飞机设计也打下了一定的技术基础。"

后来，读了根据徐昌裕晚年口述整理的《为祖国航空拼搏一生》书稿后，顾诵芬更进一步认识到徐昌裕的高尚品德和对中国航空科技事业的伟大贡献。

徐昌裕是我国飞机设计事业的奠基人。1956年，中央号召向科学进军，航空工业局党组决定在沈阳112厂建飞机设计室，并将徐舜寿、黄志千派去沈阳负责组建。

这时候，顾诵芬提出希望跟他们去沈阳搞飞机设计，得到了徐昌裕的批准。

从此，顾诵芬走上了飞机设计之路。

徐昌裕1949年去苏联，没有采购什么大件，而是带了很多飞机维修方面的书回来，而且这些书都放在生产处的图书柜里，谁都可以去看。顾诵芬如获至宝，一方面学了俄文，另一方面也学了飞机维修技术，成为最大的受益者。

徐舜寿刚去沈阳组建设计室时，遇到的最大困难是缺少技术骨干。他希望要的一些老专家都没有来。正好顾诵芬出差去北京，徐舜寿就让顾诵芬直接向徐昌裕报告。徐昌裕亲切地接待了顾诵芬，详细询问了设计室的工作情况，顾诵芬就如实作了汇报，并转达徐舜寿急切盼望陆孝彭、高永寿两位教授能及早去沈阳的想法。

陆孝彭当时在北京南苑飞机修理厂，他是中央大学毕业的，曾经在美国密苏里州圣路易斯市的麦克唐纳飞机公司实习，参加过舰载喷气式战斗机的结构设计，之后又被派到英国格洛斯特飞机公司继续实习，从事飞机设计工作。中华人民共和国成立初期，他与徐舜寿在华东军区航空处航空工程研究室一起工作过。高永寿也在英国工作过，后来担任过320厂的总工艺师，仿制雅克-18时，他是主管工程师，后来在南航当了教师。

徐昌裕一口答应去办。几天后，顾诵芬回到沈阳，陆孝彭果真来了，而且已开始领导歼教1飞机的总体设计。高永寿因南航需要没能来沈阳。这令徐舜寿和顾诵芬深受感动。

歼教 1 设计中，凡需与空军领导、机关去磋商的，徐昌裕都会出面，目的是强调自主设计的重要性，增强各部门之间协调的力度。

顾诵芬回忆说："徐昌裕很注意发现并认真总结我国飞机行业自己的实践经验，不定期地召开各种专业会议进行总结交流。这对提高飞机行业技术与管理的总体水平起到了很好的作用。特别是他主持制定的《飞机试制工作条例》，充分体现了他所提出的'新机试制四环节'思想，在很长一段时间里都是新机试制的指导性文件。"

1972 年夏，徐昌裕复出后，又主持航空研究院的工作。

当时，三机部的领导为了新歼击机设计，拟引进英国的军用斯贝发动机。顾诵芬参加了引进发动机的谈判。

顾诵芬第一天就发现了该发动机不像公开材料介绍的那样先进。它的推重比不是 6 而只有 5，最糟糕的是发动机推力的速度高度特性太差，高空的发动机推力还不如涡喷 7 甲，唯一的优点就是巡航耗油率低。顾诵芬向三机部的领导们汇报后，没有什么效果。

徐昌裕知道此事后，就要顾诵芬去汇报。

当时，徐昌裕很忙，只能安排在晚上，就在北苑他的办公室里。

徐昌裕听了顾诵芬的详细汇报，决定向上级领导实事求是地反映，最终决定引进专利生产，定点在西安，并为歼击轰炸机配套。后来的结果证明，徐昌裕的意见是正确的。

1978 年，徐昌裕出任中国航空研究院院长后，在全国科学大会之前，他就开始抓发展新飞机所需的航空科学技术远景规划。他将院机关的一些主要业务骨干都集中在羊房胡同招待所，然后把各研究所的技术骨干按专业分批找来，座谈讨论专业发展方向和途径。

顾诵芬参加了这次座谈讨论。

当时，北京羊房胡同招待所的条件很差，都是双层铺，徐昌裕和大家吃住在一起，很少回家，坚持了 3 个多月。在他的主持下，终于制定了我国第一个航空科技发展的长远规划。1978 年夏，三机部召开了第一次科技大会，通过了这个长远规划。

顾诵芬在《追思徐昌裕同志》的文章中说："徐昌裕是我国航空科技对外合作交流的开拓者。"并深情地回顾了徐昌裕的工作作风和他组织领导下的一些对外合作交流活动。

在对外交流方面，徐昌裕严格贯彻执行国家有关政策和纪律，身体力行，大胆创新，有效推进航空科技对外交流与合作。顾诵芬感触最深，也受益最多。

徐昌裕英文较好，结识了不少外国朋友，并且以诚相待，因而能在增进友谊的基础上不断扩大合作。例如，他与德国航空航天研究院院长约尔丹、不伦瑞克大学拉希加、斯图加特大学阿其里斯等教授，以及美国格鲁门公司科研部的国际著名学者旭英、方俊鋆和波音公司研究部的林骅教授等，都建立了深厚的友谊，他们在节日和生日互致函电祝贺，经常保持书信往来。

在交往过程中，徐昌裕会主动为合作创造条件，提供方便，排除障碍，以增进相互信任和了解，同时选派精兵强将，高质量地完成课题任务，以体现出中国是有能力的合作伙伴。在他的倡议下，多方将合作研究成果汇编成《国际科技合作课题论文集》，采用中英文对照的形式不定期出版发行，深受国内外科技界欢迎。

顾诵芬多次跟随徐昌裕出访。

1978年，航空工业首次派出政府代表团出访英国、联邦德国、法国的航空工业和科研单位，顾诵芬跟随徐昌裕一起访问了西方航空科研机构。

在访问英国国家燃气轮机研究院期间，徐昌裕详细询问了他们的高空台（航空发动机高空模拟试车台）是怎样建造的，当得知其建造主要是由维克斯工程公司负责时，徐昌裕立即决定第二天分一些人去维克斯工程公司访问。后来，我国高空台的建设多少也借鉴了维克斯公司的经验。为此，顾诵芬为徐昌裕的智慧和敏睿所感动。

1980年，顾诵芬再次跟随徐昌裕出访美国国家航空航天局。

顾诵芬很珍惜这些有限的、难得的参观交流学习机会。

顾诵芬感触最深的还有一点，就是徐昌裕的伯乐慧眼。徐昌裕十分关注航空科技人才，并善于发挥他们的作用。

顾诵芬说："徐昌裕不仅关注当时老一辈的专家，如徐舜寿、黄志千、昝凌等同志，而且对各厂20世纪50年代的技术骨干几乎没有不认识的。"

1970年，徐昌裕在112厂任革委会副主任主管生产。在当时的动乱中，他仍然关心技术人员的成长。黄季墀当时是个中专生，在静力实验室中整理资料。在"读书无用论"的年代里居然还有人在钻研技术，所以被徐昌裕注意到了。徐昌裕对黄季墀给予鼓励，并支持他继续深造。后来，国家恢复高考，黄季墀成了北航何庆芝教授的博士生，其后到601所任副总设计师。

顾诵芬仍记得，徐昌裕一直低调简朴，平淡务实。

1956年上半年，为了保证112厂能按时将歼5仿制出来，徐昌裕代表局党组到112厂蹲点，一蹲就是三个月。他和设计人员一样住在厂外招待所，与秘书同住一间，每天进厂也不用车接送，和大家一起走路。星期日食堂只供两餐，他虽然胃动过手术，也没有特殊要求。他的业余活动就是看书，有时候找设计人员谈谈。

1965年秋，当听说徐昌裕要当航空研究院副院长时，徐舜寿曾说："像他这样既懂技术又能掌握原则的领导，真是难得呀！"[①]

2003年12月23日，徐昌裕在北京逝世，享年89岁。

"他没有一点架子"

2013年，86岁高龄的叶正大完成了自己的回忆录，顾诵芬为其作序。

[①] 徐昌裕口述：《为祖国航空拼搏一生》，航空工业出版社，2006年11月第1版，第283页。

在序言中，顾诵芬写道：

"从 1956 年组建沈阳飞机设计室开始，他是设计室副主任，我在设计室的气动组任组长，之后到了六院一所，他任副所长，我先后担任气动工程师、所副总设计师，到他 1973 年离开 601 所、担任六院副院长前的这 17 年中，他一直是我的直接领导。之后他走上国防工办、国防科工委领导岗位，在全国、全军范围内承担起更大的责任，自己从事的工作完全属他管辖的范围。可以说，与他相识半个多世纪以来，我一直是在他领导下工作。"

顾诵芬回顾了与叶正大交往的美好岁月。

顾诵芬第一次听说叶正大是在 1955 年年底。

那时，我国航空工业已初具规模，南昌飞机制造厂制造出了雅克 -18 初级教练机，沈阳飞机制造厂正在试制喷气式歼击机。

一天晚上，四局主管科研生产的副局长徐昌裕召集机关的同志商议如何推进试制工作。讨论中，参加会议的同志认为我们的航空工业不应该只是仿制，都说长此下去总不是个事。对此徐昌裕也有同感，他说道，我国自己的飞机设计师——叶正大已从苏联莫斯科航空学院毕业，回到了北京，组织上想留他在北京，但他坚持要到飞机生产第一线，所以就到了沈阳 112 厂，担任车间工艺员，和一般技术员一样睡上下铺。

他还介绍说，112 厂试制米格 -17 的工作很紧张，许多关键的工艺技术，苏联来的资料上说得很不清楚，依靠苏联专家也解决不了所有问题，所以厂里组织了以总工程师熊焰为首的赴苏考察团。叶正大也参加了考察团，凭借语言和技术方面的优势，他在考察中发挥了重要作用。回国后的考察报告中，叶正大写了一篇关于玻璃舱盖制造技术的文章，指出了我们飞机舱盖玻璃做不好的原因，解决了当时歼击机玻璃舱盖制造的问题。

徐昌裕的介绍，使顾诵芬对叶正大有了一个初步的了解。由此，他也对叶正大有了敬佩之情。

叶正大是英名赫赫的叶挺将军的长子，出生于1927年，广东惠阳人。1947年，组织安排叶正大在东北民主联军俄文学校学习，次年加入中国共产党，后被送到苏联莫斯科航空学院飞机制造系学习。

叶正大长期在当年与父亲一起投身革命的前辈的关爱呵护下成长，因此与党和国家、军队的高层领导，如周总理、叶帅、聂帅等领导同志关系密切。

1950年，毛泽东主席和周恩来总理到莫斯科访问时，在中国驻苏联大使馆举办的春节联欢晚会上接见了叶正大等新中国首批留苏学生。

毛泽东主席一个一个地问了他们所学的专业，他们中有学物理的、学电力的，还有学经济的。叶正大当时只有23岁，当毛主席问到叶正大时，叶正大告诉毛主席说："我是学飞机设计与制造的。"毛主席听了非常高兴。此时，叶正大又对毛主席说："主席，您能给我题个词吗？"毛主席随即拿出了笔在叶正大的本子上写下了"建设中国的强大空军"几个字。①

1955年，叶正大以优异成绩从莫斯科航空学院毕业后，立即投入新中国的建设洪流之中……

尽管叶正大有显赫的出身背景，他还是严格要求自己，低调、朴实、谦逊。顾诵芬说："与叶正大打交道，根本看不出他是高级干部的后代，是革命烈士的儿子。他没有一点架子，很好交流。"

顾诵芬受叶正大的影响和教益很多，与他的感情也很真挚。

顾诵芬回忆说："那一年8月，组织下达了组建沈阳飞机设计室的命令，徐舜寿同志被任命为主任，黄志千、叶正大被任命为副主任。我与程不时同志是局机关第一批调到设计室的人员。10月初，我随黄志千副主任、程不时同志一起去沈阳报到。徐舜寿主任因北京的工作还没有处理完，所以当时沈阳组建设计室的工作都是在叶正大同志和一位行政助理的领导下进行的。我们到沈阳后与叶正大

---

① 叶正大：《一代飞机一代魂》，《环球视野》2016年8月9日。

见面的第一印象是，这位比我们大不了几岁的室领导非常平易近人。接下来的几天里，我看到他对工作非常认真负责。设计室筹办之初，有很多与前来报到的同志相关的琐碎小事，他都跑前跑后去办。"

在之后几十年的相处中，顾诵芬感到叶正大始终牢记毛主席和周总理的教导，兢兢业业地投身于新中国自主造飞机的研制工作。

叶正大从航空科技事业的基层做起，在工厂设计科和飞机设计室工作期间，政治上信仰坚定、事业心强，工作中勤勤恳恳、尽心尽力，对技术工作求实、严谨并勇于创新，从那时就表现出对全局的缜密思考和驾驭能力。

组建沈阳飞机设计室之初，由于设计队伍年轻，成员大都没有设计经验，而飞机设计机构又不在苏联援建的项目之中，困难重重。

叶正大了解到米高扬设计局克拉西沃夫有在112厂设计机构工作的经历，便利用与克拉西沃夫曾经共过事的友情，把他请来给全体设计室的同志作报告，介绍应该怎样开展飞机设计工作。

这如寒冬里送来火把，让顾诵芬及设计队伍倍感温暖。

叶正大非常关心设计室的成长，他协助徐舜寿主任做了很多组织工作，如新来学生的工作分配，都是由他一个个谈话，在听取个人志愿的基础上，结合工作需要具体落实，大家对分配的结果都是满意的。

顾诵芬回忆说："当时，在室领导中，叶正大最年轻，他与室里的青年人相处得很融洽，业余时间常和大家一起打乒乓球、聊天，与群众打成一片，没有一点架子。他对老同志则非常敬重，遇到问题总会很谦虚地向他们请教。"

1965年，歼8设计工作刚开始，徐舜寿副所长调离一所，黄志千总设计师遇难牺牲，叶正大挑起了整个歼8研制的担子，每天晚上都要召集副总师通报情况和研究问题，一直坚持到1967年，他的工作为歼8的设计打下了坚实的基础。

1973年，叶正大担任国防工办副主任以后，一直在思考空军的战机装备问题，并进行了深入的分析研究。

1992 年，叶正大出任国防科工委和总装备部顾问。

顾诵芬一直不能忘记陪叶正大出访俄罗斯的事。

1998 年 10 月，叶正大带队，顾诵芬及 601 所总设计师李明、606 所总设计师张恩和等到俄罗斯参观访问。出访的事，叶正大让顾诵芬联系承办。

这次出访的目的就是参观学习最新的苏 -27 装备。因为半年前，在中国航空学会和俄罗斯航空学会共同举办的"21 世纪航空发展与展望"研讨会上，俄苏霍伊设计局总设计师西蒙诺夫对此进行了介绍。据西蒙诺夫介绍，苏 -27 换装矢量发动机后，飞机机动性大为提升，他还讲到配装空对舰巡航弹后的威力。叶正大听得很仔细，会后专门找西蒙诺夫细谈。在座谈中，西蒙诺夫承诺，如果叶正大带中方人员到俄罗斯去参观，他会安排展示。

中方出国访问团一行到莫斯科后，首先拜访了留利卡设计局总设计师切普金，他带领中方人员看了喷管可偏转的矢量发动机，并与中方签订了购买意向书。

但接下来的访问中，西蒙诺夫言而无信，开始是避而不见，一直拖到中方人员要回国之前才勉强接待，但见面后根本没有展示曾经满口答应给中方看的全副武装的苏 -27，只是一味地宣传其民用飞机。对他的食言，叶正大毫不客气，连他已经准备好的午宴也没有参加。

这件事，对中方刺激很大，核心的技术，要靠自己奋力创新。

而后，叶正大仍一直在思考怎样去建设强大的空军。他虽身居高位，在谋划航空科技的战略问题时，对飞机设计的细节也做到了精益求精、不断创新。

在之后多项重大型号任务的指挥领导工作中，叶正大不仅在航空科技全局性问题上多有建树，而且关注技术细节的解决，在这些方面始终保持了一名航空工程师的技术素养。

这也是顾诵芬对叶正大钦佩和敬仰之所在。

2015年6月15日，88岁高龄的叶正大赴航空工业气动院沈阳院区考察指导工作。气动院院长袁立、书记王宗文等人陪同叶老参观了FL-1风洞和亚高超风洞，并一同观看了气动院宣传片，袁立向叶正大介绍了气动院的历史沿革和基本情况。

在对气动院有了一定的了解之后，叶正大指出："气动院要多向老专家、老院士请教学习，取长补短；同时，要多做调查研究，通过实践作出比较、找出不足，要好好学习毛主席的《实践论》，实践是检验真理的唯一标准，这个道理一万年不会变；最后，作为航空人，要习惯当无名英雄，发展过程中会遇到很多阻力，但一定要坚持。"

当天，叶正大还向气动院赠送书籍《新中国航空科技工业开拓者——叶正大将军回忆录》。

2017年12月14日晚，叶正大因病在北京逝世，享年90岁。

"钱老是终生学习的榜样"

在科研人生中，顾诵芬和其他人一样，把钱学森视为一座高峰，一方面是缘于钱学森的爱国情怀，另一方面是缘于钱学森的科学精神。

钱学森的人生选择，对顾诵芬的思想影响很大。钱学森严谨、严肃、严格、严密的作风，令顾诵芬深受教益。在多个场合顾诵芬都说："钱老是终身学习的榜样。"

顾诵芬说，钱老是十足的天才、大家。1935年，钱学森进入麻省理工学院航空系学习，仅用一年时间就获得硕士学位，然后他毛遂自荐找到当时担任加州理工学院航空系主任和古根海姆空气动力学实验室主任的冯·卡门教授。

冯·卡门说，自己"顷刻之间"就为钱学森的才思敏捷所打动。

于是，钱学森到了冯·卡门教授门下攻读空气动力学博士学位。

大师与未来大师的碰撞只需刹那，便雷鸣电闪。

后来，成为美军科学咨询团少将团长的冯·卡门带着他的得意门生钱学森上校去德国审讯他的老师，德国的火箭专家弗朗特。

再后来，冯·卡门不无幽默地写道："一个是我的高足，他后来终于返回中国，把自己的命运和中国联结在一起了；另一个是我的业师，他曾为纳粹德国卖力工作。境遇是多么不可思议，竟将三代空气动力学家分隔开来，天各一方。"①

1939年，钱学森以四篇优异的博士论文获得了加州理工学院航空、数学博士学位，并以"卡门-钱学森公式"闻名航空界。一颗空气动力学新星冉冉升起。冯·卡门评价说："他非常富有想象力，他具有天赋的数学才智，钱的这种天智是我不常遇到的。"

冯·卡门在1963年去世。去世前三个月，冯·卡门被美国国会授予了美国第一枚国家科学勋章。冯·卡门被誉为"航空航天时代的科学奇才"。他几乎无所不通，也善于组织管理，他的学生钱学森，就是站在巨人的肩膀上长成了巨人。

在顾诵芬心目里，钱学森是一面旗帜，是科学工作者爱国报国的楷模。

1949年10月6日，仲秋之夜，月圆夜静。钱学森在美国，与周围十几个中国学生共度中秋节。抬头望明月，低头思故乡。他们怀念着祖国，传递着新中国刚刚诞生的喜讯，一个个归心似箭。

当夜，他们悄悄地商议了回国的计划。

万万没有想到，为了回到祖国，钱学森竟历尽千难万险，经受了整整5年多的折磨和关押，他的身心受到了极大的伤害。

钱学森后来在1956年1月2日《人民日报》发表的文章里说："美国政府对全世界爱好和平的人民装出一副一本正经的面孔，想

---

① ［美］冯·卡门、李·埃德森：《冯·卡门：航空航天时代的科学奇才》，曹开成译，复旦大学出版社，2019年4月第1版，第347页。

使人相信，只有它是好人，是君子。这使我想起一句老话：'满嘴仁义道德，一肚子男盗女娼。'"

1954年，钱学森写了30万言的《工程控制论》一书。他说："那是写给美国当局看的。"目的是使他们知道自己改变了科研方向，以便尽快获准回国。第二年8月中美大使级会谈，我国大使王炳南受周恩来总理的嘱托，在会上代表中国政府揭露了美国当局在违背本人意愿的情况下监禁中国公民钱学森以阻挠他回国的卑劣行径。美方不得已，被迫于8月4日准许钱学森离开美国回到新中国。

顾诵芬认为，1950年的钱学森是天才钱学森，而1955年回国的钱学森是天才加英雄钱学森。在5年多的回国路上，他升华了爱国感情，提高了政治觉悟，练就了高超智慧，打造了金刚不坏之身。

回国后，钱学森马不停蹄地为祖国的科学和国防事业发展操劳奔波，组建了以新型的研究技术科学为主的科学院力学所；同时，向中央和军委领导不断建议要发展导弹，创建了我国的导弹研究院，为我国"两弹一星"事业打下了基础，使我国赢得了世界大国地位。

顾诵芬在钱学森身上看到了自己的前进方向，同时，也在钱学森身上获得了前行的力量。钱学森的学术精神和人格魅力令顾诵芬终生难忘，年轻的顾诵芬视钱学森为自己的人生榜样。

顾诵芬从事航空事业的初心与钱老几乎一致，都是因日军的侵略，激发起航空救国的热情；都是毫不犹豫地选择航空专业作为突破口，树立起奋斗的目标；都是把国家的利益放在高于一切的位置，而且两人都曾求学于上海交大……

1932年，上海爆发了"一·二八"事变，日军狂轰滥炸，国难当头，钱学森痛心地意识到，没有强大的航空工业，中国只能任人欺负。1934年，学习铁道工程的钱学森，在报考留学时，毅然决定改变学习方向，投身航空工业，改学航空工程，为的是保卫祖国的蓝天。

1958年年底，在"大鸣大放"等运动中，顾诵芬心情压抑，正在一筹莫展的时候，四局副局长段子俊鼓励他，应该向钱学森学习，要争取入党。顾诵芬很快向组织递交了入党申请书。

1985年10月，歼8飞机获国家科技进步奖特等奖，顾诵芬列获奖名单第一位。就在他随团赴美参加"八二工程"谈判之际，顾诵芬专门讲到钱学森看待美国奖项的态度。

事情的经过是这样的：

1985年年初，美国总统科学顾问基沃思博士访华，会晤了国家科委主任宋健。基沃思知道宋健是钱学森的高足，郑重其事地请他向钱学森转达："美国政府准备授予钱学森博士美国科学和工程领域的最高荣誉——美国国家科学奖。"

基沃思特别说明，美国国家科学奖是美国许多本土科学家穷其一生而不可得的国家最高荣誉，授奖仪式通常在白宫举行。"如果钱博士去美国接受这项荣誉，我不能保证总统一定出席，但我可以保证至少副总统一定会出席，并亲自给他颁奖。"

基沃思还说，如果钱学森博士不愿意去美国领奖，美国可以派美国科学院院长普雷斯来中国授奖。

钱学森毫不含糊地回答："这是美国佬耍滑头，我不会上当。当年我离开美国是被驱逐出境的。按美国法律规定，我是不能再去美国的。美国政府如果不公开给我平反，今生今世我绝不再踏上美国国土。"

钱学森还说："如果中国人民说钱学森为国家、为民族做了点事，那就是最高的奖赏，我不稀罕那些外国荣誉头衔！"

2012年8月，中国工程院科学道德办公室邀顾诵芬给北京理工大学机械与车辆学院的学生们讲讲科学道德方面的问题，两个月后，顾诵芬以《浅谈我国科技专家的道德风范》为题，给学生们专门讲述了钱学森另外两个故事。

一个是自己给自己扣分，一个是严肃批评学生。

1933年，金悫教授教钱学森水力学。金教授很认真，在试卷上对每一步结果都打"√"或"×"，然后发给学生，让学生知道哪里是对的，哪里是错的，最后再将试卷还给老师，老师在试卷右上角的分数栏用红笔写上分数。钱学森一看金悫教授发下的试卷，全部打"√"，意味着稳拿 100 分。可是他自己仔细一看，发现在推导公式的最后一步，把英文写错了。于是，他立即向老师报告，主动请求扣分，从 100 分改为 96 分。这份考卷在 1947 年钱学森回国时金教授又拿出来给他看，后来作为"文物"捐给了上海交大档案馆，这充分显示钱学森在求学时代就养成了一丝不苟的精神。他自己这样做，也要求学生这样做。

钱学森在中国科技大学上课时对学生都是和蔼可亲的，可是有一次在考试中问："第一宇宙速度是多少？"有一个学生答的是 7.8m/s，钱学森非常生气地说："你的基本概念都不对！自行车都比这个快！"他说，这个问题如果现在不提的话，以后不光是流汗的问题，还要流血！实际上，学生是把千米写成了米。因此，他在黑板上写了"严谨、严肃、严格、严密"八个大字，反复告诫大家："做学问必须一丝不苟！"

1984 年，顾诵芬受聘北京航空航天大学兼职教授，并担任了航空科学与工程学院航空宇航科学与技术学科飞行器设计、空气动力学专业的博士生导师。他在指导学生飞机总体设计和飞机战效分析的同时，多次讲到钱老的工作作风，指出这是科研人员不可或缺的素质。

钱学森在中国科技大学教大家写毕业论文时，一再告诫应该有严肃、严密、严格的作风，必须按照一般世界科学论文的总格式来写。第一，写明论文题目，指明目的，指出与前人观点的不同处，以及用什么方法解决；第二，如属理论分析则介绍本题的做法，如属实验则介绍具体实验；第三，得出具体结果，理论分析要写出具体计算结果，实验则写出实验结果；第四，说明由所得结果可以总结出什么规律，并指出是否解决了问题，要老老实实，不能乱吹，不能含糊，如解决问题不那么彻底，要提出今后工作的建议；第五，引出资料索引（书籍、期刊、著者、卷册数、页数、出版社、出版年月等）。

顾诵芬还与学生们谈到钱学森的三次激动。

钱老的科研人生，时时浸透着一种强烈的爱国情怀和民族精神。钱老总结自己一生有过三次激动。顾诵芬由此深受教益，因而多次向学生们提及。

第一次激动是在1950年被允许回国时。当时，钱学森把在美国刚出版的、他写的《工程控制论》和《物理力学讲义》送给他的老师冯·卡门时，老师翻了翻，感慨地说："你现在在学术上已经超过了我。"钱学森在学术上超过了这么一位世界闻名的大权威，为中国人争了气，他激动极了。钱老说，这是他有生以来的第一次激动。

第二次激动是在中华人民共和国成立10周年的时候，钱学森被接纳为中国共产党党员，他激动得简直睡不着觉。

第三次激动是在1991年，钱学森看了王任重为史来贺传记撰写的序。在序里，王任重说中共中央组织部把雷锋、焦裕禄、王进喜、史来贺和钱学森这5人作为中华人民共和国成立40年来在群众中享有崇高威望的共产党员的优秀代表。钱学森说看了这句话心里激动极了，表示他现在是劳动人民的一分子了，而且是与劳动人民中最先进的分子连在一起。

作为同时代的人，顾诵芬对钱学森的三次激动，感触很深。顾诵芬认为，这三次激动发生于钱老人生的重要节点，是他人生价值取向的重要定位，也是钱老留下的宝贵精神财富。

顾诵芬多次参加钱学森举办的专题讨论班，钱老谦虚民主的作风给他留下了难忘的印象。

1964年年初，新疆生产建设兵团农学院的一位青年人郝天护给钱老写了封信，指出钱老新近发表的一篇关于"土动力学"的论文中，一个方程的推导有误。

钱学森亲笔给郝天护复信，在信中写道："我很感谢您指出我的错误！也可见您是很能钻研的一位青年，这使我很高兴。科学文章中的错误必须及时阐明，以免后来的工作者误用不正确的东西而耽误事，所以我认为您应该把您的意见写成一篇几百字的短文投《力学学报》（编辑部设在科学院力学所）刊登，帮助大家。您认为怎样？让我再一次向您道谢！"

这就是钱学森对待科学的态度。

对自己取得的成就，钱学森总是说，这是大家共同努力的成果。他常说导弹和航天事业是一项大规模的系统工程，不是一两个人能完成的。在他那里不论资历深浅，大家都是平等的，他能听取各方面意见，勇于正视自己的错误，勇于改正错误，坚持真理。

1991年10月16日，钱学森在国务院、中央军委授予他"国家杰出贡献科学家"荣誉称号的仪式上说："根据多年来的工作，我深深体会到研究科学只能一步一步来，踏踏实实，顽强苦干……"

经历过"大跃进"年代东风系列型号设计研究的顾诵芬，感受尤其深刻，从内心深处更加钦佩钱学森。

钱老是科学大家，是大学问家。钱锺书说："大学问家的学问跟他整个的性情融为一体，不仅有丰富的数量，还添上个别的性质；每一个琐细的事实，都在他的心血里沉浸滋养，长了神经和脉络，是你所学不会、学不到的。"

顾诵芬从钱学森身上深刻体会到什么是科学家的爱国情操，什么是科学的本质和精神内涵。这正是顾诵芬不忘初心、矢志报国的人生追求和价值取向。

@ 同时期的世界

1978年至1986年，顾诵芬担任沈阳飞机设计研究所副所长、所长。这个时期，中国迎来了历史性的重大转折。

1978年7月，谷牧在国务院召开的有关部委负责同志参加的关于加速四化建设的务虚会上说："我国要老老实实承认落后了,与世界先进水平拉开了很大的差距。我们怎么赶上国际先进水平,怎么搞现代化,怎么把速度搞快些?很重要的一条就是狠抓先进技术的引进、消化、吸收。国际形势提供了可以利用资本主义世界的科技成果来发展我们自己的机会,一定要抓住它。"

1978年12月,党的十一届三中全会作出了以经济建设为中心、实行改革开放、加快社会主义现代化建设的伟大战略决策。由此出发,中国经济冲出了"历史的三峡",大踏步汇入世界经济的洪流。中国改革开放,成为20世纪全球最为重大的历史事件之一。

而此时,世界亦是战争不断,动荡不安。1978年12月到1990年8月,越柬战争,越南军队攻占柬埔寨首都金边。1979年12月到1988年5月,阿富汗战争,苏联军队攻占阿富汗首都喀布尔。1980年9月到1988年8月,两伊战争,伊拉克与伊朗苦战。1982年4月到6月,阿根廷和英国为了南大西洋的马岛归属权,爆发了战争。1982年6月到9月,以色列军队攻入黎巴嫩境内,发动第五次中东战争。1983年10月,美军入侵格林纳达并扶植新政府。1986年4月15日,美国出动3艘航空母舰、34艘其他舰船和包括18架F-111战斗轰炸机在内的几百架飞机,对利比亚进行突然空袭。

第八章
图强：定型歼8Ⅱ

> 我深深感到，一架飞机的上天，靠的是党的领导，靠的是社会主义制度的无比优越，靠的是集体的力量。在我们社会主义国家，只要拼搏，认真干事，个人的理想总会得到实现。这就是我从我个人半个多世纪的经历中得出的真实感受。
>
> ——顾诵芬　1993 年 5 月

"歼 8 大改第一"

人类对天空的向往和追求，一次次地突破思维的界限，将痕迹烙印在无垠的天空。一种先进飞机的出世，代表的不仅仅是一种不可或缺的交通运输工具的进步，更是一个国家国力的提高及其国际地位的上升。

歼 8 的定型是我国航空史上的一件大事，也是我军加强国土领空保卫的一件大事。但歼 8 毕竟是我国自主研发战机的起步之作，由于当时航电系统等诸多因素的限制，原本定位于全天候多用途的歼 8，在很长一段时间内只能充当白天型飞机，缺少超视距作战能力。

20 世纪 60 年代后期至 70 年代初，东西方阵营的冷战逐渐进入高峰时期，在这种国际政治军事大环境下，以美国为首的西方国家和苏联纷纷投入大量人力、物力、财力，开始了第三代战斗机的研制。

苏联大批新型武器装备陆续装备部队，米格 -23、苏 -7 具有较强电子火控系统，可以大表速作低空突防，并备有空地导弹。美国的 F-15、F-16 战斗机项目已经取得了重大进展，先后进入生产装备阶段。

如今，第三代战斗机仍然是世界空中强国的主力战机。第三代战斗机的技术特征大致为：采用了能够适应中低空亚、超声速飞行，有利于空中机动格斗和能够实现空中优势的气动布局。此外，在第三代战斗机上，还用到了一批新的材料和制造工艺技术等。据此，第三代战斗机与之前的 F-4、米格 -21、米格 -23 等第二代战斗机相比，取得了跨越式的技术进步。

基于越南战争中空中作战的经验和教训，以及科学发展趋势和可采用的技术，特别是随着以计算机技术为代表的信息技术的迅速发展，美国、苏联、法国、以色列等国家在他们研制的新一代战斗机上，实现了若干重大技术突破与创新，这些技术突破与创新也就是第三代战斗机的主要技术特征。从强调高空高速的截击机，转变为以突出中低空亚、超声速机动性的格斗为主，兼顾对地攻击的战斗机。

面对航空强国的新型第三代战斗机，我们的歼 8 基本没有还手之力。

而此时，在中国北部边境，苏联陈兵百万，其坦克钢铁洪流和武装直升机形成立体攻势。面对这样的战略威慑，中国空军必须考虑装备能够与其抗衡的新型歼击机。

1979 年 7 月，在顾诵芬的组织下，沈阳飞机设计研究所编写出《歼 8 飞机与米格 -23 空战性能对比分析》报告。报告指出，从飞机性能而言，歼 8 可与米格 -23 匹敌；但歼 8 飞机因采用机头进气，限制了机载雷达的性能，而米格 -23 是两侧进气，其武器火控系统优于歼 8 飞机，这对歼 8 作战不利，也无法满足空军的需求，尚需进一步改进。

1979 年 8 月，三机部发出《关于对歼 8 飞机实现全面技术改装可能性论证的通知》（以下简称《通知》）。

《通知》要求：601 所组织力量进行研究，提出一个歼 8 大改方案，并进行相应的技术可行性论证和性能估算，提出可能达到的战术技术指标、气动布局的变化和设计工程量，完成改善设计的周期和所需研制经费概算，等等。

当三机部党委与空军取得一致意见，明确了"歼 8 大改第一"的原则以后，顾诵芬便调整设计研究方向，以全副精力投入歼 8 大改之中。

顾诵芬在思考：随着航空电子技术发展，要求歼击机能够进行目视距离以外的作战，既要安装作用距离远的火控雷达和相应的中距拦截导弹，又要有完善的电子对抗设备以保护自己。

对此，顾诵芬指出："1979 年年底，歼 8 定型以后，空军一直在考虑后面的战斗机。我们希望是搞歼 13，但空军犹豫，后提出将歼 8 改两侧进气、换雷达，主要目标打 F-4 这一类飞机，这样比较快一些。歼 8 的目标是对抗 F-104、F-105；歼 8Ⅱ 的目标是对抗苏联米格-23、苏-7B，还有轰炸机等，所以，必须改两侧进气，雷达性能好，发动机不能用涡喷7甲。"①

1980年9月，总参谋部和国防工办正式批准空军提出的战术技术要求，并将新的机型命名为歼8Ⅱ。

由于国土防空压力太大，空军对具备全天候超视距作战能力的歼8Ⅱ需求很急切，希望它能在1985年达到设计定型。

陈嵩禄是顾诵芬的助手，曾经担任歼8Ⅱ副总设计师。他对歼8大改理解得很透彻：

"歼8Ⅱ飞机是我国空海军在80年代唯一能够拿到的性能和作战效能极佳的全天候歼击机。

"中低空机动性和跨声速性能都比歼8飞机要好，兼有一定的对地攻击能力。结合当时的条件，选用了国内研制的新成果，以及从国外引进生产的一些先进的机载设备，努力实现了较先进的现代化水平，是我国改革开放初期首次设计、研制比较成功的现代化歼击机，也是第一个走出国门，被西方国家和世界首先接触和了解的我国自行设计研制的歼击机。

"通过歼8Ⅱ飞机的设计和研制，带动了我国的航空发动机、航空机械电气系统及其配套的成品、附件发展，也促进了航空电子设备和航空机载武器发展。通过歼8Ⅱ飞机的生产和使用，为我国歼击机的上游产业和部队更新改造现代化打下了基础，也为我军新一代歼击机研制成功提供了条件。"

1980年4月10日，三机部电话通知，要601所在4月13日之前到部汇报歼8大改工作。

第二天，三机部又来电话通知，强调这次汇报顾诵芬必须参加。

这一年，顾诵芬正好50岁。

从1956年开始投入飞机设计事业算起，顾诵芬已经走过了24

---

① 顾诵芬口述：《我的飞机设计生涯》，师元光整理，航空工业出版社，2011年4月第1版，第169页。

年的飞机设计之路。此时的他，深知自身肩头的重量。

然而，"必须参加汇报"的顾诵芬，却无法参加。

因为一场意外，他住进了医院。

顾诵芬回忆说："1980年4月13日那天，我在主持讨论，已经决定了当晚我与杨凤田去北京，向王其恭副部长汇报。为了落实晚上的车到底定了没有，我从开会的桌子边向外跑。这个屋子不小，但物品摆放比较凌乱，我走得又急，一下子被黑板架绊了一跤，面朝前摔倒了。当时觉得很难受，自己下意识地想站起来，但站起来以后，就失去知觉，身体往后一翻，又一次摔倒，头部重重地碰在水泥墙壁上。在场的同志急忙找来了急救车，把我抬了上去。在车上我不时呕吐，李明陪在我身边，用他的棉手套接住，我就往他的手套里吐。送到医院，经抢救，醒了过来。我就想着晚上出差的事，心里明白现在这个状态自己肯定走不了了，于是告诉杨凤田继续准备，去北京找管德。"①

当时，杨凤田就在现场，他参与了这次由顾诵芬组织的讨论会，目睹了连日来操劳过度的顾诵芬摔伤的过程。

杨凤田说：

"顾诵芬在讨论至上午10:30左右不慎摔倒。伤势很重，昏迷不醒。急送沈阳医大一院抢救，直到晚上5时仍在抢救中。

"当他醒来时，置自己身体而不顾，用很微弱的声音对我说：'我去不了了，你一个人去，到北京找老管（指管德副所长）。'他爱人就在旁边，但他和爱人一句话都没说，就又昏迷过去了。

"他一贯把事业和工作放在第一位，时刻牢记航空报国的信念。他就是在重伤中，心中也永远想着工作，想着航空，这是多么可贵的精神啊！"

---

① 顾诵芬口述：《我的飞机设计生涯》，师元光整理，航空工业出版社，2011年4月第1版，第170页。

回访美国国家航空航天局

杨凤田与601所副所长管德从沈阳抵京，立即向王其恭副部长作汇报。

经国务院、三机部及相关单位多次论证、座谈，最终确定了歼8Ⅱ的方案。

顾诵芬出院后住进了空军大连疗养院，一同疗养的还有空四师政委。后来顾诵芬才知道，是空军副司令员曹里怀批准，让他住进了空军的疗养院。

两个月后，正在疗养的顾诵芬接到徐昌裕通知，让顾诵芬跟他回访美国国家航空航天局（NASA），还要顾诵芬准备在回访过程中作报告。

这次回访，是中美两国科技合作协定上签订的内容。1980年6月，NASA副局长洛夫莱斯等一行10人，曾来华参观了621所、112厂等科研单位。这次回访，就是代表中国航空科学技术最高水平的一次出访。六院具体组织，徐昌裕院长带队，担任访问团团长，顾诵芬为访问团其中一员。

其实，顾诵芬也想出去走一走，他觉得自己的身体情况可以适应，出去走一走可能会比住疗养院更好一些。何况，出访对了解美国科研状况、推动中美双方合作很有意义。但要作报告，准备起来就麻烦一些。考虑到顾诵芬的身体状况，管德将这个任务布置给了李天，请他帮助顾诵芬。报告的题目拟为《设计超声速高性能飞机的一些气动力问题》。

1980年6月，顾诵芬出院了。

他看了李天准备的演讲报告，觉得还不是很合意，于是做了修改，翻译成英文，又花了些功夫，边写边译、边打字、边准备图片。完成之后，又拿到六院作了汇报。

徐昌裕很关心顾诵芬的身体状况，看到他刚刚出院就全身心投入工作，心里有些担心。而顾诵芬表示，自己身体应该没有什么大问题。徐昌裕看了演讲报告稿，觉得可以，只是出于保密的需要，要求将稿子里面直接涉及型号的地方抹掉。顾诵芬心里也就松了一口气。

这是改革开放以后中国首次与美国进行航空科学技术方面的交流，充满好奇心的美国同行很想知道中国人是怎么设计飞机的。

对于顾诵芬讲的设计超声速高性能飞机的一些气动力问题，他们非常感兴趣。

顾诵芬回忆道："第一站是兰利研究中心，第二站是刘易斯研究中心，后来试飞中心也要我去讲。在艾姆斯研究中心，最后一站，他们也要我讲了。兰利研究中心空气动力室主任要我的材料，我不怎么愿意给，找了副团长韩宽庆，他的意思是可以给。我们这个团从美国直接到慕尼黑参加国际航空科学理事会（ICAS）的学术会议，在会上，见到美国兰利研究中心空气动力室主任，我就给了他们一份材料。

"刚出国的时候，坐在车上，我想等回来以后身体就完全正常了。回来已经是 11 月了，因为这次出访六院的院长都去了，所以不需要详细汇报，我就回到了所里。"

对于这次回访 NASA，顾诵芬收获很多。

以前 NASA 代表团访问中国航空研究院时，徐昌裕对他们是以诚相待，不卑不亢，凡是保密范围允许的，都让他们看。他以自己渊博的知识和良好的英语素养博得了对方的尊敬。因此这次徐昌裕带队回访时，NASA 也给予高规格的接待。他们派专机横贯美国，把中国访问团送往 4 个航空研究中心，参观了他们展示的新技术。

但是时间太短，有的看了还来不及回味就过去了。

访问团参观兰利研究中心在大风洞中做 F-18 飞机的尾旋进入试验时，发现其安装架很有创意，但因为时间太紧，看过就走了。出来后正好安排休息，顾诵芬提出想再进去看一下，陪同的人同意了，可是一进实验室，发现刚才演示的那套试验设施全拆了。可见这次展示是为访问团专门安排的，通过这次出访，才能有这种很好的学习机会。

在这次回访中，顾诵芬还有一个意想不到的收获，就是见到了分别40余年的小学同学蔡为伦。

蔡为伦是复合材料专家，在国际上很有名气，1980年曾回国讲学。顾诵芬得知消息后，就对一所要去听课的同志说，蔡为伦是他小学同学，见到后代为问候。

虽然顾诵芬在燕京大学附小只读了四年，但回上海后，顾诵芬和蔡为伦一直通信，互寄照片，直到1941年珍珠港事件后，他们才停止了书信往来。抗战胜利后，又开始了通信，顾诵芬才知道他进了燕京大学学机械。1948年夏天，蔡为伦给顾诵芬寄了最后一封信，告诉他自己要去美国了，之后就失去联系了。

1980年，回访NASA华盛顿总部时，NASA的结构部主任告诉顾诵芬，他的小学同学蔡为伦要见他。顾诵芬很高兴！他告诉NASA结构部主任，意思是先与蔡为伦通个电话，毕竟这么多年没有音信。可这位主任说没有必要，到了莱特空军基地就能见到蔡为伦了。

后来中方代表团访问莱特基地时，他果真来了。

"他的模样没怎么变。当时在场的人开玩笑地要他指认我，他拿出我小学的照片来认，总算没有认错。我们住在莱特基地军官招待所的一个套房里，两人各一室，中间是共用的起居室和厨房。他给我准备了不少点心和饮料，晚上我们长谈各自的经历。他说，因为复合材料技术他搞得比别人早，所以出名了，也出了一些专著。他和我们代表团中的颜鸣皋同志（621所总师）是耶鲁大学同学，和冯钟越的哥哥也很熟。"顾诵芬回忆说。

他乡遇故知，这一下子方便多了。在莱特基地参观期间，蔡为伦一直热情地陪着大家，不停地介绍一些情况。他当时是美国空军材料实验室的首席科学家。

参观中，蔡为伦送给顾诵芬几份资料。其中包括新版美国空军飞行品质规范，虽是公开的，但当时国内还没法订到。另外，还有北大西洋公约组织关于飞机结构安全系数的会议记录等。

1982年，蔡为伦又回国讲学，顾诵芬请他给一所讲复合材料结构设计，他还买了一台当时很先进的编程计算器，专门来算他的设计，后来这台计算器就送给了顾诵芬他们单位。蔡为伦参观了一所的结构实验室，当时顾诵芬正在研制复合材料的垂尾，但国产的钛合金螺栓总是做不好，蔡为伦答应回美国后给他买了寄来，后来果真给寄来了，终于做成了歼8的复合材料垂尾。

担任歼8Ⅱ飞机总设计师

1981年5月18日，国防工办副主任邹家华在三机部召开的方案论证会上，宣布了任命顾诵芬为歼8Ⅱ型飞机型号总设计师的命令。

随后，三机部下发了《国家重点型号总设计师系统和行政指挥系统名单》。

在行政总指挥何文治、总设计师顾诵芬的带领下，我国第一次以系统工程方法开展了涉及军方和国务院系统5个工业部门及中国科学院、院校厂所等上百个单位的型号研制工作。

何文治，1931年出生于陕西省乾县阳洪村，1952年毕业于清华大学航空工程学院。1953年加入中国共产党。1952年至1980年，历任南昌飞机制造厂设计所技术员、技术室主任、主任工程师、设计所所长兼党委书记，景德镇直升机研究所所长。1980年起任航空工业部副部长，兼任新飞机研制系统工程办公室主任、大型客机（运10）首飞组长、歼8Ⅱ飞机研制总指挥。

飞机研制是世界公认的知识密集、技术密集、多学科集成的高技术行业，研制过程中的一丝疏忽都可能导致灾难性的后果。因此，顾诵芬从一开始，就要求每一个团队成员不能因为局部的成功而麻痹大意，必须保持严谨务实的工作作风，认真细致地把握好每一个细小环节。每次飞行、每一点进展都必须以飞行数据说话。

航空工业是高技术密集、资金密集和人才资源密集的战略性产业，一个型号就是一个大型工程。在歼8Ⅱ型飞机的研制过程中，首次引入了系统工程管理概念，由顾诵芬担任总设计师，并形成了"型号总设计师—系统总设计师—主任设计师—主管设计师"四级责任制。

这是航空工业部首次在新机设计中实施跨行政建制单位的总设计师系统落实技术责任制。

开始进入歼8Ⅱ设计的时候，牵涉一个问题，装什么设备定不下来。在进行调研的时候，有各种不同的看法，比如雷达的使用。最后，综合各方意见，整个方案还是出来了。

方案有了以后，报到部里，部里报到国防工办，最后决定歼8Ⅱ的试制任务落在当时被称为松陵公司的112厂。

为了加强松陵公司对歼8Ⅱ型飞机研制的指挥调度能力，强化型号总设计师系统技术责任制，确保型号设计生产问题及时协调和处理，加速歼8Ⅱ型飞机研制进程，1982年9月，上级决定将601所副所长管德调入松陵公司任第一副经理兼总工程师。

当时，航空工业部已经取消了航空研究院，各种型号总体设计工作都落实到了研究所，601所承担了歼8Ⅱ飞机的设计，由顾诵芬牵头。顾诵芬又是601所的总设计师，要通过601所和顾诵芬去领导各个厂所的产品总设计，这是一个新问题。这与航空工业部的体制截然不同。通俗地讲，601所和其他为歼8Ⅱ飞机配套研制新产品的厂所都是同级的行政单位，不存在技术上的领导关系。各单位派出的人员在产品设计上，如果遇到技术问题或在进度、经费等方面发生矛盾时，他们要听从各自单位行政领导的指示，而不是听从601所的型号总设计师的技术决策。

在这种情况下，顾诵芬和几位技术骨干研究后，在歼 8 Ⅱ 飞机方案论证会期间，召集了为歼 8 Ⅱ 飞机配套研制的几个主要厂所的技术负责人，召开座谈会讨论研究。

在这次会议之后，顾诵芬主要作出了以下几个原则决定：一是总设计师系统的组成，分为四级，如何任命与报备；二是总设计师系统的主要职责；三是当技术措施实施更改时，发生进度和经费的变化时，各研制单位如何报告和决策；四是确定总设计师通报等。

这是顾诵芬根据当时航空工业的实际管理体制情况，创造性地对组建总设计师系统作出的原则规定，在歼 8 Ⅱ 飞机研制过程中有效运行。之后几十年，在歼 8 Ⅱ 飞机后续的研制工作中，都基本按此原则执行。

"由于总设计师系统组成与责权的局限，促进航空工业部领导决定成立行政指挥系统。"[①]

行政总指挥支持和配合飞机总设计师开展工作，一般由航空工业部的副部长担任。由于总设计师是在下面的研究所，为了加强配合和指导，之后相应设置了现场总指挥。

这些管理制度经过多次修改，今天已经成为航空业务系统各个型号开展新机研制工作的共同指导。

时任歼 8 Ⅱ 副总设计师陈嵩禄感慨地说："顾诵芬同志在这一方面也同样体现了他的智慧和创见，这也是顾总的一贯工作作风。概括起来说，根据实际情况，经过调查研究，作出符合实际的制度规定，并在实施中不断修改、完善，使之行之有效。这也是顾诵芬同志在飞机设计事业中的一项重大创造和贡献。"[②]

这是我国航空工业第一次以系统工程方法组织机构，所有的研发是为了应用，就是最大限度地提高空军的战斗力。

[①] 老科学家学术成长资料采集工程顾诵芬院士采集小组编《顾诵芬传》，师元光执笔，航空工业出版社、人民出版社，2021 年 11 月第 1 版，第 372 页。

[②] 同上。

1980年，空军拟定歼8Ⅱ型飞机主要技术指标时，对维修性的设计要求还没有提出明确意见，但对改善歼8飞机的维修性和可能性需求强烈。1982年，空军正式提出歼8Ⅱ型飞机的主要维护性能，601所逐条研究落实，于5月上报了《歼8Ⅱ型飞机维修性问题的报告》。

1982年3月11日，601所提出《歼8Ⅱ型飞机维修性操纵稳定设计要求》讨论稿。5月，空军第八研究所参照此讨论稿，提出《歼8Ⅱ型飞机的飞行品质要求的初步意见》。11月，空军下达了《歼8Ⅱ型飞机的飞行品质要求》。

当"需要"与"可能"产生冲突时，对总设计师来说，如何科学决策是一个严峻的考验。

面对考验，顾诵芬想起了当初步入飞机设计室的情景，徐舜寿的教诲犹在耳边。那时，刚刚起步的中国飞机设计坚持"需要与可能相结合"的原则，经过艰苦努力，催生了自主设计的歼教1。而眼下，已是总设计师的顾诵芬，坚定地站在风口浪尖，带领团队一次次深入地探索，在最大限度"可能"的基础上，与各部门进行细致严谨磋商，一一落实了分步骤、有计划地满足"需要"的整体方案。

对此，陈嵩禄说了这么一段话：

"在歼8Ⅱ飞机方案论证阶段，在制订研制方案文件的过程中，使用部门的一些人员表现需求迫切，要求多、要求快，包括上层一些领导决策也带有一定的主观性，像雷达、拦射导弹等先进设备、武器都由军方和国防工办一些领导决策。顾诵芬同志已认识到火控设备、机载电子和电子对抗设备、拦射导弹等研制跟不上歼8Ⅱ飞机研制进度的严峻现状，这不是通过争论可以解决的。我们在歼8Ⅱ飞机进入详细设计和试飞、试验的日常一线工作中，逐步体会到顾诵芬同志的正确部署和安排，那就是当前我们要把主机的工作首先做好、做实，为上述这些还一下子拿不到的留下位置，留下接口。从1981年到1984年不到3年的时间，歼8Ⅱ飞机的研制工作以较快的进度和较高的质量赶上了首飞节点，并很快地转入定型试飞阶段。现在回过头来看，这是顾诵芬同志正确处理需求迫切与现实条件不足的矛盾，取得了最好的效果。"①

陈嵩禄这段话，是对顾诵芬的设计原则与理念的最好阐释，也是对顾诵芬在核心问题上如何做到科学决策的有力佐证。

凭着坚持、执着、全力以赴、使"不可能"变为"可能"的理念，顾诵芬一步一步地向歼8Ⅱ设计目标挺进。

总设计师的拍板

当时的任务十分繁重，对于喜欢身体力行的顾诵芬来说，必须学会"弹钢琴"。

其实，担任总设计师无论是从管理协调，还是从业务调研等方面，对顾诵芬都是很大的挑战。

而最大的挑战就是在一些关键技术难题上拍板。

发动机是飞机的心脏。飞机设计队伍中流传着一句名言：发动机配置不好，新机设计就不能成功。

杨凤田在自传里，就歼8Ⅱ选用什么样的发动机这一难题，作了记载：

"歼8Ⅱ选用什么样的发动机呢？当时可供选择的发动机有贵阳011基地测绘仿制的涡喷13发动机，有成都420厂研制的涡喷7乙改型，有沈阳410厂的涡喷7甲改型。我们先后组织有关专业技术人员到三个单位调研，三个单位也先后派人来所进行交底。经所内有关专业讨论，最后确定选用贵阳011基地测绘仿制的涡喷13发动机。"②

---

① 老科学家学术成长资料采集工程顾诵芬院士采集小组编《顾诵芬传》，师元光执笔，航空工业出版社、人民出版社，2021年11月第1版，第378页。
② 同上，第378-379页。

陈嵩禄回忆起当年选择发动机的决策，深有感触地说：

"新机设计中对发动机的选择和配置，始终是飞机设计的一项关键技术。……

"顾诵芬同志在设计歼8Ⅱ飞机时，也同样面临这个无法回避的问题。80年代初，我们国内能拿到的发动机只有涡喷6和涡喷7，它们的性能都配不上歼8Ⅱ飞机的性能需求。而当时011基地二所早在几年前通过修理东欧国家苏制发动机的途径，拿到了Р13ф-300涡轮喷气发动机，测绘仿制成功，装到了歼7飞机上，国内命名它为涡喷13发动机。但这台发动机地面台架试验的最大加力推力达不到苏联发动机使用手册规定的最大值，只能接近它的最低值，这样仍旧不能适配于歼8Ⅱ飞机。当时发动机总设计师温俊峰同志知道了这个情况，与他们的设计团队商量之后，提出建议，将涡喷13发动机涡轮前温度提高50℃，就能达到最大推力值，可以满足歼8Ⅱ飞机设计需求。

"温俊峰同志提出的这项措施，受到航空工业部发动机主管部门反对，因为当时涡喷7发动机发生发动机叶片裂纹这个重大故障，使飞机停飞，大批发动机返厂。主管部门的领导担心采取这项措施有风险，万一捅出娄子，影响歼8Ⅱ新机设计不好办。面临这种局面，顾诵芬同志和管德同志反复研究后，决定支持发动机总设计师温俊峰在涡喷13发动机上实施这项技术措施。由于顾诵芬同志在航空工业部各个主机厂所享有较高威信，发动机主管部门的领导就不再干涉。事实证明，在涡喷13发动机上实施了这项措施，达到了性能需求。事后温俊峰同志和011基地二所对601所和顾诵芬同志的支持十分感谢，他们认为正因为顾诵芬同志在关键时候的支持，使他们地处山沟里的黎阳公司（今中国航发贵州黎阳航空发动机有限公司）的发展有了新的局面。"[1]

---

[1] 老科学家学术成长资料采集工程顾诵芬院士采集小组编《顾诵芬传》，师元光执笔，航空工业出版社、人民出版社，2021年11月第1版，第379—380页。

"顾总胆子是大，敢拍板，但，都是有根据的。"后来，顾诵芬在自传中也讲道，对歼 8 Ⅱ 飞机设计的一些技术难题，他都是深入细致地反复研究，应用了航空科研多年研究试验取得的成果。

顾诵芬分析说："开始歼 8 Ⅱ 设计采用两侧进气，我们心里比较有底。一是 1965 年在分析 F-4 残骸时，对它的进气道做了大量风洞试验和计算分析。二是 1978 年获得米格 -23 飞机后，对它的进气道也做了大量分析，除进气道性能外，还对斜板调节做了研究。这样，歼 8 Ⅱ 进气道采用了两种飞机所长，如进气道的压缩采用了三波系而非米格 -23 的四波系，这样既简化了结构，也提高了低速性能。

"为保证进气流场的均匀性，在进气道入口学米格 -23 加了两片导流板。为了保证进气道的低速性能，下部进气唇口加大了圆角半径，这样在大迎角时也不会发生唇口气流分离。在调节上原来想学米格 -21 机头的进气道，当大马赫数飞行收油门时，将进气锥伸出并打开放气门防喘振。歼 8 Ⅱ 原想把压缩板角度加大同时开放气门，但实际试飞中发现这样更容易出现发动机喘振，于是歼 8 Ⅱ 在大马赫数收油门时只打开放气门。歼 8 Ⅱ 的进气道在试飞中一直很稳定，在部队使用中也正常，没有同志反映过问题，可见 10 多年的大量预先研究还是成功的。"

有的领导认为新成品用得太多，必定要拖长这架飞机的研制进度，最好新成品不超过成品总数的 30%。

顾诵芬则说："我也同意这个观点。但不用新成品，新飞机不可能有进步。回顾过去拖进度，最重要的一点是成品研制单位不太确定主机的要求，这些要求往往是主机所设计员和成品厂所设计员私下定的，这样就容易随意改动。"

于是，他就从国外的系统工程管理模式中，借鉴了一些制度，即总体初步设计完成后，要对各分系统提出一定格式的规范，包括功用、性能指标、重量、尺寸、风量等，要尽量具体，再由分系统向各成品附件单位提出规范。用了这套办法后，把整个飞机研制工作集成为一个系统。因此，在歼 8 Ⅱ 研制中成品附件研制的返工问题基本解决了。

顾诵芬在科技处还专门成立了成品附件科，由原操纵系统室副主任赵永贵同志负责。这样，成品附件都及时提供且保证质量，保证了歼 8 Ⅱ 的首飞进度。

经过这样的组织，每个成员单位都意识到自己处在歼 8 Ⅱ 研制体系中。

1982 年 2 月，按照三机部关于实行科研试制费包干的精神，沈飞将木质样机任务包干给木型车间。为了打好这场硬仗，木型车间通过层层发动，职工群众纷纷请战，勇挑重担。

老工人姜贵珠是七级工，由于腰部动过大手术，当时已从生产一线退至二线。听到动员后，他激动地说："在退休前能为新机再作贡献，是我最大的愿望，虽然身体不好，但可以做技术参谋，带领青年干。"车间领导身先士卒，组织领导各个突击队的工作，提前 10 天完成了木质样机的制造任务，还节省资金 8 万余元。

1983 年 4 月，601 所发出歼 8 Ⅱ 全套设计图纸，沈飞公司投入试制。为保证歼 8 Ⅱ 飞机优质、快速研制成功，沈飞公司组织广大职工开展了轰轰烈烈的歼 8 Ⅱ 飞机一条龙攻关立功活动，开展了工艺性审查、工装协调等生产准备工作，采用计算机辅助设计技术，并组织了 60 多个单位近 1000 人，分工包干进行技术攻关，从而缩短了歼 8 Ⅱ 飞机的研制周期。至 1983 年下半年，歼 8 Ⅱ 飞机的零件制造进入高潮，共完成了占总数 86.8% 的 15,611 项零件。首架飞机于 1984 年 3 月总装完毕。

顾诵芬说："我也是成员之一。过年时，我们以总师单位的名义给各单位发贺卡，特别是首飞成功后，我们给每位设计师发了证书，证明其在歼 8 Ⅱ 研制中所承担的工作。大家都想要证书，没发到的还专门来信要。我深深体会到歼 8 Ⅱ 的研制确实调动了各厂所的积极性。"

歼 8 Ⅱ 首飞

1984 年 6 月 1 日至 3 日，歼 8 Ⅱ 型飞机 01 架的高、中、低速滑行提前完成。

6 月 9 日，航空工业部在沈阳召开了歼 8 Ⅱ 型飞机的放飞评审会。空军副参谋长姚峻、航空工业部副部长何文治等出席。顾诵芬在会上作了歼 8 Ⅱ 型飞机设计工作报告。

经过评审，代表们一致通过，同意放飞。根据评审的要求，何文治、顾诵芬、管德、王昂共同签署了同意放飞的意见。

歼 8 Ⅱ 型飞机首飞与以往新机试飞不同。

飞机是新的，发动机也是新研制的，而且选用的新成品多，大多数新产品与飞机同时起步研制，这在历史上是没有过的。

作为总设计师的顾诵芬，既兴奋又紧张。

6 月 12 日中午 11：30，歼 8 Ⅱ 型飞机 01 架，在 112 厂机场，由试飞指挥员王昂指挥，飞行员曲学仁驾驶首飞成功。

601 所编制的《歼 8 Ⅱ 系列飞机研制史》详细、真实地记录了这激动人心的难忘时刻：

"6 月 12 日，天上多云。人们都为当日能否实现首飞担心。7 时整，管德、顾诵芬、王昂等有关人员准时到达试飞站。气象台报告，能见度只有 2000 米，飞机没法起飞，只好等待天气。大约 9 时 30 分，气象台报告本场能见度 4000 米，试飞指挥员下令歼教 6 升空看天气。约 10 时，试飞员刘刚、彭迪宇驾驶歼教 6 起飞。10 时 20 分，两名试飞员报告空中天气情况后，试飞领导小组决定 10 时 30 分所有人员进场，11 时起飞。

"11 时，首席试飞员曲学仁进入机舱，开始检查；试飞员报告飞机一切正常，指挥员命令起飞。11 时 14 分，歼 8 Ⅱ 型 01 架腾空而起，机场一片欢腾。飞机升至 1500 米，速度 500 千米 / 时，试飞员报告飞机、发动机及其他系统工作正常，飞行感觉良好。在飞机完成规定任务后,试飞指挥员命令返场着陆,飞机于 11 时 28 分安全着陆,机场顿时一片欢腾。"

领导同志接见了首席试飞员曲学仁,少先队员献上了鲜花。人们在欢呼,在跳跃,此时的心情难以用语言表达。

这样一架使用范围广、性能要求高、结构改动大的比较复杂的新机,全部研制过程用了不到四年时间,就提前首飞成功,其速度之快、质量之高是航空工业新机研制史上的首例。

飞机试飞的当天,大家都早早来到沈飞试飞站。保卫部的同志问道:"顾总来了吗?""顾总已经来了,骑自行车。"保卫部的同志惊讶地说:"顾总怎么可以骑自行车来呢!出了事怎么办?所里也不派个车送一下?!"

顾诵芬就是这样,在生活中永远是那么低调、随和,而在工作中又是那么执着、专注。

1984 年,顾诵芬的前同事徐德起写了一篇文章,这样记载顾诵芬设计歼 8 II 型飞机时的工作情况:

"在他的组织下,全所设计工作呈现出一派火热的景象。这两年,设计人员白天紧张工作,晚上加班加点。……顾诵芬同志在发图过程中,亲临现场指挥,每天碰头研究进展情况,哪里有问题,他就出现在哪里,每天干到深夜,经常是星期天也不休息。同时,他很注重工作效率,对分派下去的工作有限定时间,由他负责审核的报告、签发的文件都及早办完。为了按时完成任务,他曾放弃了出国考察的机会。1982 年,在他领导下设计制造的歼 8 II 全尺寸木质样机,得到国内有关专家和空海军领导好评。歼 8 II 研制进度是惊人的,一年多时间就完成了所有的地面模拟试验和试飞准备,并进行了审批,于 1984 年 6 月 12 日首飞成功。在歼 8 II 研制中,充分发挥了总设计师系统和行政指挥系统的作用。大家都说顾总立了头功。"

歼 8 II 飞机首飞成功,引起中央的高度重视。

6月17日，时任总参谋长助理谭旌樵，国防科工委主任陈彬、副主任邹家华，空军副司令员王定烈，海军副司令员李景及航空工业部有关领导，由航空工业部部长莫文祥、副部长崔光炜陪同，亲临沈阳检查飞机的研制工作。

17日上午，各位领导听取了型号总设计师顾诵芬的汇报。

下午，总参谋长助理谭旌樵，沈阳军区司令员李德生，辽宁省委第一书记郭峰、省长全树仁及省市委其他领导、空海军领导等，观看了歼8Ⅱ型飞机的飞行表演。

20日，各位领导亲临601所视察。

21日，在112厂文化宫召开沈阳地区军工单位厂所干部会议，各位领导向参加飞机研制的工程技术人员、空地勤人员、广大干部和工人表示热烈祝贺和亲切慰问，对歼8Ⅱ型飞机首飞成功给予高度评价。

作为一种全天候超声速歼击机，歼8Ⅱ实现了昼间、夜间和复杂气候条件下拦截和歼灭空中入侵敌机的能力及很好的中低空作战能力。

歼8Ⅱ首飞成功后，领导机关、厂所有关人员在飞机前合影。

定型试飞

首飞成功后，飞机开始了定型试飞。

"上天难，设计定型更难。"

歼8Ⅱ型飞机相比于歼8原型飞机，在气动外形、动力装置、武器火控系统等方面有了较大的改变。除做一般的飞行检查外，对其改动部分的性能需重点检查，试飞工作量大，周期短，矛盾突出。

顾诵芬精心组织，投入大量的人力、物力，为调整试飞和定型试飞准备各种技术文件，进行必要的试验和技术服务。

首要任务是定型发图、技术文件与资料的编写，要求根据歼8Ⅱ型飞机的技术状态及试飞中显露出的问题，按照飞机零批生产中的有效技术单，一并改入图样，还要贯彻4项新标准（普通螺纹、表面粗糙度、机械制图和法定计量单位）。因此，这是一项任务量很大的工作。

顾诵芬安排副总师杨凤田抓这项工作。杨凤田苦战4个多月，圆满地完成了发图任务。

接着，601所又编写了定型审查文件，为定型技术鉴定做好了准备。

根据试飞指挥部安排，空军第一试飞大队的鹿鸣东、曲学仁等6名试飞员承担了沈飞公司的试飞任务。

时任航空工业部军机局副局长、三机定型副总指挥马承麟回忆说："这次定型试飞是一个规模空前、声势浩大的系统工程。从1984年7月到1987年10月11日飞完最后一个架次，历时三年多。

"……领导重视，各方面齐心协力，主要是630所和各有关飞机厂所及配套厂所同志共同努力奋斗，在三年多一点的时间内，安全优质地完成了这一被称为中国航空工业80年代中期的'淮海战役'的定型试飞任务。"

歼8Ⅱ型飞机的定型试飞与试验工作取得了较大进展，定型试飞任务完成后，试飞员和机务人员给出了评定意见。

试飞员一致认为，歼 8 Ⅱ型飞机是当时我国自行设计研制的歼击机中最好的也是最有发展前途的一种歼击机。

1985 年 8 月，顾诵芬（后右二）与空军检查组在阎良合影。

1985 年夏季，601 所和试飞组成员张德奎在阎良试飞基地得知一个重要信息，空军派葛文墉、蒋德秋、鹿鸣东来阎良试飞基地，对正在进行定型试飞的三型飞机（歼 8 Ⅱ、歼 7 Ⅲ、歼教 7）进行验证试飞，其结果直接向上级机关汇报，不通报研制单位。

张德奎判断，他们这次验证试飞不仅代表空军，而且代表着更高一级的军方领导机关。他立即向顾诵芬作了汇报。顾诵芬得知后，决定马上赶到西安。

为了赶时间，顾诵芬搭了一个顺路的飞机，是中央机关到南方检查工作的飞机，因为是临时上机，无法安排顾诵芬的座位，他只好与机组服务人员在休息的位置上挤一挤。

下午 3 点钟的飞机，由于天降大雨，飞机晚点，到夜里 11 点钟才在西安机场降落。

那天，王昂副部长和试飞所领导安排张德奎去接站。飞机停稳后，客人们都陆续乘车离去，张德奎看到顾诵芬最后一个拎着小公文包走出来，一条裤腿挽起。他想，顾诵芬肯定是在北京遇雨时挽起来了，下飞机忘了放下来。

顾诵芬看到这么晚张德奎和司机还在等着接他，连连表示谢意。

从机场到阎良，还有不少路，这中间又没有高速路，路上要花费较长的时间。司机对张德奎有些惋惜地说，今晚电视播出的连续剧，你看不上了。

司机讲到的电视连续剧，是巴西的《女奴》，讲述的是19世纪巴西实行奴隶制时期，一名心地善良的女奴，冲破命运的枷锁，勇敢地与奴隶主斗争，最终获得真正爱情的动人故事。连续剧长达108集，国内翻译成60集。剧情故事曲折感人，扣人心弦，播出以来，在茶余饭后，人们都在对剧情进行讨论，尤其是女主人公的命运。

张德奎问司机："你喜欢伊佐拉，还是莱昂休？"伊佐拉是剧中的女主角，一位美丽的女奴，是白种人和黑种人的混血儿，命运坎坷，生下来时被好心的庄园主太太当作女儿般抚养。莱昂休是庄园主的儿子。

没等司机回答，坐在后面的顾诵芬捅了捅张德奎，问："莱昂休是哪个单位的？"听顾诵芬这么一问，张德奎和司机禁不住笑了起来。张德奎说："顾总这个人似乎永远没有自己的娱乐生活，他心里只有科研，他的业余生活只有设计……"

对顾诵芬这次来阎良，张德奎后来在回忆文章中有这样一段记载：

"顾总得知（要进行验证试飞）这一情况后，立即通知我做好现场的技术保障工作，并于第二天午夜11点到达西安，随即参与了三个飞行日，但不知飞行结果，又不便直接向飞行员索要。于是，他对我说：你和他们都很熟，想办法将有关数据先给我看，有些不足之处我们好早做准备，研究改进措施。我向鹿鸣东同志说明情况后，他表示要和葛组长研究一下再通知我。检查组三人都是歼8原型机试飞的骨干，和顾总感情很深，他们深知顾总肩上担子很重，需处理的技术问题总是很多，还亲赴现场了解情况，十分难得。他们一致同意将飞行情况通报顾总，但发布之前不得向外界透露。就这样，每天晚10点以后，我拿到检查组的资料交给顾总，他立即分析归纳整理，一干就干到夜里一两点。当时天气很热，室内空调又经常坏，大汗淋漓的顾总赤膊上阵，连擦汗也顾不上。"

顾诵芬这次来西安得到的结论是，歼8Ⅱ飞机除水平加速度外，全部优于歼8Ⅰ型飞机，大改是成功的。他带领有关副总设计师与发动机设计单位多次协调，最后换装了推力更大的WP13AⅡ发动机，顺利地完成飞机设计定型试飞。

这是在歼8飞机研制的基础上取得的成就，说明了航空型号研制中技术传承的必要性。顾诵芬在中国超声速飞机研制前期完成的基础性工作，得到了实践的最好检验。

"八二工程"

十一届三中全会之后，我国转入以经济建设为中心，实行了改革开放的政策。国家在财力紧缺的情况下，注重将有限财力用在重点的国防安全项目上。美国在同苏联的争霸中，由于深陷越南战争泥潭，力图扭转争霸的态势，美寻求对外技术合作。

中方高层领导的决心很快就变为寻求国外技术合作的谋划和行动，而这又是从政治、外交、技术和经济等不同层面展开的。当时，空海军的高层领导都迫切希望和要求尽快为歼8Ⅱ飞机改装一套先进的数字式航空电子系统，以提高其作战能力和效能。

早在1980年，时任解放军副总参谋长刘华清在访美期间，就探讨过请美方帮助改装歼8飞机的问题，改装的重点是火控系统和发动机。1983年10月，美国国防部长温伯格访华，商谈了中美陆军武器及电子设备方面的合作事项。11月，中央军委主席邓小平在总参谋部、国防科工委呈报的《关于开展中美军事技术合作事项的请示》报告上批示：要增加歼8飞机改装综合航电系统项目。

根据航空工业部的指示，顾诵芬和副总设计师邱宗麟等人于1983年9月走访了空军和国防科工委领导机关，根据他们的想法和要求，提出引进产品、技术和改装方案，作为以后与美方谈判的技术准备。1984年，顾诵芬又以国防部考察组成员的名义在美国进行了一个多月的考察。

1984年3月31日，美国总统里根访华前夕，中方与美方工作组就改进歼8综合火控系统进行洽谈，并达成和签署了合作意向。6月，时任军委副秘书长张爱萍访美，再次与美方商谈改进歼8Ⅱ战斗机事宜。6月12日，美国总统里根签署文件，同意将歼8Ⅱ改装项目列入美国的对外军事销售（FMS）渠道。这一天，也正是歼8Ⅱ飞机首飞成功的日子。

顾诵芬回忆说：

"1984年年初，我们歼8Ⅱ飞机还没上天，但都已经完成了总装。这时候美国来了一组专家，其中有美国空军飞过F-16的飞行员、空军系统工程部的人，还有一位美驻华武官。这位武官很有意思，名叫翁伊顿，是清末军机大臣翁同龢的孙子，英文当然是很棒的，已经加入了美国籍，但他穿着我们的中山装，头发也跟我们是一样的，如果走在街上，真分不出他是中国人还是美国人。他们一起来考察歼8Ⅱ，由我介绍歼8Ⅱ的概况，然后看飞机，当时正在做地面试验。

"F-16的飞行员看起来很高兴，他说：'你们的飞机比F-16强，很光洁，没有前襟翼，后面没有那么多啰唆的事（指多缝襟翼）。'最后他评价说，就像是一辆高级轿车，但装的是吉普车的仪表。他们表示，下一步可以帮助我们改装全新的东西。"

一般而言，外国向美国采购军事项目（装备、产品、技术、服务等）

有几种渠道，FMS 是其中之一。所谓 FMS，就是买方提出需求申请函（LOR），然后根据美国国防部的报盘建议书（LOA），确定合格的外国政府或国际组织与美国政府之间的合作关系，而从国防库存或由美国国防部采购所实施的销售。FMS 渠道原本主要用于由美国提供军援的国家。

1984 年 11 月，美方组织了由国防部、系统司令部、后勤司令部、训练司令部等部门的专家组成的现场考察组，一行 20 人，访问了北京、沈阳、鞍山等地。考察组收集资料，为歼 8 Ⅱ 改装方案提出现场考察报告，这是形成整个 LOA 的重要资料准备。

针对美方现场考察组对沈飞公司的考察要求，顾诵芬组织有关技术人员进行了准备。

601 所原副所长李明，当时已调到沈飞公司任科研副经理，按照顾诵芬总设计师的安排，他起草了一份讲稿，还制作了若干投影片。

这份讲稿主要向美方介绍在改装歼 8 Ⅱ 综合火控系统时，与原有飞机、发动机、系统设备和武器的接口关系及处理原则，美方改装的综合火控系统应满足的主要技术要求，以及后续飞机改装时美方应考虑的事项等。

与此同时，航空工业部副部长何文治率团先后去美国和法国进行了考察。

1985 年 8 月中下旬，顾诵芬和黄昌默作为 601 所的代表参加了在北京远望楼召开的改装歼 8 Ⅱ 飞机的评审会。9 月，中央军委、国防科工委、航空工业部等军地多部门领导，听取了歼 8 Ⅱ 飞机改装项目的汇报。空军司令部科研部部长葛文墉和顾诵芬介绍了歼 8 Ⅱ 飞机改装的必要性、技术和经济可行性。在这次会议上，来自各方的代表原则上同意引进美国的火控系统改装歼 8 Ⅱ 飞机，并报请国务院、中央军委批准后实施。

10 月 12 日，国务院、中央军委正式发文批复，表示原则上同意使用美国技术对歼 8 Ⅱ 战斗机进行改装。批复中指出，歼 8 Ⅱ 飞机改装是加强空军装备现代化建设和提高航空科研技术水平的一项重要工程，要精心组织，大力协作，采取科学的管理措施，共同做好这项工作，既使空军得到先进的武器装备，又使科技、工业部门获得现代化的科学管理方法、系统研究程序和某些研制新型武器装备的新技术，为加速国防现代化建设作出贡献。

这项工程也就成了自1980年之后我国签订的一系列军事合作项目中合同金额最大的一项。

1986年，时任601所所长兼总设计师顾诵芬，也是"八二工程"的首任总设计师，被调到航空工业部工作。李明接替他担任总设计师。

在航空工业部组织下，1986年4月至1988年5月，两任"八二工程"总设计师顾诵芬和李明先后主持了5次软件工作会议。通过会议，组建了软件摸透核心小组；确定了软件开发研究的近期目标和远期目标；安排了从学习与掌握美国军用标准和规范入手，编制各种软件文档，开展系统仿真研究、技术攻关、软件测试等一系列工作。

1986年8月，中美双方在北京就"八二工程"的LOA草案及配套文件进行了谈判，顾诵芬、李明、黄昌默作为总设计师单位代表参加了谈判。谈判中，双方就上面提到的各类问题进行了讨论，修改了相关文件，为此后双方正式签订LOA文件奠定了基础。

10月30日，中方代表正式签字批准了LOA文件，至此歼8Ⅱ飞机改装合作项目正式生效，中美合作改装歼8Ⅱ型飞机电子综合火控系统工作正式启动。这就是"和平珍珠"计划。

为了帮助合同商投标，按照LOA的规定，由中方提供一架歼8Ⅱ型飞机的样机，供投标商进行空间协调、评估可达性和维修性及座舱布置。

1985年12月29日，样机装箱从沈阳发出，于1986年1月3日运达上海，并由上海远洋运输公司负责由中国上海运至美国纽约港。

样机运抵美国后，美方先后有110多人来参观样机，其中有美国空军后勤司令部（AFLC）、美国国防部国际后勤中心（ILC）、美国空军航空系统分部（ASD）和美国空军采购后勤中心（AFALC）的 8 位将军和 2 名将军级文职官员。他们对歼 8 Ⅱ 飞机表现出浓厚的兴趣，说："这飞机很大，很漂亮，很有潜力。"其项目经理爱斯沃思先生说："美、中两国政府间的第一次合作，美方从基地到国防部，乃至总统都很关心，我们一定为这次改装配置最好的设备，保证试飞时我们高兴，你们满意。"

按照合同要求，1989 年 1 月 20 日，两架试飞样机连同后勤保障设备、备件和器材等由美国空军的 C-5A 运输机从沈飞公司直接运至美国格鲁门公司。

1989 年 2 月 28 日，两架试飞样机正式移交给美国，标志着歼 8 Ⅱ 飞机改装工程正式进入实施阶段。

然而，就在"八二工程"进行到关键时刻，美国总统布什于 1989 年 6 月 5 日发表声明，暂停中美军事技术合作项目。

随后，美国空军单方面宣布中断合作，中方人员被迫当天撤离工作现场。当时的国际政治形势复杂，苏联国内出现严重动荡，美国借口人权问题粗暴干涉中国内政，动用了"制裁"手段，首当其冲的就是"八二工程"这个中美之间最大的军事技术合作项目。

1990 年 3 月，美方提出需增加的经费超过 2 亿美元，试图要求由中方承担美方单方面中断合作造成的经济后果。对此，党中央和中央军委作出决策，决定停止"八二工程"。

4 月下旬，中美高级代表就工程发展前景举行了谈判，并签署文件，决定终止工程发展。7 月 5 日，中国驻美的技术支援组人员全部撤回。

通过"八二工程"的艰苦历练，顾诵芬站在战略高度，以国际视野进一步摸清了世界航空科技的状况，对西方先进的航空电子技术的设计原理和技术标准，以及这些技术的软硬件都有了清楚的认识。通过与美国企业进行技术交流与合作，也基本上了解了国外先进航空电子技术的发展方向和应用思想，为我国同类技术的发展提供了理论依据和技术基础。

"八二工程"也是一支强烈的催化剂和清醒剂，它催生了中国新一代航空尖端技术的发展成长；它让我们更加清楚地看到美方军事技术合作的真正企图，让我们放弃了幻想，集中全部力量投入自身先进航空电子技术的研发中。

定型歼 8Ⅱ

1984 年 6 月 12 日，歼 8Ⅱ飞机肩负着沈飞人的梦想与期盼腾空跃起，飞向湛蓝的天际！

从 1980 年 9 月开始研制，历经 1300 多个日日夜夜，从萧瑟深秋到寒凝大地，从万木吐绿到百花盛开，歼 8Ⅱ首飞成功比国家计划提前了四个月。

歼 8Ⅱ研制周期之短、质量之高被空军领导誉为"创造了一个奇迹"。

"在歼 8Ⅱ飞机设计、研制中，我国首次运用现代化系统工程管理模式，跨行政建制单位落实以型号总设计师为首的技术责任制。""不仅节约了经费，在研制速度上创造了历史新纪录，各种管理方式也属首创，为以后的新机研制开创了成功的范例。"黄德森回忆说。

1988 年 3 月 11 日至 15 日，航空产品定型委员会在沈阳组织召开了歼 8Ⅱ型飞机设计定型技术鉴定会。鉴定组成员分成 4 个组，对飞机的全部研制工作进行了审查与评议。

鉴定组的评审意见是：歼 8Ⅱ型飞机主要战术技术性能和技术状态，已达到了上级批准的有关设计定型的指标要求；各项试验、试飞工作已基本完成；图样、技术文件基本完整、正确、协调、清晰；定型新成品已定点生产或供应渠道畅通；专用新材料已鉴定并已定点供应；工厂小批生产的工艺技术及设备已基本完整配套。

鉴定组认为歼 8Ⅱ型飞机已具备设计定型条件，建议航空产品定型委员会审议并呈报国务院、中央军委常规军工产品定型委员会批准歼 8 Ⅱ 型飞机设计定型。

鉴定会结束后，航空产品定型委员会于 1988 年 3 月 17 日至 18 日在沈阳召开了第 46 次现场办公会。

会议认为：601 所、沈飞公司在总参谋部、国防科工委的领导下，在航空工业部的直接组织下，在国务院有关部委、空海军机关的大力支持下，与承担装机成品研制任务的 70 多个主要厂所密切协作，勇于开拓，不断创新，攻克了很多技术难关，研制出了性能比较先进的高空高速战斗机，为改善空海军航空兵部队装备、提高部队的战斗力作出了贡献；同时，也为我国航空装备的发展走"渐改"道路提供了新的经验。认真总结和运用这些经验，对今后新机研制，特别是对搞好歼 8 Ⅱ 型飞机下一步的工作，有着十分重要的意义。与会同志同意航空产品定型委员会《呈请批准歼 8 Ⅱ 型飞机设计定型》的请示，建议国务院、中央军委常规军工产品定型委员会批准该产品设计定型。

国务院、中央军委于 1988 年 10 月 15 日批复《同意歼 8 Ⅱ 型飞机设计定型》。

10 月 21 日，歼 8 Ⅱ 型飞机设计定型后，在沈飞公司文化宫召开了庆祝新机设计定型大会。文化宫门前彩旗飘扬、锣鼓喧天、鞭炮齐鸣，一派节日的气氛。身穿节日盛装的少年儿童兴高采烈地跳着迎宾舞，热烈欢迎上级首长光临庆祝大会。

文化宫里坐满了来自沈飞公司、601 所新机科研生产前线的代表们，他们喜气洋洋，忘记了昔日的辛苦，分享着丰硕的成果。

下午 2 时许，主持大会的 601 所所长解思适宣布庆祝大会开始。会上，航空产品定型委员会主任、空军副司令员林虎宣布歼 8 Ⅱ 型飞机技术鉴定审查结果：航空产品定型委员会现场办公会议认真听取、审议了歼 8 Ⅱ 型飞机设计定型技术鉴定会的报告，认为歼 8 Ⅱ 型飞机达到了设计定型的技术要求，同意报请国务院、中央军委军工产品定型委员会审批。这时，全场立刻响起热烈的掌声。数百名天真活泼的少先队员手持花束，像春天的雏燕，欢呼雀跃着涌入会场，奔向主席台，向大会献花。

庆祝大会收到上级机关、兄弟厂所发来的数十封贺电、贺信，上级首长和领导分别在会上讲话。歼8Ⅱ型飞机通过设计定型，标志着我国的航空工业进入了新的发展阶段。

这是经济、政治体制改革的丰硕成果。人们都希望早日把歼8Ⅱ型飞机装备部队，为巩固国防出力。

此时，顾诵芬感慨万千。

当他听到上级首长的勉励与希望及上级机关和兄弟单位的贺词时，内心无比激动。

从1980年3月歼8Ⅱ型飞机立项研制，到1988年3月完成设计定型，整整8年！2900多个日日夜夜，大家无时无刻不在为歼8Ⅱ型飞机的研制呕心沥血、出谋划策、孜孜不倦、攻坚克难。那技术人员热火朝天的发图场面，那工人夜以继日的大干场面，那首飞成功的热烈欢呼场面……在顾诵芬脑海中一幕幕闪过。

正在这时，沈飞公司总经理唐乾三的讲话打断了他的思绪。

唐乾三代表沈飞公司和601所全体职工表示："决不辜负中央军委的期望，继续发扬团结、拼搏、求实、创新的精神，不断深化企业改革，将竞争机制引入新机科研之中，加速歼8Ⅱ型飞机的研制进程，为实现国防现代化不断作出新贡献。"

这亦是顾诵芬的心愿。

20多年后的一天，回想起歼8Ⅱ的研制，顾诵芬感慨地说：

"1981年5月，我被国防工办任命为歼8Ⅱ型飞机的总设计师。责任感、使命感、紧迫感驱使和激励着我向新的目标探索。歼8Ⅱ飞机的研制是一项艰苦浩繁的系统工程，在技术难度大、风险大、周期短、试验设备不配套的条件下，要保质保量地按时完成任务，容不得半点差错。在型号总指挥和部领导的支持下，我充分利用型号总设计师体制、系统工程管理模式，明确技术责任制，把 20 多项飞机专业分系统技术有条不紊地协调综合在歼 8 Ⅱ 总体优化的系统内。"

歼 8 Ⅱ 战斗机是我国航空工业的一个突破，是我国自主研制的一款双发高空高速战斗机。在歼 8 系列战斗机之前，我国的战斗机是建立在仿制苏联型号的基础上，包括歼 6 和歼 7 系列战斗机等，而歼 8 系列战斗机是一个突破。

歼 8 Ⅱ 战斗机和歼 8 有着明显的区别，歼 8 Ⅱ 战斗机采用了两侧进气道的设计，而歼 8 原型机则采用了和歼 6、歼 7 一样的机头进气模式。通过在两侧设置进气道，歼 8 Ⅱ 战斗机可以安装大功率的火控雷达。

歼 8 Ⅱ 战斗机被称为"空中美男子"，其修长的机身设计在当时独树一帜，与其他大批装备的机头进气的战斗机相比，歼 8 Ⅱ 战斗机的外形是出类拔萃的。

军方评价，歼 8 Ⅱ 飞机是当时"我国空军装备的歼击机中最高档的机种，对改善空军装备、增强国防力量，具有重要价值和意义"，是当时空海军的核心装备。

歼 8 Ⅱ 战斗机的诞生，为我国的国土防空提供了一款强有力的装备。

1988 年 8 月，中航科技公司代表中国航空工业首次参加范堡罗航展，并携带歼 8 Ⅱ 飞机模型参展。当外国人看了歼 8 Ⅱ 飞机表演的录像，他们发出了惊叹。外电评论："歼 8 Ⅱ 飞机的诞生，标志着中国歼击机摆脱了米格系列，进入了新的发展阶段。"

歼 8 Ⅱ 型飞机的设计定型，为以后歼 8 Ⅱ 系列飞机的发展打下了良好的基础。歼 8 Ⅱ D、歼 8 Ⅱ F 等都是在歼 8 Ⅱ 基础上发展的新型歼击机。

1993 年 5 月，顾诵芬在以《把理想写在祖国蓝天》为题的演讲中说：

"歼 8、歼 8 Ⅱ 飞机的设计和研制成功，终于使我童年时的梦想成为现实。我深深感到，一架飞机的上天，靠的是党的领导，靠的是社会主义制度的无比优越，靠的是集体的力量。在我们社会主义国家，只要拼搏，认真干事，个人的理想总会得到实现。这就是我从我个人半个多世纪的经历中得出的真实感受。"①

2000年9月，在中国航空工业第一集团公司科学技术委员会主办、沈阳601所承办的航空发展座谈会上，顾诵芬作了题为《对飞机设计工作的一些看法》的发言。

顾诵芬指出：纵观中国40多年的飞机研制历史，飞机设计要想有长远稳定的规划，设计部门自己也需要去研究。

"第一，设计所必须建立远景组，根据威胁形势的变化和国内外科技水平的发展，要提出战略性、前瞻性的飞机发展设想。提出的设想要与空海军等领导机关进行探讨和磋商。这样，设计所至少可能得到一个较长远的、稳定的飞机发展规划。如果由行业集团汇集各所意见后再与使用部门不断磋商，则有可能得到一个行业型号的发展规划，当然这个规划必须根据形势变化而做滚动修改。

"第二，要做好这样的规划，设计所必须研究飞机的作战使用。空军副司令员林虎曾多次告诫我们'飞机设计人员必须懂得飞机使用'，除一般的飞机作战使用的知识外，设计人员还必须掌握飞机作战效能的定量分析手段，要建立实用的战效分析的仿真设施。

"第三，做远景设想时还必须要有经济分析。……

"总之，要做一个长远的、稳定的飞机型号发展规划，必须由设计部门和使用部门一起来努力，结合在一起。对于使用部门不单是听部队的意见，更重要的是与领导机关一起来研究协商。……

"总结过去的经验是认识事物规律和改进工作方法、提高工作水平的重要方面。"②

顾诵芬的这个发言，理性、冷静，充分体现了一名战略科学家

---

① 顾诵芬：《把理想写在祖国蓝天》，《工人日报》1993年5月4日。
② 顾诵芬：《对飞机设计工作的一些看法》，载《顾诵芬文集》，航空工业出版社，2016年3月第1版，第272、276页。

的用心良苦，诲汝谆谆。

2000 年，歼 8 Ⅱ型飞机获国家科技进步奖一等奖，顾诵芬以突出的贡献当之无愧地被列为第一获奖人。

@ 同时期的世界

1988 年 3 月，歼 8 Ⅱ型飞机完成设计定型，这条路一走就是整整 8 年。

3 月 18 日，国务院发出《关于扩大沿海经济开放区范围的通知》。9 月 5 日，邓小平在会见捷克斯洛伐克总统胡萨克时提出，科学技术是第一生产力。9 月 7 日，我国成功发射试验性气象卫星"风云一号"，这是我国自行研制和发射的第一颗极地轨道气象卫星。10 月 16 日，我国第一座高能加速器——北京正负电子对撞机对撞成功，这是我国在高技术领域取得的一项重大突破性成就。10 月 24 日，邓小平在视察北京正负电子对撞机国家实验室时指出，中国必须发展自己的高技术，在世界高技术领域占有一席之地。

而 1988 年的国际形势风起云涌。

1 月，美国和加拿大签署双边贸易协定；美国政府宣布从 1989 年 1 月起取消亚洲"四小龙"享有的优惠待遇。

2 月，美国与东盟第八次经济对话会议在华盛顿举行。

4 月，发展中国家全球贸易优惠制谈判委员会部长级会议在贝尔格莱德举行，通过了《贝尔格莱德宣言》；24 国集团在华盛顿举行讨论债务问题的会议；苏联签署从阿富汗撤军的协议。

5 月，欧洲大会在海牙举行，会议通过《海牙宣言》；第六届太平洋经合会议在大阪举行。

6 月，西方七国首脑会议在多伦多举行；欧洲经济共同体十二国首脑联合发表《完全实现欧洲一体化文件》。

8月，伊朗与伊拉克正式停火，结束了历时8年的战争。

10月，不结盟国家高技术会议在新德里召开，决定在印度建立不结盟国家科技中心。

11月，电脑黑客莫里斯研制的病毒闯入五角大楼的计算机网络，苏联第一架无人驾驶航天飞机暴风雪号试飞成功。

12月，联合国大会通过33项关于经济发展问题的决议；第四届南亚区域合作联盟首脑会议在伊斯兰堡举行，通过《伊斯兰堡宣言》。

第九章 登高：纵览国内外

　　航空产业作为一种战略性产业，其关键技术、核心技术是买不来的，必须卧薪尝胆，依靠自己，攻关积累，掌握主动。同时在改革开放的条件下，要充分利用有利的国际环境，积极开展以我为主的国际合作，提升自主创新能力。

——顾诵芬　2006 年 7 月

56 岁，调到北京

1986 年 10 月，顾诵芬离开了工作 35 年的飞机设计岗位，调入北京，担任航空工业部科学技术委员会（简称科技委）副主任。

从 1961 年六院一所成立起，在 601 所，沈阳塔湾这个地方，顾诵芬一待就是 25 个春秋。这里，已成为他一生中最精彩也最值得怀念的地方！

就是在这个地方，从一个默默无闻的普通技术人员，成长为承担多个重点型号飞机研制任务的总设计师，顾诵芬走过了一条不平凡的成功之路。如今，挥手告别塔湾，顾诵芬感慨万千，记忆中既有往昔美好生活的欢乐，也有遭遇挫折的隐隐伤感。

其实，顾诵芬调离 601 所，除工作需要之外，组织上还有一个考虑，就是方便他照顾年迈的父亲。

20 世纪 80 年代初，已经 80 多岁的顾廷龙身边没人照顾，所以总想让儿子、媳妇调回上海。当时，上海图书馆专门派了干部到沈阳协调这项工作，到 601 所商量，所里初步表示同意，但部里不让放。最后，莫文祥部长折中了一下，决定将顾诵芬调到北京担任科技委副主任，这样他就可以把父亲从上海接到北京来照顾。

1986 年年初，王其恭副部长找顾诵芬正式谈工作调动的事。

谈话的主要内容是考虑到航空工业部科技委副主任王南寿年事已高，很快就要退休，需要顾诵芬来接替工作。

当时，航空工业部科技委是列入编制的部领导班子的参谋机构，不是咨询机构，是一个更高层次的航空发展战略和航空科学技术重大决策的重要支撑机构。由此，顾诵芬开始在涉及航空科技战略性、全局性的决策方面，发挥更大的作用。

而此时，顾诵芬才 56 岁，结束设计生涯，他心里有些不舍。他想当个"老飞机设计师"，在这个岗位上干一辈子。因而对这次调动，他心情复杂，言谈之中也流露出几许遗憾。

童年的时候，顾诵芬就喜欢动手，喜欢航模；上大学后，他不但勤于动脑，更是注重实践，勤于动手；走上工作岗位，去修理厂做工，亲自绘制飞机和部件的草图，设计飞机气动力的具体试验……正如雅科夫列夫所言："我坐在飞机上所感受的快乐是任何奖赏都不能比拟的，因为这架飞机的全部构件，直到每一个小螺钉，都是我绞尽脑汁换来的果实。"

顾诵芬怎么舍得离开自己为之奋斗一生的飞机？他的老朋友、俄罗斯飞机设计大师比施根斯，一生致力于飞机设计，在这个岗位上一直干到生命的最后一刻。如果能像比施根斯那样该多好！

可他又不得不综合考虑，为暮年的父亲做一点妥协。

这种飞机设计情结难以释怀，顾诵芬在后来见到比自己大七八岁的朋友、仍活跃在飞机设计事业一线的美国格鲁门公司的派莱哈克时，同样流露出这种心绪。

2003年9月，由中国和巴基斯坦共同投资、中国自主研发的枭龙战机首飞成功，引起国内外媒体和航空界的关注。

这是中国航空工业按照"共同投资、共同开发、共担风险、共享利益"的原则开发研制的。前期研发工作，曾与美国格鲁门公司协作。按照协议，1987年中方对格鲁门的方案进行了三次评审，顾诵芬参与了这项工作。

就是在多次评选中，顾诵芬与派莱哈克多次进行交流，为其敬业精神和传奇生涯而感动。他回忆说：

"与派莱哈克就是在评审超7方案时认识的，他那时是F-14飞机总设计师。当时他年纪也大了，可能是要退，但公司里有他的办公室。

"在讨论超7方案时，我们之间有一番辩论。他的思路是搞一架类似他们X-29的前掠翼飞机，用F404发动机，机身底下大开口，有一个舱门，然后发动机就这样吊下来。我有不同意见。我说我们的飞机不能这样干，水平尾翼支撑在后机身上，开了大口盖，刚度就不够了，弄不好会颤振的。他下面的人坚持他们的设想，所以就辩论起来。"①

尽管超7与格鲁门公司的合作最终没有进行下去，顾诵芬却记住了这个比自己大七八岁的外国同行。他认为这位美国飞机设计师身上有着"老飞机设计师"的风格。

"完后，他领我们去了他的办公室，看了X-29的方案。

"在办公室里，他从书架里拿出一个大大的纸箱子，打开后，取出来F-14的骨架模型，好像是用火柴棍做的，是他亲自动手做的。他说，要把传力结构交代清楚，就需要做出这样的模型来，现在都用数字虚拟模型是有问题的。

"他还给我们介绍了他在做的项目，是目视隐形飞机，在飞机机身上贴了许多锡纸的亮条，也有一个构架。他介绍说，这个项目中，最重要的是起落架收放的隐身问题。

"他们这些人都是非常注重实干的，工作非常认真。屠基达说，他要是在我们中国，一定是劳动模范。那时他已经患了癌症，但为了公司，他从纽约飞到伦敦，然后飞到巴基斯坦的伊斯兰堡，再飞到北京，一礼拜有时候要飞几个来回，从没有喊过困难。这种精神实在令人钦佩。

"他比我至少大七八岁，具有老飞机设计师的风格。"②

说到"老飞机设计师"派莱哈克，顾诵芬心里久久不能平静。

在参加这个方案评审时，比他大两岁的屠基达是超7项目中举足轻重的领军人物；比他小六岁的李明，带领着"八二工程"的技术团队奔波于中国和美国之间；而他还处于经验丰富、精力充沛、创造力旺盛的时期，却只能扮演航空科技领导者和专家的角色，对别人的技术方案发表意见和建议，这样的工作显然不符合他的志向和理想。

---

① 老科学家学术成长资料采集工程顾诵芬院士采集小组编《顾诵芬传》，师元光执笔，航空工业出版社、人民出版社，2021年11月第1版，第431页。
② 同上，第431—432页。

在这样的心境下，见到了派莱哈克这样一位比自己年长七八岁、身患癌症却依然活跃在飞机设计重大项目决策性岗位的设计师，使顾诵芬感触颇深。

顾诵芬认为：一个飞机设计师就应该像派莱哈克这样，在设计岗位上终老一生。

然而，顾诵芬服从组织的安排和决定，尽快地适应新的岗位。

告别了飞机设计师岗位，此时已经成为中国科学院学部委员，顾诵芬意识到，国家、民族和历史赋予了自己新的、更重要的使命，关注国际航空领域发展动向、探索中国航空工业的发展途径和前景是自己的责任。

顾诵芬的视野更开阔了，而他还是始终保持着抓紧一切空余时间看书的习惯，不断补充新的知识。他热切希望奋斗在航空科研、设计岗位的青年一代能够及时洞察国际航空领域的动态，高起点地掌握当今最先进的技术。

"如振翼高飞之征鸿，目光始终向着远方。"中华人民共和国国防部如此评价顾诵芬。

北京市朝阳区北苑2号院，大门两侧林林总总挂着多个白底黑字的牌子——航空工业部科技委、中国航空研究院、航空工业档案馆……自此，顾诵芬就一直住在其中一套极普通的单元房里。

从家到科技委办公楼，两点一线，这段走过36年的路，顾诵芬仍未止步。

参加"863"专家委员会

"到航空工业部科技委员会工作后，顾总高瞻远瞩，紧盯世界航空科技前沿。"孙聪说，他注重理论研究，为重大项目决策、实施建言献策，推动了航空装备和技术发展。

而顾诵芬说："到了北京后，交给我的第一项任务就是参加'863'

的项目研究。"

20世纪80年代以来，科学技术迅猛发展，许多国家为了在国际竞争中赢得先机，都把发展高技术列为国家发展战略的重要组成部分。比如，1983年美国提出"战略防御倡议"（"星球大战计划"），欧洲提出"尤里卡计划"，日本提出今后十年科学技术振兴政策等，对世界高技术发展都产生了重大影响。1986年3月，王大珩、王淦昌、杨嘉墀、陈芳允四位科学家向党中央提交报告，建议跟踪世界先进水平，发展中国高技术。在党中央和邓小平同志的高度重视下，1986年11月，中共中央、国务院批准《国家高技术研究发展计划纲要》（国家高技术研究发展计划，简称"863"计划）。

"863"计划是一项影响深远的跨世纪重大工程，是科学家的战略眼光与政治家的高瞻远瞩相结合的产物，它凝练了我国发展高技术的战略需求，对中国当代科学技术发展起到了极其重要的推动作用。

"863"计划从世界高技术发展的趋势和中国的需要与实际可能出发，坚持"有限目标、突出重点"的方针，选择了生物技术、航天技术、信息技术、激光技术、自动化技术、能源技术和新材料等7个方面高技术领域作为我国高技术研究的发展重点（1996年增加了海洋技术领域）。有几个项目是国防科工委负责的，其中之一就是载人航天。这个项目交给了航空、航天两个部门，成立了专家委员会（代号863-2），首席专家是航天部的屠善澄。屠善澄是1956年从美国回来的老专家。

专家委员会成员有杨嘉墀、陈芳允、王大珩、王淦昌、王永志、朱毅麟、顾诵芬和李志广等。

这个委员会下面设有两个主题：一是大型运载火箭及天地往返运输系统；二是载人空间站系统及其应用。

"我是很突然地参与这个项目的，对航天方面的有些东西其实并不是很了解。当时航空部方面是何文治在主抓，我进这个专家委员会是他推荐我的，航天方面是李绪鄂在抓。……

"这个委员会是 1987 年正式成立的。1987 年 9 月份，欧洲召开载人航天会议，本来应该是首席专家屠善澄参加，但他跟着宋健去参加世界工程师会议，就让我代他参加。两个主题组也各安排有几个人参加。那次屠守锷（两弹元勋）也去了。那时航天一院已经从航天部游离出来，位置是比较高的，屠守锷是会议特别邀请的，随我们一起去。

"在这个会议上，法国人介绍了他们的方案是用火箭打一个飞行器上去，像航天飞机一样，第一级是打火箭，然后打一个带机翼的飞行器。我倾向于他们这个方案的思路。

"但搞往返系统的人都主张打飞船，这样的方案挺省事。科学院的胡文瑞同志说，1988 年的时候，他去过苏联，苏联比较开放。他们讲，买一个'联盟号'飞船，只要花 2000 万美元。所以他们认为何必要自己花几十个亿搞别的？

"我们几个都不太同意再搞飞船。我觉得打一个带翼的航天器需要有更高一点的水平，值得一干；而飞船的方案则是人家都已经干过的。两种不同意见，是打带翼航天器，还是直接打飞船，委员会内争论很激烈。……"[①]

顾诵芬在自传中，对这一研究活动作了详细的回顾，从科学研究的角度，对国家实施的战略计划，客观地提出了自己的见解。

1991 年，第一届委员会任期结束，顾诵芬的工作得到了专家委员的好评。

"863-2"专家委员会对顾诵芬同志的个人任期工作鉴定为：

"顾诵芬同志是'863-2'专家委员会委员，分管天地往返运输系统和情报分析方面的工作。

"顾诵芬同志是我国卓有成就的飞机设计专家，自 1986 年参加'863-2'的工作以来，在对航空技术做了深入研究的基础上，认为

[①] 老科学家学术成长资料采集工程顾诵芬院士采集小组编《顾诵芬传》，师元光执笔，航空工业出版社、人民出版社，2021 年 11 月第 1 版，第 429-430 页。

要很好地发展我国的航天技术，必须把航天和航空的技术很好地结合起来，并为此做了大量工作。除从总体大系统的角度对我国载人航天的发展蓝图做了认真研究并指导620所的空间站大系统论证外，还利用出国考察的机会，搜集最新的资料，撰写考察分析报告并组织航空专业技术人员对天地往返运输系统的总体和分系统进行了深入的跟踪分析，对专家委员会博采航空和航天技术之长，确定总体发展蓝图起了重要作用。

"顾诵芬同志是一位具有很深造诣的歼击机气动力设计专家，在他主管的'863-2'工作中，无论是气动规划论证专题组的论证和航天飞机标模试验，还是航天飞机资料分析，都能采取十分严肃、认真的态度，进行深入研究，对他主管的课题，在立题、检查和评审中也十分认真。

"顾诵芬同志是一位享有很高声誉的专家，参加'863-2'专家委员会工作5年多来，对'公正、献身、创新、求实、协作'的'863'精神身体力行，他谦虚谨慎，尊重他人，获得大家的一致称赞。"

在此期间，顾诵芬还担任航空航天工业部科学技术研究院（简称航空航天研究院）副院长。

航空航天研究院于1988年12月9日召开了成立大会，时任航空航天部副部长何文治兼任院长，张耀、顾诵芬、孟赤兵等担任副院长。

在航空航天研究院副院长岗位上，短短四年中，顾诵芬认真履职，做了不少工作，成绩突出。

时任研究院飞机处处长崔德刚说：

"在1989年航空航天研究院成立之初，顾总为副院长，负责研究院的科研工作，他以很高的热情投入工作。他认为中国航空工业应当和世界航空工业发达国家一样，建立自己的航空研究院，解决作为型号发展的关键技术的研究和验证的主体，希望将中国航空研究院建成中国的NASA。

"首先，顾总提出将原有的气动力强度处改为飞机处，使得飞机总体设计技术也成为该处的重要研究方向。这对掌握第三、第四代飞机突出的总体综合设计技术是十分重要的。"

在参加"863-2"专家委员会期间,顾诵芬还遇到了他科研人生中一件终生难忘的事,他的人生经历里多了一份幸福而美好的回忆。

1987年夏,顾诵芬接到一份中共中央办公厅发出的请柬,上面写着:"顾诵芬同志,中共中央邀请您偕爱人于七月十八日至三十一日到北戴河休息。"中央邀请科技界专家到北戴河休假,在共和国历史上还是第一次。从那以后,经中央批准,中央组织部正式建立了组织专家携配偶疗养休假制度。

7月的北戴河,海波荡漾,水天一色,景象宜人。顾诵芬和江泽菲没有想到的是,7月24日上午,时任中央顾问委员会主任邓小平出现在大家眼前。

那一年,邓小平已经83岁,精神矍铄,神采奕奕,他步履稳健地走到顾诵芬等14位优秀中青年科学专家面前,与大家亲切握手。

除了与大家合影以外,邓小平还特意与每一个人拍照留念。

邓小平高度评价了科技界的成就,他说:"对你们在各自领域中作出的卓越贡献,国家感谢你们,党感谢你们,人民感谢你们。"

中国社会主义改革开放和现代化建设的总设计师邓小平与歼8、歼8Ⅱ型飞机的总设计师顾诵芬亲切握手的照片刊载在《人民画报》上,照片底下的说明词是:"邓小平于1987年7月20日在北戴河亲切接见沈阳所原所长兼总设计师顾诵芬。"在当时,对于航空工业和科技界广大知识分子、对于全国人民群众都是一件轰动性的新闻。

顾诵芬在受到接见后,马上给601所写了一封信,谈及自己的感受,并指出:"自己受到邓小平的接见是代表全所同志的,这个荣誉属于全所的同志们。"①

---

① 中国航空工业集团有限公司编《大家之道——向顾诵芬院士学习》,航空工业出版社,2022年3月第1版,第193-194页。

研究主动控制技术

"顾诵芬时刻都在关注着国外的技术发展最新动态、航空科技和飞机设计方面的前沿技术，始终保持着业内科学技术高水平状态，为我国掌握三代战机必备的先进主动控制——电传操纵技术作出了重大贡献。"李天院士这样认为。

顾诵芬对主动控制技术（ACT）投入了极大的精力进行研究与应用。

主动控制技术是20世纪60年代中期首先在美国发展起来的一种飞机设计技术。60年代中期，美国空军的战略思想发生了重要变化，从原来的"要导弹不要飞机"，变为要发展机动性好的"空中优势"战斗机，并且认为要使战斗机的机动性有更大的改善，最有希望的突破口就是主动控制技术。

此外，从20世纪50年代后期开始，现代控制理论和计算机技术的迅速发展也为主动控制技术的发展奠定了基础。在那些年代，空气动力学发展也很快，出现了许多新的飞机气动布局方案，经过试验，对这些新布局飞机特性也有了深入的了解，从而为主动控制技术在飞机设计中的应用创造了条件。在上述需求和技术条件的基础上，从70年代开始，世界很多航空工业发达国家都相继开展了主动控制技术的验证工作。美国在发展主动控制技术方面一直处于领先地位。

我国从1978年秋成立主动控制规划组以来，在有关研究所、工厂和学校的合作下，不仅对主动控制技术进行了理论方法的研究，而且完成了验证机的试飞验证，取得了可喜的成果。

主动控制技术就是用电传操纵，能自动调节，不像以前用操纵杆操纵。

按这种思想设计飞机的过程，也就是在飞机设计的初始阶段，根据对飞机的性能要求，综合考虑飞行控制、气动力、结构和发动机的设计和选型，并通过充分发挥飞机控制的主动性和潜力，协调和解决所产生的矛盾，使飞机具有最佳性能；于是，飞机控制在飞机的总体设计中，由原来的被动作用转变为主动作用，因而被人们称为主动控制技术。

从飞机设计角度来说，主动控制技术就是在飞机设计的初始阶段，考虑飞行控制系统对飞机总体设计的影响，充分发挥飞行控制潜力的一种飞机设计技术。

从飞行控制角度来说，主动控制技术就是在各种飞行状态下，通过飞行控制系统使作用在飞机上的气动力按照需要变化，从而使飞机性能达到最佳，并使成本、使用费用降低的一种飞行设计技术。

过去把这种飞机设计技术称为随控布局（CCV）。广泛采用的说法是主动控制技术，而随控布局仅是主动控制技术在飞机设计中的具体应用。

西方国家按技术发展阶段，将战斗机划分为"代"。我国参照国际上划分的惯例，将20世纪以喷气发动机为动力的战斗机划为第一代；将20世纪50年代后期以追求高空高速为主要特征的战斗机划为第二代；第三代战机出现在20世纪70年代，其特点除普遍采用大推重比的涡扇发动机、复合材料和大口径脉冲多普勒火控雷达等以外，还有一个突出的特点是应用主动控制技术。[①]

主动控制技术的预先研究为我国新一代飞机实现电传操纵做好了坚实储备，同时也锻炼出一批优秀人才。

1988年10月，在歼8飞机加纵向模拟电传操纵验证首飞的前一个月，顾诵芬到沈阳蹲点，李天每天与顾诵芬一起在工厂工作。

回忆当时的情景，李天说："已年近60岁的顾总，对每一次地面试验、技术方案、飞机改装情况，都认真仔细地审查。他还多次

---

① 老科学家学术成长资料采集工程顾诵芬院士采集小组编《顾诵芬传》，师元光执笔，航空工业出版社、人民出版社，2021年11月第1版，第435页。

爬到飞机机翼和尾部上，亲自检查操纵系统和舵机的工作情况。出于安全考虑，我曾几次阻止他爬上飞机在机身上面检查，但他都说：'试飞的安全比自己的安全更重要，我一定要亲自看看飞机改装情况，否则我不放心。'"

顾诵芬在回忆录中也写道：

"装机后，对系统进行了几次调试，也出现了一些问题。歼8与歼7的飞控系统都是一样的，放飞前检查飞控系统，通电准备的时候，按照系统设计，水平尾翼应自动往下调整一个角度，下来几十毫米，包括前缘的位置也有一个调定的数据。结果开车以后一测，调好的数字不对了，大家有点慌。我说，可能是由于开车后，后机身的温度发生了变化，引起这些机械位置数据发生变化。后来停车检查发现，还是原来确定的参数，看来这个分析还是有道理的，大家放心了，就算过了一关。

"在地面来回试了多次，比较理想，就抓紧飞了。飞过后，试飞员的评价是满意……"

1989年11月，顾诵芬又从北京来到沈阳，与李天、李明等一起组织领导完成了歼8飞机加纵向数字式电传操纵系统首飞前的各项试验和评审工作。

李天感触颇深地说："（顾诵芬）在沈阳的一个多月里，他组织大家及时解决出现的各种问题，每天都开碰头会，既保质量又保进度，保证首飞万无一失。他还主持了首飞前的评审工作，保证该机于1988年11月首飞成功，并连续完成了25个无故障试飞起落，圆满地完成了验证任务。

"接着在1989年11月顾总又从北京来到沈阳，与李明一起组织领导大家完成了歼8飞机加纵向数字式电传操纵系统首飞前的各项试验和评审工作。经过一个多月努力，该机于1989年12月30日首飞，接着飞行了46个起落，完成了验证任务。顾总为我国掌握三代机必备的先进主动控制——电传操纵技术作出了重大贡献，也为我们树立了献身航空、精益求精、一丝不苟工作的典范。"①

1988年，顾诵芬荣获"全国劳动模范"称号。1991年和1994年，顾诵芬先后当选中国科学院院士和中国工程院院士。

而顾诵芬在言及ACT项目研究时，总是忘不了两位带病坚持工作直至生命最后一刻的同志，他们是为祖国航空工业拼搏奉献的代表。

"一位是西安飞行自动控制研究所的钳工师傅，他加工制造作动筒很拿手。当时他患病在身，但坚持工作，不幸于1989年去世。还有一位就是沈阳所的孙新国。1991年春节期间，他在办公室加班。那一天下大雪，谁也不知道他去加班了，家里人也不知道。晚上他没有回家，最后人们发现他倒在设计室门外的廊檐下，身上覆盖着一层白雪……现在想起来，这两位同志的去世令我感到很沉痛。"②顾诵芬说。

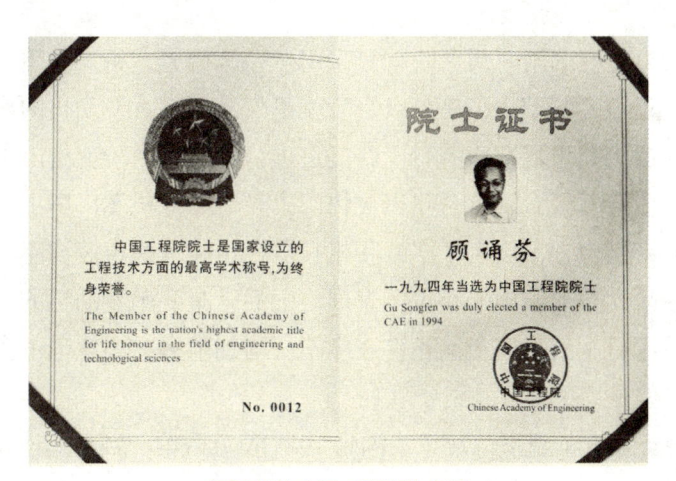

顾诵芬的中国工程院院士证

---

① 老科学家学术成长资料采集工程顾诵芬院士采集小组编《顾诵芬传》，师元光执笔，航空工业出版社、人民出版社，2021年11月第1版，第442页。
② 中国航空工业集团有限公司编《大家之道——向顾诵芬院士学习》，航空工业出版社，2022年3月第1版，第188页。

"空天一体"构想

作为我国航空科技事业的引领者，顾诵芬纵观国际风云，追踪科技创新的前沿，一直在战略层面上进行积极的思考和准备。

他将战略目光投向更宽广的时空维度，将航空工业与国家战略、重要产业相连接，以开放的态度积极推进国际合作交流，为新一代航空装备研制铺垫道路。

1990年，顾诵芬撰写了文章《当代航空航天技术的发展趋势》，发表在《现代化》杂志上。

在文章中，他回顾了人类航空的发展。1903年12月17日，美国莱特兄弟的第一架飞机上天。这是一种简单的鸭式桁架飞机，第一次飞行的高度只有1米左右，飞行距离36米，留空时间仅12秒。当时的人们无法想到，今天能有这么多飞机。飞机发展之所以这么快，主要是突破了关键技术。

飞机发展的第一级台阶就是采用全金属硬壳式机身，飞机机身的受力是靠金属蒙皮；第二级台阶就是气冷活塞式发动机的出现；第三级台阶就是翼型研究有了新的进展；第四级台阶就是出现喷气发动机；第五级台阶就是飞得更快，出现了后掠机翼；再上一级台阶就是突破声速，出现了"蜂腰机身"，可减少跨声速波阻；再上一级台阶就是航空电子系统的发展；之后就是涡扇发动机的出现；此后持续研制的民航机，也许速度不会增加很多，油耗也不会下降多少，但是会更安全、更舒适。

航天事业的发展，应该追溯到1957年苏联第一颗人造地球卫星发射成功。1961年苏联又发射了载人飞船，后来就是美国的"水星""双子星"及"阿波罗"飞船，这些都是人类探索空间的萌芽状态。到1986年美国出现航天飞机以后，航天的发展进入增长阶段，即技术急剧增长的初始阶段。

关于未来如何发展，顾诵芬在文章中预测，可能也要经过几级台阶：

一是要有几百千瓦的电源，因为空间没有其他电的来源，只能靠太阳能或自带电源，如果能有几百千瓦的电源，就能有更大的活动余地；二是要解决大型空间结构问题，要想在空间搞个百把米长的太阳能电池，必须能在空间组装大型构件；三是气动力刹车问题，航天器要改换轨道应该是先降到大气层里面，减速以后，改变航迹，使位能变动能，之后由动能变位能，再进入另一轨道以减少在空间的推进剂消耗；四是以空间为基地储存火箭推进用的液氢液氧等低温燃料；五是要解决高超声速吸气发动机问题；六是真正做成能遥控的机器人，帮助人类完成空间工作；七是建立几兆瓦的动力站，在空间如能建起这么一个动力站，空间的利用就可以更加有效；八是建立再生生命保障系统，我们都知道，到了大气层以外就没有氧气了，也没有水，人的生存就得靠把自己吐出来的东西进行处理后重复使用，或者稍微再加一点，这个问题很重要，否则在空间没法生存；九是要发展以空间为基地的制造业。

关于利用空间的前景，可以从民用、军用两个方面看。

在民用方面，第一类是材料加工。卫星离开大气层以后，基本上是没有重力的，所以人在天上是没有重量的，倒着、横着走都行，浮得起来，比游泳还轻快。失重对材料加工有利，在地面组成合金由于元素的密度不一样，所以是分层的，到空间以后，没有重力的影响，重的可以在上面，轻的可以在下面，也可以混着，所以空间冶炼的合金可以做得很均匀。另外，空间很干净，所以做出的高纯度晶体，如半导体结晶可以做得很纯，还能做出无污染玻璃。第二类是制造，有一种专门治血栓病的药，即溶栓尿激酶，这种药要提炼得很纯很困难，而如果在空间利用电泳仪则可以提到很高的纯度，这是很名贵的药，美国打算到空间去做。第三类是对地观测，通过遥感器可以探测资源，预报灾害。第四类是宇宙的探索问题、天文问题，当时美国、苏联都在研究太阳系的问题。第五类是能源问题，空间可以利用太阳能，如果能把太阳能转换为电能，然后通过电磁波传到地面，接收后再转换成地面用的电能的话，那么地球上的能源将不再紧张。

空间在民用方面具有广阔前景，在军用方面意义就更大了。一般来说，大家对洲际导弹比较害怕，因为这种弹头速度太快，不怎么好防，那么如果在空间设防，这问题就好解决。所以空间利用在军事上十分重要。另外，利用空间对于侦察监视、发射动能武器和高能粒子束武器等也是很有用的。

空间无疑将成为此后战争的新制高点。

从1991年的海湾战争到2003年的伊拉克战争，每次局部战争都显示了军用卫星的重大作用，特别是卫星独特的信息战作用，不仅可以搜集和传递各种作战所需的信息，尤其重要的是它的影像侦察作用。如果不能阻止敌人的卫星侦察，我方所有军事部署和作战行动无疑将会全部暴露给敌人，这样就无法取得胜利。因此，美国空军十分重视争夺空间，其空军参谋长称：感知空间态势是实现美军全球戒备、全球到达和全球称霸的首要和最基本的概念。

美国空军空间司令部司令提出的四个要点是：保持和扩展司令部为联合作战提供空间效应，为国家提供安全和可靠的战略威慑，及时地、便宜地研发、部署和保证主宰空间的能力，能够吸引、造就和保持应对未来挑战所必需的专业知识人才。

在2007年6月的一次研讨会上，顾诵芬提出了立足现有航空武器装备，实现"空天一体"的一些想法。

顾诵芬在会上介绍了一种利用飞机技术快速进入空间的设想。

一是利用飞机的高空高速性能，作为发射空间飞行器的平台；二是利用现有高性能歼击机发射反卫星导弹；三是利用大型运输机发射运载火箭。未来战争要求夺取空间这个制高点，在航空兵基础上进入空间比较容易，利用高性能歼击机发射反卫星导弹是比较容易实现的。利用空军的大型运输机发射小型运载火箭及航天器也是可行的。采用这些途径可以大大缩短空间飞行器的发射周期和降低发射成本，同时提高空间作战的效率。

关于军用飞机的发展，顾诵芬强调，发展战斗机是适应新军事革命的迫切需要，是保卫国家安全和实现空军向攻防兼备转型的迫切需要，是带动我国航空装备研制和创新能力发展的迫切需要，是缩小与国外先进水平差距和实现跨越式发展的难得机遇。[①]

一般来说，战斗机应具有远程、隐身突防和精确攻击能力，良好的超声速性能，很强的超视距空战、近距空战、电子战及遂行多种任务的能力。

顾诵芬认为，发展我国第四代战斗机是国家安全和军事斗争形势需要，是应对军事变革的需要，也是实现空军装备和航空工业跨越式发展的需要。第四代战斗机在未来我军航空武器装备体系中占有重要地位和作用。第四代战斗机与第三代战斗机是高低搭配关系，将来与无人作战飞机是相互补充关系。

顾诵芬不仅从技术层面、使用层面进行了分析，还总结了自己多年型号机研制的经验，对军机发展从宏观上提出了重要的意见建议。他与朱荣昌合著的《我国军用飞机的发展回顾》，从宏观决策与顶层设计、作战需求牵引、仿制引进与自行研制等九个方面分析了军机发展应当注意的重点问题。

顾诵芬是我国第四代战机的开拓者，他对我国军用飞机发展历史经验的总结思考，既是他对老一辈专家思想方法的继承，更是他自己在各种历练之后的智慧结晶。

试飞英雄王昂，后来担任了航空航天工业部副部长，他一直习惯称顾诵芬为顾总，在王昂的眼里，顾诵芬是天才。他说："顾总是我的老师，我们一起工作了很久。他26岁就已经参与战机的主要设计，与钱学森等空气动力学家研究飞机设计的难题。歼8试飞时曾出过问题，顾总冒着生命危险，坐在教练机上紧跟着歼8，时刻

[①] 战斗机发展专题论证组：《我国战斗机发展研究》，载《顾诵芬文集》，航空工业出版社，2016年3月第1版，第245—247页。

观察做记录。他是终生献身航空的科学大师。"

1992年，在得知顾诵芬获得"航空金奖"后，著名科学家李政道专门写来贺信，向顾诵芬祝贺。李政道写道："我作为中国第一个世界诺贝尔奖获得者，对您表示最热烈的祝贺和最崇高的敬意。中国正在改革开放的大道上胜利前进，我深信在不久的将来，21世纪初，华人科学家必将领导人类科学新潮流。"

1999年12月12日，在中国航空学会第六次全国会员代表大会上，顾诵芬当选为中国航空学会第六届理事会副理事长。顾诵芬以这个新的身份，在学会活动中发挥着越来越重要的作用。

推动中俄航空科技交流合作

2012年6月，顾诵芬在中航国际讲演中，以《我所经历的新中国航空工业发展历程》为题，回顾了我国航空工业对外交流合作的情况。

顾诵芬说："我国航空工业开始是靠苏联援建的，我们的航空技术体系基本上学的是苏联，可是到1960年中苏关系恶化，苏联的航空科技新进展我们也不了解了。当时的'闭关锁国'政策，使我们也很难了解西方航空先进国家的技术发展，特别是'文化大革命'中，甚至一些科技人员连西方的航空科技资料都看不到，因此对外界的航空发展几乎毫无所知。"

到20世纪80年代中期，美国空军公布了新一代战斗机的战术技术要求：将隐身性、高机动性、超声速巡航、超视距作战及有效载荷不低于F-15和具有足够远的航程等特点体现在一架飞机上。

战斗机的又一轮更新换代迫在眉睫，中国的航空科技工业必须有所作为。

一直密切关注世界航空科学技术动向的顾诵芬敏锐地作出这样的判断。在他的大力推动下，中俄开始了两国航空科技工作者之间的一次具有历史性意义的大规模合作。

此次合作，组织了包括 601 所、611 所等飞机设计研究单位及相关部门参加的国家队，中俄双方组成联合论证组，由顾诵芬担任现场领导小组组长兼总设计师，并按专业分成六个大组（总体和结构、气动布局、飞控及操稳、动力及进排气、强度载荷及静气弹、航电及战效），组长由中方专家担任，副组长由俄方专家担任。

顾诵芬以国际视野和独有的国际声望，在不断开拓的对外合作中，发现和推介高水平专家来华讲学，引入高价值航空科技图书文献等。在最困难的一段时间，他几乎以"一己之力"，维系与推动这方面的工作，为研发四代机做准备。

1989 年下半年，苏联来了一个航空代表团。

带队的是苏联航空工业部科技局局长巴特科夫。他们的科技局很有权威，带来了苏联几个大研究院的负责人，有中央空气流体动力学研究院的院长扎卡伊诺夫、试飞院的院长瓦西里耶夫（他原是米格-31 飞机的总设计师）、发动机研究院的院长奥格罗德尼科夫（可能也是苏联科学院院士）、标准化研究院的负责人等。

顾诵芬对这次苏方的访问高度重视，他认为："谈到合作，第一步是先做调查，以航空研究院的名义，由张耀副院长陪着在全国走了一圈。"在北京接待苏方代表团时，顾诵芬参加了。后来代表团到外地参观时，他没有去。

参观之后，巴特科夫也尖锐地指出，航空研究院必须研究飞机总体方案，像中国现在这样各所搞研究，无法综合在一起，最终形不成一架新飞机的总体方案。而苏联的研究院是在总体协调之下，各研究院的东西综合在一起就是一架新的飞机。他提醒中方要注意这个问题。

顾诵芬认为巴特科夫的建议很重要，表示要认真接受，并在今后向上级机关、主管部门进行汇报。

当时，中苏还有一个合作项目，是双方的科学家和工程技术人员关于气动和强度的学术交流会议。双方已经确定第一次会议在新西伯利亚召开。

1990年4月，顾诵芬带队，601所的李天、626所的李光里等参加，会议开得很顺利，也很成功。

顾诵芬在《我的飞机设计生涯》中回忆说：

"我记得那次去，住的是勃列日涅夫休养地的房子。4月，天气还非常冷，暖气不足，冻得够呛。晚上我只能到厕所旁的一个小房间睡了一个晚上，因为就那一间屋子还暖和一点儿，虽然很小，就那么凑合了。

"在新西伯利亚航空研究院，他们主管气动的副院长给了我一份他写的单行本资料，是讲苏-27气动力设计的，我一看，觉得实在是太棒了。那天下午，大家上街去买西服，我没有去，自己一个人在房间里，用了一下午时间翻译出来。这篇文章刊登在苏联的《航空技术》杂志上，杂志上应该还有更多关于苏-27飞机的文章，我很想得到全本杂志。

"会议开完，回到了莫斯科，他们告诉我，比施根斯院士要见我。见面以后，比施根斯问我还需要些什么，我就告诉他，有没有可能给我找到这本杂志？比施根斯说：没有问题，这份杂志不保密，已经公开发行了。于是，他就安排他的助手苏哈诺夫给我找了几本这种杂志。其中有一本专辑，专门讲苏-27飞机。那时我们刚引进，对苏-27还不是很了解，这本专辑对气动、颤振、强度、结构、控制……都讲到了。我拿回来就交给了628所，他们翻译后也出了一本专辑。专辑中讲得很全面，连飞控系统的控制律和结构都讲到了。"

到莫斯科后，苏方接待很困难，给中方人员住的是儿童夏令营的营地，房间里的设施、床铺等都很简陋，吃得也不好。那时苏联的生活很困难，但他们的接待还是显出了友好热情。

1990年9月，中方以航空研究院的名义组织回访苏联，又在全苏联跑了一圈。

顾诵芬这次参加了回访，但只是待在莫斯科，去看了莫斯科的几个研究院：中央空气流体动力学研究院、试飞院、发动机研究院等。

巴特科夫很热情，一直陪着中方参观人员。

最后谈合作，比施根斯院士也参加了，老朋友见面兴高采烈，谈起当年在沈阳一起工作的事，还送给顾诵芬几本他的著作。他们提出将研究下一代新飞机的方案作为一个合作题目，比施根斯希望还在沈阳进行具体合作。

1991年，海湾战争爆发，这场战争进一步引发了顾诵芬的思考。

战争的结果再一次证明，谁拥有一支强大的空军打击力量，谁就掌握了战场的主动权。而我军与发达国家军队对比存在很大的差距。加速我军由数量型向质量型转化，航空武器装备必将是突破口；而开展国际交流与合作是实现这一目标的重要手段之一。

1991年3、4月，比施根斯带队，各分部的主任一起，到沈阳参观了601所和沈飞，同时介绍了他们研究院的技术进展情况。

谈到合作形式，比施根斯指出，对下一代飞机方案研究，可以有三种合作方式：第一种，双方合作设计一个中苏两国空军都需要的飞机，但要做到这一点，就要说服中苏两方面的空军；第二种，由苏方协助设计一个中国空军需要的飞机；第三种，中方设计方案，苏方进行方案评审，按照审查苏联的飞机设计方案的方式进行。

比施根斯还说：前两种方式需要发生费用，最后一种方式属于科技合作，不需要花钱。

此时在沈阳，航空研究院的领导只有顾诵芬在，他当即表态，按照第三种方式进行。

比施根斯同意了，并安排在当年8月，让中方带方案到苏联去，提请审查。

与比施根斯确定了合作方式和日程后，顾诵芬就催着601所尽快拿出设计方案。按照原来定好的时间节点，1991年8月基本上有了一个可以提交审查的方案。

但就在8月，苏联方面发生了政变。第一次政变是在8月19日，苏联副总统亚纳耶夫发布命令宣布，戈尔巴乔夫由于健康原因已不能履行总统职务，自即日起由他本人代行总统职务。

这个消息令人震惊。

也就是在这个时候，比施根斯来电报，问中方何时赴苏。

在这种情况下，部里决定由李天带 601 所的几个人去。

比施根斯接待非常热情，请中方参观了所有的实验室，一个个都做了详尽的介绍，中方收获很大。

李天把设计方案给了他们。

年底，苏哈诺夫带了几个人来中国，谈了他们审查的结论意见。

1992 年，他们陆续来人介绍了对我们方案的详细评审意见，为了准确地确认中方做出的承诺，提出要中方再回访一次。这次，顾诵芬因为在上海照看父亲做胃癌手术，就没有一起去。

…………

1992 年 7 月 23 日至 25 日，中俄专家进行技术交流总结，在总结报告中，顾诵芬指出：

"由于我们对苏-27 飞机过去了解得少，所以在这 3 天内还花了不少时间在听俄方专家的介绍，将来如能在事先看过苏-27 飞机及其资料的基础上进行座谈，收效还会更大些。我们也希望对现在初步了解到的一些可借鉴的技术进行进一步的消化吸收和发展，当然这样的工作还需要有经费的支持。另外，我们和俄飞机设计局的专家做这样广泛的接触还是第一次，我们感到他们设计过的飞机多，他们的确有丰富的飞机设计经验，苏霍伊设计局也是俄罗斯三大歼击机设计局之一，建议与他们建立长期的合作和交流关系，这对加快歼击机的预研是有利的。"[1]

1993 年年初，米高扬设计局的总设计师别列可夫来华。此时，成都 611 所和 132 厂在搞超 7 飞机，与美国谈了很久，无果而终。屠基达、马承麟等提出，还是找俄罗斯，于是他们就找了米高扬设计局。

---

[1] 顾诵芬：《中俄专家技术交流总结》，载《顾诵芬文集》，航空工业出版社，2016 年 3 月第 1 版，第 316 页。

就这样，在顾诵芬的亲力推动下，1994年以后，中俄双方每年都安排课题合作，一直到1998年。

好朋友比施根斯

1994年至1997年，《中国工程院年鉴》中有7名外籍院士，其中排在第一位的是比施根斯。

比施根斯是俄罗斯杰出的航空专家，是中俄双方航空合作的推动者、见证人，是顾诵芬长达半个多世纪的好朋友。1996年6月，比施根斯当选为中国工程院外籍院士，就是顾诵芬积极推荐的。

顾诵芬非常尊敬这位俄罗斯同行"大哥"，俩人的关系密切。

比施根斯生于1916年，1964年获博士学位，是俄罗斯科学院院士。

比施根斯是俄飞机空气动力学和飞行力学方面的权威，长期担任中央空气流体动力学研究院副院长，主管飞机空气动力学，并担负对俄罗斯重要新型飞机的评审工作，对推进俄新飞机的发展作出了巨大贡献。1961年获列宁奖金，1974年获"社会主义劳动英雄"称号，1979年获苏联航空科学领域的最高奖——茹科夫斯基奖。比施根斯在国际上也是知名的，是美宇航学会飞机杂志的国际编辑，并主持过多次国际航空学术会议。

比施根斯从20世纪60年代开始，在帮助我国进行飞行器设计及人员培训方面作出贡献。

20世纪60年代，在112厂飞机设计室时期，比施根斯随苏联专家来中国，对东风107飞机方案进行审核。

这是新中国第一次接待苏联从事飞机设计研究的专家。

比施根斯比徐舜寿年长一岁，顾诵芬当时还是个年轻人。10天的时间里，从与徐舜寿、顾诵芬等中国的飞机设计师结识，到双方人员切磋交流，再到彼此建立起很深的友谊，中国的朋友给比施根斯留下了很深刻的印象。

也就是从这里开始，他看到了中国飞机设计事业的希望，从此与顾诵芬开始了长期的交往。

中华人民共和国成立之初，毛泽东明确提出"一边倒"的外交政策。这一政策奠定了中国与俄罗斯航空科学技术和航空工业之间血肉相连的关系，以及双方航空科学家、工程技术专家之间的深厚友情。

到了20世纪90年代，由于俄罗斯的政局变化，其航空科技事业走了不少弯路。然而，俄罗斯不少科学家和工程技术专家，他们对航空科技事业的热爱、对航空事业的执着追求，以及与中国人民的友好往来，超越了政治上的一切，在他们自己的国家处于风雨飘摇、充满不可预测因素的时候，俄罗斯的专家们似乎把对未来的希望寄托在中国同行的身上。也就是在这个时期，比施根斯更加看重顾诵芬在航空事业上的发展。

萧宏迅可以算得上是顾诵芬与苏联同行交流合作的见证人。

萧宏迅是1963年的北航毕业生，20世纪90年代担任航空研究院科技交流处副处长，负责对俄合作的具体工作。她回忆道：

"顾总一直在考虑下一代飞机发展的问题。但，对外这是一个敏感问题。于是顾总就将这个敏感问题变成学术问题，从概念入手，进行航空技术专家之间的学术研究……通过对苏合作，争取把苏联航空的先进技术学到手。

"（1989年）仅仅半年，我们11月就在北京搞了一个航空展，邀请苏方参加。1990年就开始着手引进飞机设计的计算软件，设定了题目，开展课题研究。

"苏联的这些专家特别朴实，与顾总一样，一点都没有架子。他们长期在苏联的计划体制下，不知道自己研究的这些东西还能卖钱，当时定的是五十美分一条语句，他们这些大专家听了以后很吃惊：这些还能卖钱？

"他们对中国友好,对顾总这样的老一辈飞机设计师有感情,所以我们做具体工作的也与他们交了朋友。很多次是我到满洲里去接他们,在海关等他们出关,然后用租的大轿车送他们到宾馆,坐火车到哈尔滨,再转车到沈阳。

"我自己在中学、大学公共外语课学的都是俄语,只能与专家进行普通生活用语和一般性工作交流,但就算这样,我们还是成了很好的朋友。一位俄罗斯专家在火车上对我说,他的夫人能不能来中国?我问起这位专家的夫人是搞什么专业的,对方回答了,我回来后直接向顾总汇报。顾总一听非常高兴,马上表示同意。那时根本不用签什么协议,就是未来飞机战略性课题研究合作。后来,这位专家的夫人也参与了中俄交流合作。"

萧宏迅还回忆了与比施根斯交往的情况。

她说,比施根斯老人是俄罗斯著名的大科学家、技术权威,得过三次列宁勋章。"我整理过他的材料,为他申报友谊合作奖,是宋健代表国家为比施根斯授予的奖牌。"

由于俄罗斯的经济不景气,晚年的比施根斯境况非常困窘。

萧宏迅说,一次陪他在外面散步,看到商店里摆放着一台俄文打字机,是老式的机械打字机。他很喜欢,便说,他的打字机用了几十年了,现在已经报废了,但他没有钱买一台新的。萧宏迅一看才400元人民币,没有请示,就给他买了一台。老人非常高兴,也非常感动。回来后,用这台打字机写下了厚厚的一本总结性资料,但在俄罗斯没有资金支持出版。顾总决定拿到中国给他出版了。

比施根斯说不要版权,不要稿费,他们不讲这些。

他的稿子来了以后,还要派助手来校对,每次来两个人,也很简朴,我们安排他们俩住两间房子,他们节约,就住在一间屋里,一干就是两三个月。

比施根斯一辈子做了许多工作。70多个机型,从"二战"时期的飞机到苏联的航天飞机,都是他审查签字后,才提交部长会议批准。

所以，他总结出来的这些资料是非常有用的，后来都交给 628 所，我们组织翻译出来，向有关单位介绍了。

比施根斯的著述《干线飞机空气动力学与飞行力学》印刷出版，在前言中，比施根斯写道："最后，本书的全体作者一致向中国顾诵芬院士和帮助本书出版的中国航空研究院所有人员表示深深的感谢。"[①]

1997 年 6 月，比施根斯第四次来华，接受了 1996 年度中华人民共和国国际科学技术合作奖，获中国工程院外籍院士证书。

比施根斯认为，这是他人生中的重大事件。时任《中国航空报》总编辑周日新采访了比施根斯：

"在接受本报记者采访中，比施根斯院士坦率地谈了他对世界航空科学技术现状和未来中国发展航空技术的看法。

"他说，目前世界在发展航空科学技术方面主要有四个中心：第一个中心是美国。……第二个中心是欧洲，包括法国、德国、英国和意大利等国。……第三个中心是俄罗斯。在 1990 年以前，苏联的航空技术水平可以与美国并驾齐驱，科学家的水平相当高。但是目前，鉴于俄罗斯的经济状况，缺少对航空事业的经费支持，因而在世界上的地位有所削弱，但其能力和潜力还是相当大的。第四个中心就是中国。

"比施根斯在不同的时代来过中国，对中国的改革开放及航空工业所取得的成就和水平感到惊讶。通过双方合作研究，他感到中方专家的水平相当高，讨论问题是在同一级的水平上。他还认为，中国的科研设施和试验手段有了相当大的改善，可以说，中国航空工业的潜力相当大，中国研制自己高水平飞机的时代已经开始。"[②]

2012 年，莫斯科科学杂志社出版了比施根斯的回忆录《基于智慧的力量——本国航空业发展的回忆与思索》，其中有这样的内容：

---

① 老科学家学术成长资料采集工程顾诵芬院士采集小组编《顾诵芬传》，师元光执笔，航空工业出版社、人民出版社，2021 年 11 月第 1 版，第 477 页。
② 同上，第 477-478 页。

"与中国方面的后续合作依照合同积极开展。……尽管受到了多次邀请，但我这几年因为身体状况原因已经无法访问中国。双方合作的一个积极形式，就是依次在中国和俄罗斯召开联席会议。会议研讨、完善一些双方的重要报告。需要指出的是，中国已逐渐建立了包括高速研究设备在内的足够现代化的航空动力学试验基地。……我和顾诵芬，一直保持着良好的工作关系和私人关系。"

2013年7月31日，比施根斯逝世，享年97岁。

"顾总是国际交流与合作的总指挥"

据《中国航空学会大事记》记载：

"1998年4月22日至26日，根据我会与俄罗斯航空制造者协会商定，在北京召开'21世纪航空发展与展望——中俄学术会议'，俄方参加会议的是以俄罗斯航空制造协会会长巴特科夫为首的17名俄罗斯航空科技领域的著名专家和技术负责人，中方有顾诵芬院士等航空企事业单位技术领导和学者、专家近80人……10月，名誉理事叶正大、常务理事顾诵芬等4人组成了中国航空学会代表团访问俄罗斯。"

张德奎曾担任601所"对俄办公室"主任，为中俄专家合作做好具体的协调和服务工作。

他在回忆文章中写道：

"顾总是国际交流与合作的总指挥。……

"在近十年工作中，对俄合作每完成一个重要节点任务，顾总都亲临现场进行总结验收并部署下阶段任务，当我遇到困难时都及时给予支持，在接待细节上给予有力的指导。例如：

"（1）为保证俄专家快速、安全抵达沈阳，所领导和沈阳市有关部门在俄伊尔库茨克市建立了接待站，这条莫斯科—伊尔库茨克—沈阳路线，相比于莫斯科—北京—沈阳路线，无论是交通费、接待费，我们都节省很多，并且保证安全，专家也非常满意。但进入沈阳海关时按常规检查入境时间太长；因资料保密问题，专家和海关经常发生争执，影响对俄合作的氛围。我向顾总反映这一问题后，顾总说：这个问题应该解决，我给沈阳张关长写封信，你送去，他们还需要什么文件我回北京解决。当海关张关长看过信后，对我说：对不起，我们不了解情况，请转告顾院士，我们会让专家快速通关，条件是所外事办先通报专家航班号、人数，由你们确认我们就放心。保证了对俄合作按计划有序地进行。

"（2）对俄合作高峰时，来所的专家多达几十人，工作时间达3个月。顾总对我说：能让专家安心工作，你们接待工作十分重要，除了工作环境、业余休息时去市里观光购物，我看能不能想办法让专家通过电视看到本国的新闻和文艺节目，效果会更好。顾总真是想到专家心里去啦。不久杨凤田副所长、李天副总师找我，说专家问能不能收到俄罗斯电视节目，咱们想想办法满足他们的要求。这是个很难解决的问题，因为基层单位不允许装卫星天线，不解决又影响合作质量及专家的稳定性，于是只好请示地方政府帮助解决。在主管部门大力协助下，无线电管委会终于同意我所安装接收俄罗斯信号的天线，问题圆满解决。顾总在莫斯科会谈时，俄方专门就此事向中方表示感谢。"①

在由顾诵芬任主审的《俄罗斯专家咨询记录汇编》一书前言部分，介绍了与俄合作的成果：

"概念论证工作大致经历了三个阶段：战术技术要求论证阶段，方案概念研究、技术交流阶段，关键技术论证和技术总结阶段。经过双方专家共同努力，圆满实现了预期的目标，取得了丰硕的成果。共同完成技术报告71份、技术资料180份，初步完成了多用途先进战斗机的三面图、总体布置图和其他专业图纸，整理出55份与俄罗

---

① 老科学家学术成长资料采集工程顾诵芬院士采集小组编《顾诵芬传》，师元光执笔，航空工业出版社、人民出版社，2021年11月第1版，第479—481页。

斯专家的座谈原始咨询记录。"

2003年，顾诵芬带领战斗机发展专题论证组开展研究，提交了《我国战斗机发展研究》报告。报告中，首先分析了2020年前后面临的作战环境，提出了新一代战斗机要能与F-22相抗衡，对F-35有明显优势，并据此提出了总体思路、方案设想和可行性分析，为决策四代机立项研制提供了重要的支持与参考。①

对顾诵芬在国际交流与合作方面的贡献，李天院士有一个中肯的评价：

"顾院士是我国在航空领域与俄进行合作的倡导者、开拓者和指路人，也是我国新一代飞机预研的开拓者和奠基人。没有他的热心支持、积极推进，我国新一代飞机的发展不会这么快，这是历史的事实，顾院士是功不可没的。"

中俄双方长达近9年的合作取得了丰硕的成果。仔细翻看这次合作中形成的资料，从那些纯技术性的咨询、讨论记录中，可以感受到顾诵芬在国际交流合作中的睿智和亲切，感受到双方合作的融洽、热烈、坦诚和深入。

在长期的合作共事中，顾诵芬与俄罗斯航空界的诸多大师、大家结下深厚情谊。

除了曾长期担任苏联航空工业部科技局局长的巴特科夫和比施根斯院士以外，还有TsAGI负责军机研究的苏哈诺夫副院长、负责民机研究的巴甫洛维茨副院长，以及俄罗斯科学院院士、莫斯科航空学院费多索夫教授（曾任俄罗斯国家航空系统研究院院长）、茹拉夫廖夫教授等，都与顾诵芬有着亲密的交往与友谊。

俄罗斯诸多著名航空研究机构和专家学者在得知顾总荣获国家最高科学技术奖的消息后，纷纷发来热情而又真挚的贺信，盛赞他的功绩，颂扬两国航空科技工作者的合作。

---

① 中国航空工业集团有限公司编《大家之道——向顾诵芬院士学习》，航空工业出版社，2022年3月第1版，第152-153页。

2021年11月8日，TsAGI院长、俄罗斯科学院通讯院士苏帕洛和TsAGI首席科学家、俄罗斯科学院院士切尔内绍夫联名发来了贺信：

"尊敬的顾诵芬院士：请允许我们以TsAGI的名义，衷心祝贺您荣获中国2020年度国家最高科学技术奖！您的个人品质——睿智、专心致志、孜孜不倦和锲而不舍的学习与研究精神及天才的领导力，使您成为杰出的学者和众多科研成果的创造者。在那激情进取和成就辉煌的合作岁月里，在您的领导下，CAE（中国航空研究院）与TsAGI专家共同完成了数十项科学研究，涵盖了航空科学的各个专业领域——空气动力学、强度、飞行器控制系统等，并建立了CAE与TsAGI联合举办航空科学基础问题国际学术交流会的优良传统，为双方专家学者们交流经验和思想创造了条件。在此无上荣光的时刻，我们祝愿您在多姿多彩的生活中保持乐观和创造灵感，并祝愿中国的航空事业发展繁荣昌盛！诚挚祝福您身体健康，在未来的岁月里保持活力，能量满满，幸福和好运永相伴！致崇高的敬意！"

当然，除俄罗斯的朋友以外，顾诵芬还有很多的外国同行。比如，法国的哈维兰、法国宇航院的波松·奎登、美国格鲁门公司的派莱哈克、美籍华人飞机动力专家卢鹤绅等。

顾诵芬说："我与这些外国同行接触有不少收获。总的感觉是，他们的事业心、敬业精神很强，还有就是他们的刻苦钻研和经验积累。"[1]

通过国际交流与合作，顾诵芬的科研视野与合作平台不断拓展，同时与国际航空界的诸多大师、大家也结下深厚情谊。这为中国航空界带来了学术和工业进步的活力，也为中国航空界赢得了世界荣光。

---

[1] 顾诵芬口述：《顾诵芬自传》，师元光整理，航空工业出版社、人民出版社，2014年1月第1版，第320页。

认证 ARJ21 支线客机

担任航空工业部科技委副主任后，顾诵芬逐渐脱开了具体型号的研制，而是站在更高的平台，以更多元的视角来谋划航空工业的发展，成为一位对国家富强、科技振兴、产业发展产生重大影响的航空战略科学家。

航空发展史上，第一架飞机的发明者美国莱特兄弟对飞机功能最先想到的就是民用运输，但他们接到的第一份订单却是一架军用飞机——美国军方订购的一架教练机。不久发生了第一次世界大战，还在襁褓中的飞机以它还不完善的技术状态被"踢"上了战场。

第一次世界大战结束以后，飞机马上转为民用，形成世界空运事业发展的第一个浪潮。在航空百年发展史中，飞机技术在军事冲突和民用发展中获得进步。第二次世界大战促使飞机技术提高到了一个新阶段，"二战"以后民用航空技术的高潮成为整个20世纪人类社会发展的一个鲜明特征。

支线客机就是民用航空技术应用的一个重要标志。

所谓支线客机通常是指100座以下的小型客机，一般设计座位为35座至100座。支线航空是20世纪60年代才开始兴起的，但发展速度很快，特别是在美国1978年对民航运输业采取"放松管制"政策以后，发展更加迅速。其主要用于承担局部地区短距离、小城市之间、大城市与小城市之间的旅客运输。ARJ21（Advanced Regional Jet for 21st Century）支线客机，是中国按照国际标准研制的具有自主知识产权的飞机。ARJ21包括基本型、货运型和公务机型等系列型号。

新支线飞机这个项目，是2005年9月由中国一航研制、我国首架拥有自主知识产权的涡扇支线客机ARJ21。这一项目被国家发改委列为国家重点工程项目。

2000年10月14日，中国航空工业第一集团公司在北京北苑召开新支线飞机项目技术负责人候选人的专家评审会。

就是在这个会上，大家一致推举顾诵芬为专家评议组组长。

于是，顾诵芬全程参与了新支线飞机这个项目的多项重大技术决策。

当时，中国一航发展计划部副部长王启明主持这次专家评审会，集团公司的副总经理杨育中到会介绍了集团公司发展新支线飞机项目的思路及具体安排，着重强调了新支线飞机项目技术负责人的重要性，希望各位专家对候选人进行评议。

后来，王启明回忆："我分别整理了六位候选人的情况，与会专家对候选人情况作了补充。评议工作在顾诵芬的主持下进行，大家充分讨论了技术负责人的资格，从技术水平、工作经历、组织能力、表达能力、外语水平、公众关系、知信度等方面制定了评分标准。"

集团公司采纳了专家组的评审意见，任命吴兴世为新支线飞机总设计师，全面开始了新支线飞机总体方案设计工作。

然而，这是一项非常艰苦的工作。飞机方案开始论证，遇到的第一个问题就是飞机的市场定位。

首先，国务院专题会议明确过，要研制30座至70座支线客机，但经过与潜在的用户对话，国内航空公司多数倾向于将飞机座级取得大一点。我们应该怎么办？其次是飞机的整体布置，如发动机如何定位？

这些问题提给了新支线飞机项目可行性报告评审会。

会议于2001年7月3日至4日在北京召开。

由顾诵芬等16人组成的专家组，听取了项目公司（筹）关于"新支线飞机项目技术经济可行性研究报告"的汇报和有关说明。

经过认真讨论，专家组认为，可研报告论证全面，思路清晰，在大量工作的基础上提出了实现"十五"计划纲要、研制新型涡扇支线客机的具体方案设想，工作已有相当的深度。专家组对技术方案提出了九条具体的意见。

评审意见反映了顾诵芬的一贯思路。

顾诵芬认为，既然任命了总设计师系统，就应当相信、信任他们，给他们充分发挥才智的机会。在评审意见书后的专家组组长一栏，顾诵芬签下了自己的名字。

这为新组建的中航商用飞机有限公司（简称中航商飞）的技术决策打下了良好基础。

复查新支线飞机的技术方案

2004年，新支线飞机研制又面临一次危机。

主要原因是，有些媒体指出，ARJ21飞机在细化设计方案时，发现飞机"超重"不少，飞机还出现了纵向配平、深失速和可能存在的发动机进气畸变问题。

中航工业第一飞机设计研究院（简称中航一飞院）在复查飞机技术方案时，也提出了很多意见。为此，2005年1月5日，中航商飞在上海组织召开了"新支线飞机项目技术问题研讨会"。顾诵芬、李明，以及中国一航副总经理、中航商飞董事长杨育中，中国一航总经理助理、中航商飞总经理郑强等30多人参加了会议。

会议认为，目前ARJ21工程设计中出现的问题不是颠覆性的问题，但今后需要在减重等方面做更细致的工作。建议按程序，由中航一飞院提出正式报告，交中航商飞审批。

这次会议还针对有关问题进行了全面会诊。

在这次会议上，成立了技术专家组，对新支线的技术问题进行跟踪，帮助解决问题。会议聘任顾诵芬为技术专家组组长，颁发了聘任证书。

可是，就是在这次会议后不久，关于新支线飞机研制又出现不同的声音。

其中一种意见坚持认为，已经在进行的飞机设计方案存在较为严重的缺陷，需要做根本性的修改，而且主张从头再来，新搞一个方案。

基于此，7月25日至30日，中国一航民机部组织集团公司内由顾诵芬牵头的12位专家到中航一飞院上海分院，对新支线飞机的技术方案进行了技术复查。

顾诵芬后来回忆说："中国一航科技委顾问郑作棣同志首先看到了问题的严重性。他找到了集团公司主管ARJ项目的郑强同志，给他建议，要我出面请一些有经验的专家，前往上海仔细研究一下，看当时的新支线方案能否干下去。后来，我找了601所、611所一批有实践经验的专家去了，给上海坚定了干下去的信心。"

2005年8月17日，专家组向中国一航刘高倬总经理、杨育中常务副总经理汇报了新支线飞机技术复查情况。

顾诵芬全面梳理了专家组的意见，指出：

"技术工作有先天不足，结构打样不深入，方案存在一定的问题，但某些给集团决策层汇报的数据只不过是最差的情况，并没有实事求是。经过仔细的工作，这些问题是可以解决的，技术方案没有发现什么重大的颠覆性问题；对现行设计方案不能有推倒重来的思想，有一部分人有这种情绪，应加以教育引导，飞机设计部门要齐心协力，按照现行方案搞下去；在管理上，无法监控工程工作，没有其他型号管得好，总师系统不灵，技术责任不到位，人力资源也不到位，主管领导坐镇上海，但指挥不了西安，如高低速风洞数据东西互不通气，有的技术定义都不一样，重量控制也贯彻不下去，因此技术与管理相比，管理更为重要。

"专家组认为，新支线飞机要求高、难度大、设计队伍年轻且缺乏经验、技术储备不足和管理跟不上是项目出现技术问题的主要原因。专家组建议：通过加强管理、优化设计和反复迭代来解决当前面临的技术问题。"[1]

---

[1] 中国航空工业集团有限公司编《大家之道——向顾诵芬院士学习》，航空工业出版社，2022年3月第1版，第154-155页。

顾诵芬梳理指出的这些意见，使中国一航集团决策层对飞机方案存在的技术问题有了清晰的了解和认识。

王启明感叹，这次专家组的意见至关重要，使集团党组掌握了第一手的技术信息，也为党组决策提供了重要依据。如果不是当时坚持了已经研究几年的设计方案，ARJ21 也就没有今天的局面。

顾诵芬为 ARJ21 飞机专家组的工作倾注了自己的热情和心血，他出面选择、建议和确定了专家组的组成人员。

在支线科技顾问组中，601 所的刘孟诏就是顾诵芬点名要求参加的。

刘孟诏后来回忆说："到上海住下来以后，顾总对我们说：'我们这些多年从事飞机设计的老同志，这次再来好好干一把！'这不仅是顾总对我们的要求，也充分体现他参与飞机设计第一线工作的激情。"①

刘孟诏还回忆起在上海进行新支线飞机技术复查过程中的一件小事。

"2006 年 4 月，ARJ21-700 支线客机转段评审中，有天晚上吃晚饭时，会务人员发现顾总没来，就问大家：'谁知道顾总上哪儿了？'有人说：'去顾总住的房间找了吗？'会务人员回答：'找过了，敲了房门，没人答应。'当时，我和在场的人一样，顿时心里一紧。于是，我就说：'我和你去找，我们找服务员要顾总房间的钥匙，开门进去看看。'我们打开顾总的房门，房间里没发现顾总的人影。心里合计着，顾总能去哪呢？没有办法，紧接着会务人员要来顾总的手机号码，给顾总打电话，这时才知道，顾总一个人正在上海火车站呢！原来散会后，顾总自己打出租车去上海火车站接老伴江大夫去了（后来知道，江大夫那天是从杭州会朋友回上海的）。当时，会务人员心疼地对顾总说：'顾总，您那么大年纪，应该要会务组

---

① 老科学家学术成长资料采集工程顾诵芬院士采集小组编《顾诵芬传》，师元光执笔，航空工业出版社、人民出版社，2021 年 11 月第 1 版，第 461 页。

派个车嘛！'"①

小事见风格。顾诵芬就是这样一个对自己严格要求的人，从不愿意给别人添麻烦，低调而从不张扬。

2009年4月20日，顾诵芬与歼8Ⅱ常务副总设计师陈嵩禄在上海参加ARJ21专家咨询会。

"大飞机"梦

我国发展大飞机的决策，很大程度上吸收了顾诵芬的建议。

"大飞机"（large passenger aircraft，别称大型客机）一般是指最大起飞重量超过100吨的运输类飞机，包括军用大型运输机和民用大型运输机，也包括一次航程达到3000公里的军用飞机或达到100座以上的民用客机。

从地域上讲，中国把150座以上的客机称为大型客机，而国际航运体系习惯上把300座位以上的客机称作大型客机，这主要是由各国的航空工业技术水平决定的。

从大飞机专项设立，到四代机技术预研，再到最新的前沿科技

---

① 老科学家学术成长资料采集工程顾诵芬院士采集小组编《顾诵芬传》，师元光执笔，航空工业出版社、人民出版社，2021年11月第1版，第462-463页。

探索，顾诵芬始终关注中国航空事业前行的方向。

2001年，在王大珩、师昌绪、顾诵芬等人的倡导下，中国科学院技术科学部和中国工程院机械与运载学部成立以院士为主、吸收行业内外专家参加的我国大型运输机发展战略咨询课题组。

顾诵芬尊重科学，敢于直言，即便面临来自学术权威、高层领导和社会舆论的强大压力，他也从不隐讳自己的观点和见解。

"大型运输机和大型客机有70%的技术可通用，通过实施大型运输机项目，将提高我国在大型飞机的气动力、机体结构设计、发动机、航电设备，以及材料和制造技术等方面的研制能力，为大型客机的研制创造条件。"

这是顾诵芬2006年7月在一次高层会议上的发言。

他还一直关注着大飞机相关课题研究，在他简陋的办公室里，经常可以看到来自业内外的院士、专家的身影。顾诵芬总是神情专注地听来者讲述，简洁明快地对问题作出回答。

有时，他会站起来，步履稍显蹒跚，但准确无误地走向书架，几乎不假思索地抽取一本书或刊物，翻到某一处，指点给来访者：你所说的这里有论述！

2007年2月26日，时任国务院总理温家宝主持召开国务院常务会议，听取大型飞机重大专项领导小组论证工作汇报，原则上批准大型飞机研制重大科技专项正式立项。

2007年6月30日，大型运输机项目正式立项。

2013年1月26日，中国新一代大型运输机运20首飞成功。

2016年7月7日，运20正式列装空军航空兵部队。

2017年5月5日，我国自行研制的具有自主知识产权的C919大型客机首飞成功。

中国航空工业翻开了崭新的篇章。

顾诵芬的设想得以实现。

回望身后，中国大飞机的艰辛探索之路，中国航空史上的一幕幕酸楚往事，在顾诵芬等为了祖国航空工业奋斗终身的一代人眼前，总是挥之不去……

1949年，英国研制出第一架喷气式民航客机"彗星号"；5年后，美国的波音707成功首飞，人类进入了喷气式客机时代。

20世纪下半叶，大型喷气式运输机成为世界航空技术发展的前沿。航空运输带动经济的发展，出现了"经济腾飞"现象，有了"地球村"的提法，并促进了20世纪末"世界经济一体化"的出现。大型喷气式飞机的发展，对于国家的政治、经济、军事、科技、工业及社会等多个方面具有举足轻重的影响。

然而，中国人几乎踏空了这场革命。当时，国内民航空域里翱翔的，还是多年前"两航起义"的战利品，以及从苏联引进的伊尔飞机。这些飞机航程短，很难远涉重洋，以致中华人民共和国成立之初，新中国的领导人出趟远门，还得租用外国人的飞机。

现在的人可能认为，大型飞机对国防和经济建设的重要性是显而易见的，不大理解当时大型运输机的研制提上日程对中国航空工业为什么是一个重大的转折。

我国航空工业在建立初期偏重于军用飞机，重点放在歼击机上。由于思维惯性，产业发展方针制定后，没有及时根据情况的发展与时俱进地修改。因此，解放牌汽车一生产便是几十年；在航空界，当歼6优质生产过关后，也有人提出"歼6万岁"的口号，意思是说可以长期生产下去。

这种自闭、自满的观念和思维，很大程度上制约了大型飞机的研发。

20世纪60年代，周恩来总理出访欧洲。当时，我国尚没有喷气式客机，周总理是乘坐租赁的外国航空公司的飞机出访的。外国报纸报道此行说："中国尚未进入喷气时代""中国是一只没有翅膀的鹰"。

大型飞机的研制任务于1970年8月由国家下达文件。按照当时国家重点工程的编号办法，这项工程曾被称为"708工程"，指国家文件下达的时间是1970年8月，该工程后来研制的飞机被命名为运 10。

1970 年 9 月 14 日，上海康平路一间大会议室里，中国的航空工程师们正在接受一项命令，为首长设计一款专机，要求是腿长，能飞到"欧洲社会主义的明灯"——阿尔巴尼亚首都地拉那。这就是运 10 项目的正式诞生。

那次闭门会议之前，数百名设计人员接到调令，从各地赶往上海。

在那个物资匮乏的年代，设计组的工作环境异常艰苦，没有办公室，只能借用一栋废弃的候机楼，把食堂当办公室，在饭桌上绘图，在木箱里做计算。

运 10 之前，中国只能设计起飞重量 10 吨的小型飞机，对 100 吨以上的大飞机完全没经验。难点之一，是发动机的安装。设计组提出三个方案：一是苏联图-104 的翼根式，二是欧洲三叉戟的尾吊式，三是美国波音 707 的翼吊式。

设计人员一开始想用苏联方案，但在遇到很多难以克服的缺陷后，转向了波音 707。

当时，中美还没建交，没有人近距离接触过这种飞机，更别提各种设计细节了。

就在技术人员一筹莫展时，巴基斯坦的一架波音 707 在新疆坠毁。设计专家立刻直扑事发地，现场测绘，并将飞机残骸带回上海。这些残骸后来成了设计师们的活教材。

参考归参考，该下的功夫一点都不能少。

经过 10 年研制，运 10 终于在 1980 年冲上云霄。

运 10 是我国第一次以欧美通用的适航标准作为设计规范来设计的飞机[1]，实现了中国航空工业史上少有的突破。全机采用近百种新材料，机体国产化率 100%。在工程中，采用的新设计方法、新规范、新技术、新工艺、新成品附件的幅度，是以前的型号设计中罕见的，

---

[1] 程不时：《腾飞之歌：一个飞机设计师的回忆》，湖北科学技术出版社，2018 年 2 月第 1 版，第 161 页。

各个环节都充满了创新。110 吨的最大起飞重量，更使得中国成为美、苏、英、法之后，第五个能设计干线飞机的国家。

然而，这种幸福感没能维持多久。

就在运 10 研制期间，发生了几件足以影响其命运的大事。

1972 年 2 月，美国总统尼克松实现历史性访华，载他来华的正是波音 707。

一年后，中国订购的第一架波音 707 降落在上海。

另一家美国巨头麦道公司则更进一步，在本土被波音打得灰头土脸后，向中国抛出了联合生产大型客机的橄榄枝。

然而，从 1982 年起，因经费不足，运 10 停止了研制。1985 年 2 月，运 10 在耗尽最后一滴油后，最终停飞。中国人的第一次"大飞机"梦，就这样折戟沉沙……

1985 年 3 月，上海飞机制造有限公司正式与美国麦道公司签约，合作生产 MD-82 客机。

从 1985 年启动到 1994 年最后一架飞机落地，MD-82 一共生产了 35 架。这是国内飞机制造商第一次接触到西方的大飞机生产技术。

但这种接触，仅限于对方提供零部件，在上海总装。至于核心技术，外方从来是守口如瓶。而中国的航空界人士并未放弃自己造大飞机的梦想。

1986 年 7 月，胡溪涛联合北航名誉校长沈元、南航教授张阿舟、西北工大校长季文美上书邓小平，建议国家尽早发展自己的干线飞机。

1994 年，在国务院拨款 100 亿元的支持下，中航总公司（原航空部）与空客达成协议，共同生产 100 座 AE100 飞机。但最后，AE100 连个样机都没造出来，就无疾而终了。

整个 20 世纪 90 年代，因为不能造大飞机，中国人经历了太多的意外与苦涩。这种近乎屈辱的感觉最终让人们放下争议，凝聚起共识。

2001 年 2 月，在北京召开的第 159 次香山科学会议上，数十名专家经过激辩，一致认为搞大飞机迫在眉睫。

香山会议一年后，ARJ21 支线客机经国务院批准，在上海立项。稍早前，西飞在运 7 基础上引进西方技术开发的新舟 60 已实现首飞。

支线客机的突破，点燃了大飞机再次腾飞的引擎。

让中国的"大飞机"翱翔蓝天

2002 年 5 月 22 日，顾诵芬为中国科学院、中国工程院大型飞机发展咨询课题组撰写《关于把研制大型运输机列为国家重大专项的建议》。

在这个建议的前言中，顾诵芬写道：

2001 年 6 月，两院学部成立了以院士为主，吸收行业内外专家参加的我国大型运输机发展战略咨询课题组。一年来，课题组探讨了研制大型运输机的战略意义，分析了新中国发展大型运输机的经验教训和存在的问题，对大型飞机关键技术及国内主要大型飞机设计制造基地的科研生产能力进行了调研。

2002 年 5 月，课题组在以上工作的基础上，进行了深入的讨论和研究，认为我国迫切需要自行研制大型运输机，且已经具备了自主发展的能力，建议把研制大型运输机列为国家重大专项。

顾诵芬认为，大型运输机是我国航空装备不可或缺的重要组成部分，关系着国家安全和稳定，加紧发展时不我待。

从海湾战争、科索沃战争，到阿富汗的反恐战争，以大型运输机为主的支援保障飞机奋勇当先，动用数量接近于主战飞机，在整个作战过程和体系对抗中地位十分显著。因此，美、俄虽然都已拥有数百架大型运输机，但仍在继续购置和加紧发展新的大型运输机。

我国大型运输机的现状也应适应稳定我国边陲和应对突发事件的需要。我国东西宽 5000 多公里、南北长 5000 多公里，边远地区限于自然条件不可能大量屯兵，要保证我国周边安全，在发生战争和突发事件时，为快速有效地投放兵力及装备，必须配置相当数量的大型运输机。

大型运输机平时可以用于执行民用运输任务。由于其对机场要求不高，新建机场花费相对较少，因此可在西部大开发中发挥重大作用。在国家遭遇自然灾害时，还可以执行抢险救灾的任务。1998年的抗洪救灾战斗中，我军的伊尔-76飞机为保护人民生命和国家财产安全作出了突出贡献。

顾诵芬认为，我国已经基本具备研制大型运输机的能力，完全可以通过自主研制满足需求，自主开发大型运输机正当其时。

国内有关单位对大型运输机的研制已有多年，如在我国空警-2000项目中，对伊尔-76飞机进行了详细的技术分析，并拿到了大量的图样资料。经分析证实，以我们现有的能力，在参照国外先进机型的基础上，完全可以研制出比伊尔-76更好的大型运输机，在同样载重航程下，做到比伊尔-76飞机结构重量更轻、机载设备更先进、飞机性能更好。

同时，利用大型运输机和大型民用飞机在技术上基本相通的特点，为今后自主开发大型民用飞机打下技术基础，以扭转我国大型民用飞机长期以来只能依靠引进的局面。

自主研制新的大型运输机势在必行，应加快组织落实，尽早启动。

大型运输机研制将涉及和带动全国冶金、化工、机械制造、电子、计算机和信息等产业的发展，需要各行业的大力协同，必须由国家来组织领导。

2002年，中国科学院、中国工程院咨询项目课题组编写《我国大型飞机的发展思路》咨询课题报告。

6月20日，顾诵芬作了《我国大型飞机的发展思路》咨询课题简介。

2006年7月10日，顾诵芬向国务院写了报告《关于我国发展大型客机的几点想法》。在报告中，顾诵芬指出：

"大型飞机是科技综合集成的高技术产品，是国家综合实力的表现。大型飞机产业链条长，附加值高。……面对世界上增长最强劲的民用飞机市场，我们要把大飞机研制当作国家战略产业来抓，并要发挥各方面的积极性。我国大飞机的研制一波三折，落后了30年，但我们最终一定能够造出大飞机，要使大飞机制造成为我国有国际竞争力的产业。……

"回想当年，我国在经济极度困难、国外严密封锁的情况下，在党中央领导下，凭着艰苦奋斗和牺牲精神，取得了'两弹一星'的伟大成就。今天，我们集中全国的各类资源，依靠国内航空工业的中坚力量，进行全国大协作，发扬'两弹一星'和'载人航天'精神，敢于开拓，勇于创新，将这一项目作为实现中华民族复兴的伟大工程，一定能为中国的大型客机开辟一片新天地，圆几代人的大型客机之梦。"[①]

顾诵芬认为，顺利实施大飞机工程，将直接为我国民用飞机产业发展奠定坚实的产业、技术基础，提供国防急需的重大装备，全面推动我国的技术创新和高技术产业发展，带动我国的产业结构升级，满足国民经济建设和社会发展的需要。可以预见，大型客机项目的成功，无疑将对捍卫我国的大国地位、提高国家影响力、保卫国家的经济利益具有重大作用。

根据多年来对民用飞机产业的认识和体会，顾诵芬强调：

"发展大飞机必须坚持自力更生、自主创新，要有自己的知识产权。历史的经验和教训反复告诫我们，航空产业作为一种战略性产业，是军民结合的，因此其关键技术、核心技术是买不来的，必须卧薪尝胆，依靠自己不断积累，才能掌握主动。只有自主创新，才是我国民机产业自立于世界强者之林的唯一途径。

"发展大型飞机需要雄厚的技术基础和工业能力，涉及多个行

---

① 顾诵芬：《关于我国发展大型客机的几点想法》，载《顾诵芬文集》，航空工业出版社，2016年3月第1版，第262-263页。

业和领域，必须体现国家意志，举全国之力，调动全国力量和资源，开展全国大协作。与此同时，要尊重市场规律，从市场和客户入手，开展市场研究，在深入理解市场和用户要求的基础上，研制出具有自己特点的大型客机。不仅要加强产品研制生产体系的建设，更要重视市场开发和客户服务体系建设。

"我国航空工业建立以来，还没有按照国际适航标准要求研制过大型客机，也还没有走完民机型号研制的全过程。民航适航审定机构也没有走过对自行研制干线飞机的适航审定过程，国内适航证还没有得到世界主要国家的认可。"

为此，顾诵芬在报告中提出了六点建议：

一是成立国家大型飞机重大专项领导小组。建议成立国家大型飞机重大专项领导小组，作为实施大型飞机工程的最高行政决策机构，对工程的重大问题，如总目标、总进度、总投资、产品总体水平、组织模式、相关支持政策等作出决策。

二是采用适应民机发展的新型管理模式。长期以来，我国航空工业建立了适应军品研制生产的一套严格的计划经济管理模式。由于民机的市场属性，现有的模式不能很好地适应大型民机的发展，需要采取新的管理模式。

三是要充分利用我国航空工业几十年来形成的基础和能力。建议以我国大型飞机专门设计单位（中航工业第一飞机设计研究院）为基础，建立大型民机的专业研发队伍，一定要和高校、中国科学院等相关科研单位密切协同，特别是要吸纳民航使用部门直接参与。飞机零部件的生产可以分散在西安、沈阳、成都、哈尔滨等地有条件的企业，飞机的总装、交付和客户服务必须集中在一个地方，如上海。

四是积极开展国际合作。大型客机研制必须坚持自主创新，掌握自主知识产权。航空产业作为一种战略性产业，其关键技术、核心技术是买不来的，必须卧薪尝胆，依靠自己，攻关积累，掌握主动。

同时在改革开放的条件下，要充分利用有利的国际环境，积极开展以我为主的国际合作，提升自主创新能力，加快大型飞机发展的步伐。

五是利用政府力量，解决国际双边适航问题。民机市场是一个国际化的市场。由于世界民机市场为欧美两强所垄断，世界各国适航当局基本上均承认美国联邦航空局（FAA）和欧洲航空安全局（EASA）的适航认证。因此，我国大型客机取得FAA和EASA适航认证是走向国际市场的必要条件。建议我国政府增加对适航管理的投入，加强适航队伍建设，并以市场为筹码，促成中国民用航空总局与FAA、EASA达成运输类飞机25部适航规章的双边协议，支持国产飞机取得国际适航证。

六是建议国家统筹规划相关行业的配套。大型飞机工程是一个复杂的系统工程，需要相关行业的支持，特别是材料制造业。为了实现与飞机研发相关的原材料、元器件和加工、试验设备的自主保障，政府应安排相关部门制订配套计划，并负责组织实施，如复合材料要严加督促，纤维和树脂要合格。

除这六点建议之外，顾诵芬还对加快国家应急救援体系建设、航空高素质人才队伍培养等提出决策建议，受到中央主要领导的高度重视，对中央的正确决策起到了重要的支撑作用。

2012年年底，顾诵芬参加了运20的试飞评审，那时他已经显现出直肠癌的症状，回来后就确诊并接受了手术。考虑到身体情况，首飞仪式他没能参加。但行业内的人都清楚，飞机能够上天，顾诵芬功不可没。

C919大型客机是我国首次按照国际通行适航标准自行研制、具有自主知识产权的喷气式干线客机，2007年立项，2022年9月完成全部适航审定工作后获中国民用航空局颁发的型号合格证，并于2022年年底交付首架飞机。C919大型客机研制成功，获得型号合格证，标志着我国具备了自主研制世界一流大型客机的能力，是我国大飞机事业发展的重要里程碑。

2022年9月30日上午，中共中央总书记、国家主席、中央军委主席习近平在北京人民大会堂会见C919大型客机项目团队代表并参观项目成果展览，充分肯定C919大型客机研制任务取得的阶段性成就。

习近平总书记强调，让中国大飞机翱翔蓝天，承载着国家意志、民族梦想、人民期盼，要充分发挥新型举国体制优势，坚持安全第一、质量第一，一以贯之、善始善终、久久为功，在关键核心技术攻关上取得更大突破，加快规模化和系列化发展，扎实推进制造强国建设，为全面建设社会主义现代化国家、实现中华民族伟大复兴的中国梦不懈奋斗。

当天上午10时30分许，习近平总书记等来到人民大会堂东大厅，全场响起热烈掌声。习近平总书记同大家亲切交流并合影留念，并对大家表示：你们是国家栋梁、英雄功臣；在你们的努力下，大飞机项目取得了可喜成就；要聚焦关键核心技术，继续合力攻关；要把安全可靠性放在第一位，消除一切安全隐患，大飞机事业一定要办好！

随后，习近平总书记等来到人民大会堂河北厅，参观C919大型客机项目成果展览，听取大型客机设计、制造、试验、试飞、适航等有关方面的介绍。习近平总书记不时驻足察看，详细询问有关情况。

习近平总书记强调，在实现中华民族伟大复兴的征程上，我们要着眼长远战略，根据实际情况制定切实目标，选择正确技术路线，一茬接着一茬干，一件事接着一件事办好。要有雄心壮志，世界科技巅峰我们都要奋勇攀登。①

15年来，我国成功探索出一条中国设计、系统集成、全球招标、逐步提升国产化的发展路子，培养出一支信念坚定、甘于奉献、勇于攻关、敢打硬仗、具有国际视野的大飞机人才队伍，取得了丰硕

---

① 《习近平会见C919大型客机项目团队代表并参观项目成果展览》，新华网，2022年9月30日。

成果，积累了宝贵经验。

顾诵芬通过《新闻联播》了解到这一激动人心的消息，年逾九旬的他，心里很是高兴……

从2006年国务院成立大飞机论证委员会，到2007年C919正式立项，再到成功首飞，作为我国大飞机项目的课题建议人和论证委员会主任委员，顾诵芬为我国大飞机事业倾注了太多心血。

@ 同时期的世界

2001年2月，在北京召开的第159次香山科学会议上，顾诵芬等数十名专家一致认为搞大飞机迫在眉睫。2002年，ARJ21支线客机经国务院批准，在上海立项。此时，国际局势动荡不安。

2002年，在美国积极展开全球性反恐战争的背景下，全球军事和安全格局都发生了巨大变化，全球各主要大国的国家安全战略也有大幅度的调整。美国出台以"先发制人"为本质的新国家安全战略，谋求进一步巩固其超级霸权国的地位。俄罗斯进一步向美国和西方靠拢，并把加入北约和欧盟作为长期战略目标。欧盟推行自主和务实外交，欧美分歧逐渐扩大。日本加速向军事大国迈进，并扬言有权拥有核武器。印度加强与美国的军事合作，巩固其南亚霸主地位。国际军控与裁军进程虽有挫折但也有进展，如5月24日俄美签署《俄美关于削减进攻性战略力量条约》，俄罗斯与北约建立"20机制"，美国积极备战伊拉克等，都将对全球安全形势产生深远的影响。

2002年，全球部分热点地区的局势进一步趋于恶化，部分地区已经陷入混乱无序状态或处于战争边缘。根据德国海德堡大学国际冲突研究所12月公布的一项研究报告，

2002年全世界共发生暴力冲突42起，其中战争13起、武装冲突29起。朝鲜半岛局势一波三折，在2002年年末趋于恶化。朝鲜平壤电台10月17日宣布"我们已经开始拥有核武器和其他威力强大的武器"之后，美、日对朝鲜的态度急转直下。

第十章
育才：甘为后人梯

年轻人首先必须树立正确的革命人生观，建议熟读并牢记毛主席的《纪念白求恩》《为人民服务》和《愚公移山》，这就需要钻研毛主席的《实践论》和《矛盾论》，这也是钱学森同志推荐给科研人员的。

——顾诵芬　2018 年 9 月

"我心目中的顾诵芬"

站在中国航空科学技术高峰上，顾诵芬环顾四周，看到一代中青年才俊涌现出来，壮大着由与他同龄、同辈的技术权威组成的团队，他感到欣喜、欣慰！

1986年10月，顾诵芬正式调到北京工作后，他担任的601所所长兼总设计师的职务必须免除。根据航空工业部的要求，顾诵芬在上任之前需推荐所长、总设计师的人选。经过深思熟虑后，他推荐解思适接任所长。

解思适，1934年2月出生，1957年毕业于西北工业大学飞机系，同年被分配到112厂产品设计室从事飞机强度计算。1961年转入六院一所，历任强度计算室专业组长、室主任、所副总设计师。他与顾诵芬共事多年，特别是一起搞试飞的时候，朝夕相处，彼此了解。

顾诵芬认为解思适专业功底深厚、工作认真、为人诚实、待人诚恳，又是当时强度室群众海选出来的室主任，在所里有很高的威望，无论是人品还是业务水平，都是全所公认的，推荐他作为自己的接班人可以放心。不过还需要给他配个好助手，以便帮助他协调技术工作。

顾诵芬认为杨凤田是最合适的人选。因为他是搞总体的，搞技术协调是行家里手。另外，杨凤田的组织能力、活动能力都很强，正好弥补解思适的不足，两人相辅相成，应是一对很好的搭档。于是，顾诵芬提议让杨凤田出任技术副所长一职。至于总师一职，他认为副总设计师李明接任最合适。

但让顾诵芬没有想到的是，601所与112厂的联合党委对杨凤田担任技术副所长的提名却没有通过，给杨凤田亮出了"红灯"。一时，杨凤田心里有些想不通。

接下来，顾诵芬耐心与杨凤田谈心，解除他思想上的"疙瘩"，最终让他安心在飞机型号研制工作中默默地耕耘着。时隔8年之后，

1994年，杨凤田被任命为601所副所长。

杨凤田结合自己的思想和工作实际，写了一篇文章，题目就叫《我心目中的顾诵芬》。

在这篇文章中，杨凤田说：从一所的历史看，顾诵芬在歼8白天型和全天型的研制，以及后来歼8Ⅱ的研制中，是称职的总设计师；尤其是歼8Ⅱ项目完成得又快又好，其原因在于他对管理科学的学习和思考，以及甘为人梯的精神。

杨凤田还详细记录了顾诵芬与他的一次长谈。

谈话的目的就是启发和教育他如何增加计划性和前瞻性，把人和事管好，把效率提升上来。

顾诵芬认为，601所当时存在的问题突出表现在三个方面。一是计划定得不确切，缺乏预见性，使计划失去了指导意义；二是确定计划后缺乏检查；三是扯皮，谁都解决不了就撂下。

顾诵芬耐心地对杨凤田说：

"我们应该逐渐做到有预见性、协调性。如204雷达试验要求6月份做完，那么就要倒排进度，先提出试验任务书，明确工作内容，分步作出安排。计划的格式也不够科学，网络图在排计划的过程中有一定的作用，但具体检查还是要用进度表的形式，每天检查，除了检查当天应完的项目外，还要检查正在进行的项目，保证进度，及时协调。

"112厂刘积斌组织计划能力很强，有条理，头脑清醒，值得学习。对计划主管的要求是：1.熟悉业务，达到室主任的水平；2.对型号的各种问题要清楚，要看图纸，看说明书，别说外行话；3.了解人员情况；4.了解试验、加工情况；5.学习科学管理方法；6.掌握计算机的使用；7.最好能掌握一门外语；8.树立全心全意为人民服务的精神，甘当无名英雄，做垫脚石。

"老是计较个人得失、背着包袱是做不好工作的。'文革'后我出来工作时也有许多想法。把个人的问题扔开一些，把脑筋用在工作上。对我们来说工作不能满足于 8 小时，业余学习是为了搞好工作。我们国家现在是比较落后，没有轿车，靠自行车也能干社会主义，要靠我们的精神。"①

从顾诵芬与杨凤田的这个谈话记录中不难看出，顾诵芬在走上技术领导岗位后，不但继续钻研技术，而且非常重视管理，非常重视人才的培养和教育。他把自己搞科研和做管理的经验，毫不保留地、"手把手"地传授给新上任的杨凤田，令杨凤田深受教益。

顾诵芬的学识与品德，深深地感动了杨凤田，也影响着一代代航空后来人。杨凤田说，顾诵芬虽然人离开了 601 所，但心还留在所里，总是时时刻刻关注着 601 所的发展。

杨凤田动情地说："1988 年后，我在主持研制歼 8D、歼 8H、歼 8F 飞机过程中，每次遇到技术关键问题，都得到了顾总的关切和帮助。工作中，我和顾总结下了深厚的友谊，他既是我的老师，又是我的兄长，更是我的好朋友。我从他身上学到了如何做人，如何做事，如何做学问。可以不夸张地讲，他是除了我父母以外，对我的成长影响最大的人。"

2001 年，由顾诵芬主编、解思适副主编的《飞机总体设计》一书出版。解思适的名字上加了黑框。在书的前言中，顾诵芬写道："本书副主编解思适研究员不幸未能得见本书出版就病逝了。他生前为出版此书，精心组织各位作者编写，自己撰写一部分并审校了全文，倾注了满腔的心血。在此对他表示感谢和怀念。"②这段话表达了顾诵芬对解思适深厚的感情。

顾诵芬回忆说：

"我们在编写这本书的过程中，解思适做的工作非常多。他这个人做事从来都是亲力亲为；但最后一次审稿，他实在没有力气，

---

① 老科学家学术成长资料采集工程顾诵芬院士采集小组编《顾诵芬传》，师元光执笔，航空工业出版社、人民出版社，2021 年 11 月第 1 版，第 410-411 页。
② 同上，第 421 页。

连书稿都拿不动了，才让所里派人与他一起来北京。我当时没有想到，他的病那么凶险。他患的是胸隔膜上的癌症，很难医治。

"1998年春节，601所团拜，他没有参加。李明去看望他，发现他病得很重，立刻安排他进了112厂的医院，但厂医院看不了他这个病；又马上转送中国医科大学附属医院，也就是沈阳最权威的医院，但已经晚了。

"我得知消息，赶到沈阳。在医院见到他的时候，他已经处于弥留状态。见过他的第二天，他就去世了。他的爱人对我讲，他就是等着你呢！"①

顾诵芬谈到解思适，心痛不已。他说，《飞机总体设计》这本书上一定要写上解思适的名字。

接替顾诵芬担任601所总设计师的李明，谈到顾诵芬在跟踪国际航空科技发展、掌握国外技术资料方面对自己的影响，说了这么一段话：

"我到了总师办工作以后，发现所里有一笔经费用于订阅外文资料。每次来了资料目录都要送到顾总手里，其中的内容很广泛，非航空的也有，就由他来确定，他勾了，订了，资料一来，他第一个看，而且都看。后来，他离开601所，我接替他的工作，他对我说，以后这就是你的工作了。90年代对俄合作，我和他一起到莫斯科。一有空闲，他就拉着我去书店。对莫斯科的书店我不熟悉，他都知道到哪里能找有用的书籍，需要的就买回来。

"从顾总这里，我悟到，做一个总设计师，必须掌握国外航空科学技术发展的前沿知识，才能满足国防安全和军方的需要。"

顾诵芬荣获国家最高科学技术奖后，在颁奖现场的杨凤田感慨地说：

"顾总荣获国家最高科学技术奖，这是对他最好的褒奖，也是

---

① 老科学家学术成长资料采集工程顾诵芬院士采集小组编《顾诵芬传》，师元光执笔，航空工业出版社、人民出版社，2021年11月第1版，第421页。

对歼 8 系列飞机的肯定，更是对我们航空工业全体员工的肯定。顾老无论是从为人、学问或是贡献上来讲，获得这个奖都可以说是实至名归，但是顾总为人低调、从不追求名利。这个奖是对我们科研人员最大的鞭策和激励，一定要好好学习顾总的精神，为了我们的航空事业，把工作做得更好。我也年过八十了，还是要继续向顾总学习，老骥伏枥，志在千里。"

这是八旬院士杨凤田的真心话。

"老骥伏枥，志在千里。"这是他对九旬师者顾诵芬的中肯评价。

"顾总是年轻人学习的楷模"

孙聪院士当年还在北航上学时，听过顾诵芬的一次演讲，毕业后便义无反顾投身航空事业。

"顾总有一腔航空报国情怀，他为人低调，淡泊名利，一心扑在飞机设计事业上，是年轻人学习的楷模。"作为顾诵芬的学生，歼 15 舰载机总设计师孙聪深情回忆起和顾诵芬的交往，心中是满满的感激。

孙聪，1961 年 2 月出生，1983 年 7 月毕业于北京航空学院。1982 年，顾诵芬到北航讲了一次飞机设计课，同时介绍了 601 所——飞机设计的摇篮，听课的就有电子工程系三年级的学生孙聪，那是他第一次见到顾诵芬。他后来回忆，那一次顾诵芬讲的课，给他的触动非常大，使他立志选择搞飞机设计。

1983 年大学毕业后，孙聪被分配到沈阳 601 所，他赶上了歼 8Ⅱ 飞机进行飞行试验。在歼 8Ⅱ 首飞现场，他第一次近距离与顾诵芬接触。作为 601 所的年轻技术人员，他在旁边，听别人讲顾总如何处理飞机研制过程中的一些技术问题，顾总的亲切和严谨，给他留下了深刻的印象。

在所里接受"八二工程"任务后，顾诵芬从所里挑选出"三老六新"（3位老同志、6位年轻人）建成了601所航空电子综合专业室。顾诵芬慧眼识珠，将孙聪从一大批年轻人中挑出来，放在这个新组建的部门中。对孙聪来说，从此他的职业生涯发生了重大转变。他感叹，自己的飞机设计启蒙老师就是顾总。

孙聪在谈及自己获得"CCTV2013年度科技创新人物"这一荣誉的时候，说出了内心的感受：

"我在2013年获得年度科技创新人物的时候，谁给我颁奖，我事先是不知道的。在颁奖现场，我看到顾总来了，真是又惊讶，又非常激动；我觉得他这么大的年龄，身体又刚做完手术，那么虚弱的身体，可以说，对我们激励的程度，远远大于奖项本身。真的，顾总到场对我们的激励，那是远远大于这个奖项的。……

"时至今日，我还不时地拿出《顾诵芬自传》这本书。顾老一直是我特别崇敬的恩师，是航空界的泰斗。他不为名，不为利，深刻地诠释了'忠诚奉献、逐梦蓝天'的航空报国精神，是我们所有航空人学习的楷模。顾老热爱航空事业。他总教导我们：航空人的一生应该是为国家奋斗的一生，如果大家都能齐心协力地想到国家，想到创新，培养具有爱国主义精神的年轻人，通过技术领头人的团结和组织，航空工业肯定还有很大的发展。"

2015年10月7日，孙聪当选为中国工程院院士。

"顾老教会我们的，不仅是飞机的设计和创新，更让我们学会了无论何时都不要在意质疑，要始终坚持真理，做好自己的本职工作，金子终究会发光。"孙聪感激地说。

不仅如此，顾诵芬对待科研工作，对部下，尤其是年轻人，要求非常严格，有时甚至不讲情面。

云梦东是顾诵芬信得过的飞机功能系统方面具有实干精神的专家，在支线客机论证中，顾诵芬对他曾有一次严肃的批评。

这件事，让云梦东一辈子不能忘记。

他就这次挨批而受到的教益，专门写了一篇文章，题目就是《顾总教我估重量》：

"在支线客机论证时，他对估计重量觉得非常挠头。当时正好所里来了一本英文版的亚声速飞机设计的书，后来我们几个人翻译出来，挺厚的一大本。当时看到这份资料中就有对功能系统的重量估算，我一看，就觉得捞着稻草了，于是就用书中的办法，以意大利 ATR42 飞机为蓝本进行参照，整了两天两夜，算完了。

"我挺高兴，拿着计算结果给顾总看，我对顾总说，我用了两天两夜的时间，总算算出来了，眼睛都熬红了。听我这么说，顾总看了我的计算报告，回了我一句，说：云梦东，你挺辛苦的，但你算出来的这都是胡扯！

"他对我们说话从来都是直来直去的。

"他说：教科书上的东西，都是理论上的公式，在工程实践中根本不能这样用；我告诉你一个方法，你用来算，算出的结果，如果能找到 ATR42 的真实重量，做一下比较你就开窍了。

"他要我到科技处的成品附件组，去找赵永贵科长，把歼 8 所有附件重量都调出来，然后比照歼 8 功能系统，一件一件对照，再对比 ATR42 的功能，该增的增，该减的减。按照他说的办法，我，还有丁吉元，我们一起搞了 11 天。丁吉元身体不好，我说你去休息，我们身体好的来搞。就这样搞出来，与我原来算的结果差了 10 倍。

"后来，我在一份资料中还真的找到了 ATR42 飞机的真实重量数据，一对比，用我原来的办法，与真实数据差 5%，用顾总教的办法只差 0.5%。他对我说，搞飞机，重量是非常重要的，不能盲从国外人给的东西。"

1986 年 8 月，顾诵芬在沈阳飞机设计研究所 25 周年所庆大会上的讲话中，明确向飞机设计人员提出要求：

"要建立一支坚强的设计队伍，必须要有共同的理想，就是愿为我国的飞机设计事业奋斗终身。歼教 1、初教 1 的设计之所以这么快，就是靠这些年轻人的志气，有了这种志气，就会奋不顾身地工作。因而歼 8 飞机在'武斗'激烈的情况下得以坚持研制，也是靠这种精神。

"有了这样的理想，就会刻苦钻研技术。广大的设计人员要经常关心自己专业的发展，掌握国外的技术动向。

"设计工作是艰苦的脑力劳动，不读书，不调查研究，不独立思考，不画图，不可能出色地完成设计任务。

"飞机设计是集体劳动的集合，必须有组织、有纪律，不遵守一定的规章制度，是不可能搞出好的飞机的。

"设计要有严肃认真、负责到底的态度，对自己的设计要关心它的实践验证。发生了差错，应该通宵去考虑。

"设计必须考虑国家的技术条件，不要脱离实际。

"设计人员应该重视实践，要了解各种飞机的构造，要牢记'熟读唐诗三百首，不会吟诗也会吟'。要了解工艺技术，要了解飞行使用，要与飞行员、工人交朋友。"①

"他平易近人，像老师一样"

张权是哈尔滨工业大学电机系毕业，1968 年 2 月被分配到 601 所，曾担任歼 8Ⅱ飞机总设计师助理。他谈及顾诵芬对技术人员的培养，充满情感：

"我们那时在跟产队。白天很忙，也很累，到机场走路都是顶着大太阳。而晚上顾总还要指导我们工作。当时，有一位同事叫高执权，顾总主动给他讲课，讲如何读取数据、如何分析，讲解技术关键问题，不像个大设计师，他平易近人，像老师一样。

"他还很关心我们的生活。我那时还没有对象，跟产队的孙绍孔很为我着急，不知道怎么就告诉了顾总。顾总的爱人江大夫很热

---

① 顾诵芬：《1986 年 8 月在沈阳 601 所 25 周年所庆大会上的讲话》，载《顾诵芬文集》，航空工业出版社，2016 年 3 月第 1 版，第 231 页。

心，给我介绍对象，把我找到他们家里去相亲。虽然后来没有成功，但我很受感动。我那时是一个小青年，可是顾总很关心我们。

"我觉得我们的航空科技在 20 世纪五六十年代走了弯路，到 80 年代恢复、发展起来，顾总是起了很重要作用的技术带头人。"

高执权对顾诵芬培养教育的感受，与张权几乎是一样的。

"我是 1969 年从部队锻炼回来的，跟他（顾诵芬）正式工作到 1970 年。他使我从一名大学生较快地转身为一名技术员。从飞机设计的基础概念、工程方法着手，他首先要求我阅读、消化苏联的全套前期说明书，从中掌握满足战术技术要求的有关专业设计指标，以及采取的试验、计算、经验修正等手段，使我较快地掌握了气动力的性能、飞机操稳、气动弹性、气动载荷和试飞等相关专业知识，很快进入专业工作。"[①]

"顾总对我们年轻一代的培养与帮助作用很大，确实使我们很快地成长起来。这个我们一定会牢记一生的，也会把顾总的优良传统继承下去的。"李志说。

李志是北京航空学院飞行器设计与应用力学系飞行力学专业 1986 年毕业生，毕业后被分配到沈阳飞机设计研究所工作，1997 年至 1998 年，所里曾安排他到莫斯科航空学院 106 教研室（飞行力学和控制系统教研室）进修学习。

第一次见顾诵芬的时候，是李志毕业分配到 601 所不久，那一年直接分到所里的大学生有 60 人，李志被分到气动室载荷组。到室里以后，他写的第一份报告是平尾载荷计算，是顾诵芬审核的。

看完报告，顾诵芬就把李志和载荷组组长找过来，一起进行讨论。这第一次见面，李志给顾诵芬留下了很好的印象。

2008 年，李志担任主任已有 5 年，又被调到无人机部，开始搞无人机总体设计。这样，他与顾诵芬见面的机会就多了。言及顾诵芬，

[①] 老科学家学术成长资料采集工程顾诵芬院士采集小组编《顾诵芬传》，师元光执笔，航空工业出版社、人民出版社，2021 年 11 月第 1 版，第 414 页。

李志心中充满了钦敬之情。

"大家都知道他们这些总设计师都是天才，但是大家往往忽略了基本功，所有像顾总他们这样的大师级的人基本功特别扎实，而且他是反复夯实基本功。在夯实基本功的基础上博学、勇于探索。我记得刚分到所的时候，我们室里跟顾总很熟的同志都说顾总把NASA报告全看过，而且记得很熟，主要内容都能记住……"①

最令李志敬佩的是顾诵芬严谨细致的学风。

"顾总做事情、看报告、看书都非常严谨。许多老同志说，给顾总看的报告，主任、组长要反复看，不能有大的毛病。我这几年翻译书，顾总校对时，发现公式或者小数点后面的数字有误都会查出改过。在顾总心目中，这些公式、数据将来科研人员是要用的，不能有错误，要非常严谨，不是说小数点后几位差一点就算了，不行，马虎不得。

"他在校对我的稿件时，把他的意见都非常清晰地写出来，不是打个电话说一说就行了，而是很认真地用中文、俄文很清楚地写出来，并建议是否考虑修改，请斟酌，很客气。"②

顾诵芬勤奋善学，时时刻刻掌握国内国外专业技术的新动向、新成果。工作之余，他不仅及时阅读国内外相关资料，而且消化吸收用于飞机设计，始终保持专业技术较高水平。当国外在飞机气动力的设计中应用数字模拟方法时，我国还是靠风洞试验，于是顾诵芬在20世纪90年代倡导并推动了飞机适用的气动力数字模拟系统的研究工作。他不断培养年轻人，鼓励年轻人翻译书稿，供业内人士参考。

2019年，顾诵芬邀请俄罗斯的专家来讲课，李志将当时授课专家留下的讲课资料翻译成中文，寄给顾诵芬。两个星期后，顾诵芬委托李天院士将校好的稿子还给李志，并回了一封信，肯定了他的

---

① 老科学家学术成长资料采集工程顾诵芬院士采集小组编《顾诵芬传》，师元光执笔，航空工业出版社、人民出版社，2021年11月第1版，第588页。

② 同上，第589页。

工作，夸奖他翻译得很好，专业术语翻译得准确、易懂。

李志回忆这一情景时说："顾总给李天院士打电话，说整理后就出版。从那以后，顾总觉得我俄语不错，又懂专业，俄罗斯专家给他带来的资料，他就都让我翻译，陆陆续续已经出版五六本了，大部分在所里出版，有一部分在航空工业出版社正式出版。"

在顾诵芬的鼓励下，2009年到2019年，李志前后翻译出版了《空气动力学》《飞行控制》《苏-27研制历程》等近10部有关航空方面的书籍。顾诵芬对大部分译稿进行校对，还分别请管德、李明两名院士审校其中有关气动弹性力学、飞行控制的书稿。

2018年，顾诵芬又将莫斯科航空学院出版的第5版《飞机设计》一书交给李志翻译。李志回忆："拿到这本书，我用了大约一年时间翻译。每翻译一章，就寄给顾总，年近九十的顾院士校对了全书译稿。在翻译过程中，发现有很多飞机是欧洲国家研制的，从英语、法语或德语转成俄语后，我在网上查不到，字典里也没有。这时候只能指望顾总。顾总每次都能给出正确答案，有时候还把这些飞机的典故写下来。

"我能取得这些进步，与顾院士的指导和鼓励密不可分；他是我的引路人、导师。顾院士校对资料十分认真仔细。翻译稿中的公式、数字，他都要参照原文，不能有一点差错。顾院士对航空界的飞机和掌故耳熟能详。我对美俄的飞机较为熟悉，但对欧洲的飞机，尤其是20世纪50—60年代的飞机绰号不清楚，而且原文将法语或英语翻译成俄语，我无法找出原义。这时候就需要顾院士帮忙。"[①]

从顾诵芬与高执权、李志等年轻一代的书信往来中，可以看出他在培养航空业界后辈方面的良苦用心。

李志感慨地说："顾总还有一个优点，就是一直学习、关注新知识。我到顾总那去，每次顾总都要给我拷贝一些东西回来，都是

---

① 老科学家学术成长资料采集工程顾诵芬院士采集小组编《顾诵芬传》，师元光执笔，航空工业出版社、人民出版社，2021年11月第1版，第562页。

他自己动手操作计算机，拷贝出来，刻盘，他一定要自己动手。他一直不断地追求学习一些新知识。另外，国内外这些飞机的新成就他都看，所以他记得很清楚。我一说什么事，他就说这个美国人干过了，他记得很清楚。"

在 2021 年的一次座谈会上，航空工业自控所的张永孝讲到顾诵芬指导他的一件事：

"在 ACT 主动控制项目中，顾总是总设计师，经常来所里指导工作。有一次在讨论控制律、余度管理软件优化方案时，我说我是学数学的，不是飞控科班出身。顾总说：那个不重要，只要基础好、肯钻研，就能做成事；下次来西安，我送你一本《机动飞机实用空气动力学》，可以帮助你对飞机飞行、飞行控制在系统层面建立概念，有利于电传飞控系统的设计实现。

"原以为只是说说而已，没想到过了一个多月，顾总来到航空工业西安飞行自动控制研究所李家庄系统实验室，把书拿给我。后来，只要开会见到顾总，他总是关心飞控设计的事情，叮嘱我们：飞控系统是安全关键系统，一定要有逻辑严谨、控制精准的处理策略。"

航空工业沈阳飞机设计研究所型号总设计师赵霞说："只要你想学，他（顾诵芬）会把他的东西毫无保留地告诉你。你取得成绩，他也会很高兴；你有不足，他会包容你，再扶着你往上走。"

在有志于航空事业的后辈看来，顾诵芬是一位德高望重的师长；对于青年一代，顾诵芬寄托着更深切的期望。与青年人在一起，他是良师又是益友，不仅从学识上给予他们帮助指导，更在个人学养、道德情操上为他们树立榜样，这也许就是学生对他作出"超喜欢"评价的缘由。

"大部分内容都是以顾总为背景写的"

在实践中，给予设计人员手把手的具体指导，是顾诵芬培养人才的重要方法。

1963年毕业于哈尔滨工业大学航空工程系的王宗禹，曾经在601所基建处工程科和机身结构设计研究室做过技术工作，后来担任人事处处长和党委组织部长。

谈及顾诵芬的人才意识，王宗禹感触良多。

"顾总对人才培养是很重视的。在歼8Ⅱ设计发图阶段，我们所进来了一批大学生，这些人成为重点培养对象，很快就成才了。我那时是前机身组的组长，在我的印象中，当时发图数量最多的是新大学生，那一批人现在都成才了，都是人才。"

1960年毕业于北京航空学院发动机设计专业、在601所党委副书记、党委书记、所长岗位上工作过多年的刘春义，曾写过一篇文章，叫《百年航空发展源于创新人才》，主要是纪念人类实现动力飞行100年。

在文章中，他认为，百年航空产品发展历史，没有一项不是由创新人才来创造的。文章从人才的基本素质、人才成长的规律和进行"三高"人才（企业家、总设计师、高级技师）生涯设计等维度，对这一观点进行了阐述。而在文章打印稿的右上方，他特别加了一个注脚："这篇文章，对于高级专业技术人才来说，大部分内容都是以顾总为背景写的。"

刘春义还谈到了自己这篇文章的写作思路："是以型号为主线，把顾总关于人才培养方面的思想和他本人的具体实践结合起来总结而成。"

在文章中，刘春义总结了这样几个方面的因素：一是"三高"人才的基本素质；二是应具备的人才观基因，即应有爱才之心、识才之眼、聚才之力、用人之道、容才之量、护才之胆、育才之识、荐才之德；三是应采取不同的生涯设计和培养方法。

刘春义认为，顾诵芬是继徐舜寿、黄志千后的第二代飞机设计队伍的领军人物，是中国航空工业自行设计歼击机的开创者，从歼

8系列飞机开始，其影响是很深远的。他说，当年601所创业非常艰苦，真可谓一穷二白。他指着脚下说："这片土地，原来是种地瓜的，现在改成了科研大楼，由老一代开创，走出一条成功的路，不仅是自主飞机设计，而且包括试验设备等，都带起来了。"他认为，顾诵芬完成了第二代飞机设计队伍领军人物的使命，提出了航空发展和飞机设计的长远战略，为广大科研设计人员树立了优秀的榜样。从20世纪60年代起，顾诵芬一直高度重视航空人才的培养，他带领的飞机设计团队中走出了以李明、李天、杨凤田、耿汝光、孙聪、李玉海、罗阳等为代表的一批批优秀的科学专家。

1984年8月，刘春义担任601所党委副书记，与顾诵芬有过一段时间在所领导班子共同工作的经历。在他眼里，所长兼总设计师顾诵芬在工作上继承了徐舜寿、黄志千传下来的优秀的东西，也学习了刘鸿志等老一辈领导的作风。从人才培养的角度来讲，顾诵芬有着自己的个性，平易近人的背后，也有严格要求的一面，是一代人的严师。

刘春义举了一个例子："每次开党委会，讨论一些后勤方面吃喝拉撒的事时，顾总就拿一本书看。我主持会议，最后要听听他的意见，他就说，好，好。"

601所还有这样的议论，说顾诵芬批评技术人员业余时间打牌，不看书，还批评技术人员把时间用在买菜做饭上。他曾经说，我去买点罐头，吃点面包，多省事，有时间应该多学点东西。大家说，你顾总的薪水高，买得起罐头、面包，我们工资那么点，买菜还得挑便宜的呢。

这些议论传到顾诵芬耳朵里后，顾诵芬只是笑了笑，很天真的样子。而他脑子里却在反思，以后自己要注意批评教育年轻人的方式方法。

对这一类的批评，曾任21室副译审的于业波有深刻的体验。于业波1967年从大连外国语学院毕业，1970年2月到601所，从事技术情报工作。他回忆道：

"大概是1975年秋天的一个星期天，那时老百姓家家都挖一个菜窖。别看破菜窖不起眼，搭起来确实需要很多材料。那天，上午9点多钟，我正抱着一大把树枝走在礼堂北的马路上。顾总从老卫生所那边走过来，他问我这是干什么活，我说搭菜窖。他面色不悦地说：'都什么时候了，还干这个事？！'顾总一向平易近人，从不摆出领导和专家的架子，从未见过他居高临下地教训人。而这一次，他是面对面地毫不客气地批评了我。我当时不太理解，认为我并未做错什么，因为我还没有真正读懂顾总这样一本教我如何做人、如何献身事业的教科书。现在每每想起这句话、这个人生镜头，我就认识到，顾总的意思是说，时光和生命多么宝贵，要一点一滴都用于事业上啊！他的批评还是对我的爱护和教诲。"

后来，于业波在文章中谈到了他对顾诵芬的印象：

"他对我做的工作总是给予鼓励，总是表扬，甚至说'谢谢'我，一直说我干的工作很重要，一直对我翻译上的错误给予认真指正，使我学到了很多东西。我切身体会到他平等待人、密切联系群众的优良工作作风。所以在工作中，我始终觉得他是我的一位良师益友、一位可敬的老师。

"一个领导是否能赢得群众的尊重和信任，取决于他的为人，取决于他为国家为人民做了些什么，而不是看他的地位和头衔。

"以前，我曾读过在抗美援朝战争中跟随彭总的警卫战士写的一篇回忆文章，该文最后的一句话至今让我记忆犹新：如果指挥千军万马的统帅始终与普通战士一道同甘共苦，那么这支军队毫无疑问就是能够所向无敌的。一个领导干部能够看轻自己，把群众看得很重，确实是一种崇高境界、一种高尚的人格，能产生强大的亲和力。我在30多年的工作中，总能深深感受到顾总身上对国家、对民族的责任感和使命感。"

于业波说，顾总是技术图书馆阅览室的常客，各种外文书刊、新资料他都要浏览阅读，英文、俄文的自不必说，日文的《航空情报》也在他的视野中。

1972年8、9月，日本《航空情报》两期连载了对美国空军研制的第三代战斗机进行技术分析的文章，大标题是"选择下一代战斗机的途径"，副标题是"格斗战斗机的复活"。顾诵芬看到后，立即向情报室的领导提出，安排人员将这篇资料翻译出来。任务就落在了于业波的身上。

"我接受这项任务时心情很紧张，因为在当时，我还算不上一个称职的科技资料翻译工作者，论日语水平还勉强可以，但相关航空专业知识却很贫乏，再加上不懂英语，一碰到日语中的外来语，我就发蒙。"

在翻译这篇资料的几天里，于业波多次去找顾诵芬，确定一些外来语的译法。当时顾诵芬是所副总设计师，每次都很耐心地给他解答，对日语中的外来语，顾诵芬请他按照日语的发音念出来，于业波说，顾总听他念几遍，便会告诉他英语中这个词的含义。

经过连续一个星期的加班加点，于业波将2万字左右的译稿交给了顾诵芬。按照当时的流行做法，于业波在译稿封面上写了一段毛主席语录："我们的共产党和共产党所领导的八路军、新四军，是革命的队伍。我们这个队伍完全是为着解放人民的，是彻底地为人民的利益工作的。"顾诵芬很快看完，并做了部分校正，再把译稿还给他，高兴地说："你在为人民服务上做了很好的工作。"还说："日本人在这篇文章中的分析还是很有道理的。"根据顾总的要求，该文校对后打印成单行本小册子，作为"飞机参考资料"发送到了设计室。①

这篇文章报道了美国空军研制第三代战斗机的一些动态，分析了第三代战斗机突出中低空亚、超声速作战机动性的技术特点，是

---

① 老科学家学术成长资料采集工程顾诵芬院士采集小组编《顾诵芬传》，师元光执笔，航空工业出版社、人民出版社，2021年11月第1版，第559—560页。

一份很好的、有价值的资料，后来发表在628所出版的刊物《国外航空简讯》上。

在与顾诵芬的长期交往过程中，于业波从一些细小的事情上体味着顾诵芬的精神品格和人格魅力。他在一篇文章中，回忆了与顾诵芬一起下乡参加劳动的一件小事：

"20世纪70年代，我所在新台子有个农场，按照当时规定，全所各单位人员都要定期轮换参加劳动。我记得大概是1974年3月，顾总也与大家一道参加育秧劳动，那一期有何连珠、我和崔文斌等人。顾总和大家一起睡通铺，同吃同住同劳动。

"有一天早晨大约7点钟，我起来比较早，到农场田边转了一圈，回到农场宿舍时，看到院里围着一大群人，正看着两个人在房顶上摆弄烟筒。原来是屋里炉子不好烧，向屋里倒烟。这两个人中就有顾总。顾总踏梯子爬上房顶时我不在场。后来听别人说，原来有人起哄说：顾总是气动力专家，调整烟筒这个难题应该请他解决。

"一天劳动结束后，大家都要坐下来谈劳动体会。那一天，大家异口同声地对顾总在劳动中的表现提出表扬，有人称赞他是'人民的气动力专家'。顾总听出来是说他上房顶调整烟筒的事，笑着摆摆手说，你们没听人家老师傅说吗？我上房踩坏了好几块瓦。"①

这是顾诵芬得到同志们的普遍赞誉后的一种自嘲，也是他人格魅力的真正体现。

于业波还精心保存着顾诵芬给他的信件、便笺，年节时赠送的贺年卡，以及为他的译著所作的序言。

在一封信中，顾诵芬这么写道：

"关于'卫星总线'，从网上找百科全书词条，应该译为'通用卫星平台'。网上解释，欧洲人提出来'卫星'要像飞机那样有'空中客车'（Air Bus），就要有'空间客车'（Space Bus），星体

---

① 老科学家学术成长资料采集工程顾诵芬院士采集小组编《顾诵芬传》，师元光执笔，航空工业出版社、人民出版社，2021年11月第1版，第578页。

是一个，任务设备根据不同用途可以装得不一样，因此我建议译为'通用卫星平台'，请斟酌。"①

于业波的译文，顾诵芬看得很仔细，他所做的不仅仅是对词义的理解给予指导纠正。2009年春节，顾诵芬为于业波看了三篇译稿，他在给于业波的信中写道：

"业波同志：过年好。那三份译稿已于假期看完，其中第五部分有三处可能是原来有问题。1.译文32页，关于安-22只说'该机运载兵员29名'，实际上这是架货机，那29名兵员是随货走的搬运工之类。该机可载货80吨，所以改成运兵远不止29名，译文应加注。苏联1967年（1968年）侵捷就是用安-22空运部队去布拉格的。……"②

读完这封信，一股暖流在于业波心头涌动。这就是顾诵芬的严谨认真，这就是一代宗师的谆谆教诲。

顾诵芬对于业波的支持是多方面的。

在于业波翻译的日本人著的《从实践中学习空战战术》一书中，顾诵芬在封面"于业波译"的下面留下了"顾诵芬审校"的署名。在前言中，顾诵芬还特意写了一段推荐的话："……这10万字的资料，他利用大量的业余时间，共三个月完成。译稿要我看，我为的是学习空战，所以拿到书稿后没费什么劲，一口气读了下来。我觉得译得很流畅，是可读的，因此推荐给大家来看。"

有了"顾诵芬审校"和推荐，这本译著就增加了分量，更能够引起同业者的重视，得到了很好的推广。

于业波还特地讲到，他与顾诵芬书信交往的另一个细节也令他终生难忘。

"从2002年以后，我又为顾总提供了一些日语翻译资料。我每

---

① 老科学家学术成长资料采集工程顾诵芬院士采集小组编《顾诵芬传》，师元光执笔，航空工业出版社、人民出版社，2021年11月第1版，第560页。

② 同上，第560—561页。

次向他寄资料时，都要寄一封短信，每次在信的开头总是写'尊敬的顾总'，信中在称呼他时都用'您'字。因为我是从心里认为他非常值得尊敬，他又是我的前辈，用'您'字很正常、很规范。而顾总在给我发回资料时，也附一封短信，对我也用'您'字，我真的不敢当。我曾回信请他对我不必用'您'字，但毫无作用，顾总在给我的信件中仍然这么用，他就是这样，时时事事平等待人。"

"顾老也是激励我上进的动力"

1986年，王永恩从北航毕业，当时顾诵芬受聘于北京航空航天大学，为兼职教授，他考取了顾诵芬的硕士研究生。

回忆起在顾诵芬指导下的三年硕士生活，王永恩感触很深。

"在北航读研究生时，导师就是顾总。读研时，差不多一个月就见一次面。有这个师生关系，工作上遇到问题就必然请教。我的感觉，顾总的教育方式是循序渐进，先给我一些粗浅的东西看，再逐步深入。毕业以后，到了601所，觉得自己工作能力比较强，这与顾总的教育是分不开的，他培养的是整体的思维方式。"

王永恩认为，顾诵芬的指导方法独具特色。

考取研究生之后，他收到导师写来的一封信，说明了研究方向，要他先做准备。从那时开始，王永恩就感到做顾总的研究生很累。别的学生是老师手把手教，他却不是那样的。虽然其中有顾总当时还没有调到北京的原因，但更重要的是顾总带研究生自有一套想法。

王永恩说，那时候自己也跟顾总抱怨，说人家别的学生做课题，老师甚至把程序都挑好了，有的就拿一个现成的商业软件，算一个题就完了。顾总的回答是，我这已经很不错了；国外的导师带研究生，就是开头见一面，把任务交代清楚了，到最后答辩才见得到导师，中间只有遇到重大问题导师才参与。王永恩后来逐渐适应了顾总的指导方法。他感觉与参加工作后接受任务安排一样，导师布置一个大概的课题研究方向，要你自己去查找资料，看完后向导师汇报。听完汇报，顾总会问，你有什么想法？王永恩直言不讳地说出自己对问题的思考结果后，顾总对他的想法给予点评，接着布置下一步需要继续查阅的书籍资料。在开始编程序、写论文的时候，顾诵芬提示王永恩，可以到628所找吴介之，说他出了两本书，叫《理论涡动力学原理》，你去找他，跟他谈一谈。

王永恩的体会是，顾总很注意启发式和系统培养学生，最重要的是教会你接受一项任务后，应该怎样入手，他培养的就是你的这种能力。

"顾总布置的任务多，资料也多，看不过来。我有一次问他，顾总你这个资料我看不过来，怎么能看得快？他就教我一招，说，你先看摘要，看完摘要看头看尾，再看结论。他说，你感兴趣的你再往中间翻，不感兴趣的就放一边。"

王永恩后来成长为601所型号副总设计师。作为顾诵芬的学生，他每次出差到北京，都要到顾总家里去看望顾总。有时顾总留他吃饭，他觉得饭菜烹调水平还不如自己。可能顾总也觉察到了这一点，会打电话告诉夫人，说有客人在家，买点熟食回来招待一下。去的次数多了，顾总跟他开玩笑，怎么又来了？王永恩说，开会嘛，抽空来看看你。顾总则会认真地跟他讲，我们那时出差、开会，有点空闲的时间，都是到书店里去看书。

王永恩说，顾总是很认真的，你谈到的问题他会记住，下一次去的时候，他就会给你拿出有关的资料，告诉你这个问题应该如何解决。

"应该说，我飞机设计的启蒙老师就是顾总。他是一个典型的知识分子，具有大家风范。他说话慢条斯理，面带微笑，给人一种很亲近的感觉。"航空工业金航数码党委书记、董事长魏金钟说。

魏金钟是北航高金源教授培养的1991年毕业的硕士，在顾诵芬主持主动控制技术研究的时候，航空研究院科技处领导选中魏金钟作为顾诵芬的助手，一起参与这项重要的实验研究工作。魏金钟的工作得了顾诵芬的认可和赞誉。

1992年冬，沈飞试飞大队大队长赵士兵在单轴主动控制验证机上首次实现了不安定飞机的安全着陆。这次试验，顾诵芬和魏金钟都在现场，他们清楚地看到平尾前缘向上的着陆全过程。首飞成功，顾诵芬非常高兴。那天晚上，魏金钟买了一瓶竹叶青酒，与顾诵芬对饮，两人抑制不住内心的兴奋，都喝了不少。

1999年，北京航空航天大学成立高级航空航天科技人才研修中心，中心实施多学科导师组指导制度，多学科导师组由来自北航及科研院所的高级专家组成，每一位研修人员设责任导师两名，即北航及科研院所的专家各一名，采取进校不离岗的方式培养。

当时已经在中国航空工业总公司科技局工作的魏金钟，经组织推荐，报考了1999级航空高研中心的博士生，被录取后，确定的北航指导老师是兼职教授顾诵芬，单位指导老师是科技局副局长华俊（后因华俊工作调动和出国，辅导老师由北航陈宗基教授担任）。

进入论文阶段后，顾诵芬给魏金钟的建议是研究无人作战飞机发展方向。当时无人作战飞机还是一个新概念，世界上主要航空发达国家也才刚开始这一领域的研究。顾诵芬提供了大量的资料，供魏金钟研读分析，最终确定他的博士论文研究课题。

回忆起自己读博士研究生的经历，魏金钟回忆道：

"在论文研究期间，因为我有几年时间大量在外场试验基地跟试，顾老建议我利用跟试时晚上的空余时间多看些资料，尽可能做些论文研究方面的工作，而且每过一段时间就会找些新资料或资料目录给我。所以每次去外场跟试，我都会带上厚厚的一摞资料，回来后跟顾老讨论下一步如何做。

"有一次，较长时间没有见到顾老，顾老手写了一封长达3页的信，托人带给我，知道我论文中遇到了一些问题，为我提供一些算法。顾老写道：'关于无人机论文事，我复印了两篇文章供参考，另外 4 页是俄文对作战能力判据的例子也供参考。还有一本书……见6.2节。……另外，我找到了一份战效分析的俄文老本供参考。还有，你可以从书店买一本国防工业出版社今年出版的《作战航空综合体及其效能》……不要太着急，反正时间已经拖了，稳当点。力求把工作做好。……'

"顾老的英文和俄文都很好，且记忆力非常好，每次都给我一大摞外文资料，所有资料顾老都看过并做了批注，能随口说出哪份资料重点看什么。有的时候还给我些俄文资料，我不懂俄文，只能找人把重点翻译一下。每每从顾总手中接到资料，都感受到顾老对祖国航空事业的关注之心，对航空技术孜孜不倦的探索和追求，感受到顾老严谨的治学态度、快速的外文阅读能力、海量的知识获取能力和惊人的记忆力。"

魏金钟还讲道，在论文研究内容基本完成，开始论文写作时，也是最困难的一段时间。一方面那两年由于工作特别忙，实在挤不出时间，另一方面确实也很难沉下心来写论文。因此，他曾一度想放弃；心想，反正论文研究内容做完了，博士论文不要也罢。当时他在与两位同班同学打电话交流时，一个共同的感觉是在职读博士确实很难也很累，都想放弃。"但，想起顾老对我的殷切期望和这些年付出的心血，以及顾老的治学精神，心想，一定要坚持到底，做好，对得起顾老。"

魏金钟没有辜负导师的期望，他的博士论文获得了好评。为此，顾诵芬对他的论文写了这样一段评语：

"作为魏金钟的导师，根据本人对他的了解，该同学政治合格，品格高尚，综合素质好，责任心强，学习工作刻苦努力，具有很强的工作能力、独立科研能力和组织管理才能，理论基础扎实，工程概念清晰；完成博士论文的同时，还参加了国家不少重点项目，克服了不少实际困难。……

"该论文的完成对于我国无人作战飞机系统的技术发展和规划

发展具有重要意义。

"魏金钟同学的论文达到博士学位论文的要求，同意申请答辩。"[1]

魏金钟的工作也得到了组织和上级领导的充分肯定。后来，他到更为重要的领导岗位上工作，导师的情谊和榜样始终激励着他。

魏金钟说："毕业典礼时，由于顾老年事已高，不能参加毕业典礼仪式，后来我特意拿了博士毕业服和相机到北苑科技委顾老办公室去照师生合影，顾老很认真地准备好，一起照了合影。那一刻，感到了顾老的欣慰之情。

"直至今天，顾老还会时不时给我一些航空科技资料，让我关注一些方向。

"顾老以80多岁高龄，仍坚持不辍治学，关注对年轻人的培养。顾老的治学态度和为人师表的言行是我终生学习的榜样，也是激励我上进的动力。"[2]

"争取做一个像他那样的栽树人"

杨新军，1989年毕业于北京航空航天大学飞机设计系。毕业以后，又考取了西北工业大学的硕士研究生。1992年硕士毕业，他被分配到航空航天部下属的系统工程研究所。在那里，他参加了由顾诵芬提出的作战效能分析研究项目。

顾诵芬说，1992年，在与俄罗斯合作、开展第四代机评审时，他最感兴趣的内容之一就是歼击机的空战效能分析。杨新军在这段时间的工作，给顾诵芬留下了深刻的印象。从那以后，他们便有了更多的近距离接触。2006年7月，国务院领导决定组织有关大飞机认证的专门机构，19位专家组成委员会，设3位主任，每位主任可以带一

---

[1] 老科学家学术成长资料采集工程顾诵芬院士采集小组编《顾诵芬传》，师元光执笔，航空工业出版社、人民出版社，2021年11月第1版，第584-585页。
[2] 同上，第585页。

从顾诵芬写给601所从事技术情报工作的于业波和后起之秀李志的信中，可以看出他提携后辈的良苦用心。

名秘书，顾诵芬的秘书就是杨新军。

顾诵芬在回忆中，这样评价这位年轻人：

"杨新军同志是 20 世纪 90 年代初西工大毕业的研究生，分到航空工业发展研究中心，后来又去莫斯科航空学院进修了两年。我和他在研究战效分析软件时一起工作过，我们之间有共同语言。1999 年，他主动要求到科技委做我的助手。他在计算机应用、网络查找资料、计算，以及故障分析等方面都很擅长，与周围同志关系也相处得很好。"[1]

2001 年，杨新军回到航空工业发展研究中心。顾诵芬说："他（杨新军）与我私交很好，我们之间很多想法是相通的。虽然他回到了航空工业发展研究中心，但在大飞机的多次论证时，我还是通过中心的领导把他请来帮忙。在大飞机论证中，他做了很多工作，我的很多讲话稿、PPT 文件都是由他做的。他对我帮助很大，想法也都一致，我们两人可以说是忘年交。"[2]

顾诵芬就是这样对待年轻人的，令人肃然起敬！

黄尉嘉 1982 年从西北工业大学飞机系航空电器专业毕业，然后报考了同专业的研究生，1985 年硕士毕业后被分配到中航工业系统工程研究院。1989 年，由于对俄合作的需要，他又回到西工大学习了九个月的俄语。回到单位以后，他较多地参加到对俄合作的外事活动中。1992 年 11 月，作为重点培养对象，他被派往俄罗斯莫斯科物理技术学院学习了一年。在此期间，顾诵芬率团访问俄罗斯，在与俄罗斯专家的交流中，黄尉嘉担任翻译。从那以后，黄尉嘉多次与顾诵芬接触。

黄尉嘉回忆，从 1994 年航展期间顾总与俄罗斯谈关于战效分析的合作开始，他就参与同俄罗斯合作的外交活动。在与顾总的接触中，

---

[1] 老科学家学术成长资料采集工程顾诵芬院士采集小组编《顾诵芬传》，师元光执笔，航空工业出版社、人民出版社，2021 年 11 月第 1 版，第 586 页。

[2] 同上。

黄尉嘉为顾诵芬的敬业精神、专业知识和语言水平所叹服。与此同时，在工作中，黄尉嘉也体会到了顾诵芬的大家风范与平易作风。

在黄尉嘉眼里，顾诵芬在对外活动中，从来没有领导和大专家的架子。他说，外事活动中很强调身份对等，如在接待中会根据外方来访者的身份地位，安排中方相应的领导和专家会见。但顾总完全不理会这些，他看中的是来访者的学术水平，即使是普通的研究室主任、副主任级别的专家，只要有真才实学，顾总也很愿意与他们进行见面交流。

"俄罗斯的那些专家都知道顾总，有机会到中国来，都希望见一见他。所以听说顾总表示愿意见面，他们都非常高兴。由于顾总与俄专家的关系很好，有很深的感情基础，因此在交流探讨技术问题时，俄罗斯的专家都很真诚友好，会毫无保留地发表自己的见解。我觉得这一点在国际交往中很重要，而顾总做得非常好。"[1]

黄尉嘉认为，正是顾诵芬的科学精神与人格魅力，让作为协调联络员的他，在国际合作中交流十分顺畅。

"我们是研发机载火控系统的，与顾老从事的飞机设计相比，是个完全不同的小专业。随着工作年限的增长和工作经历的丰富，我时常感到顾老的远见卓识和对我们专业的关爱。例如，他在二十年前组织翻译了俄罗斯友人送他的讲机载火控系统的书；十几年前还曾担任过我们重点实验室的学术委员会主任；五年前他还为俄罗斯国家航空系统研究院院长费多索夫院士自传《俄罗斯院士回忆航空半世纪》写中文序言，该院是俄罗斯研究航空火控和作战效能的总体单位。看到今天颁奖仪式上坐在轮椅上的顾老，我们思绪万千。前人栽树，后人乘凉，顾老就是那个给我们栽树的前人，受惠的想必也不止我们一个专业。我们不能只做乘凉人，为了航空工业的蓬勃发展，我们应该接过顾老手中的铁锹，争取做一个像他那

---

[1] 老科学家学术成长资料采集工程顾诵芬院士采集小组编《顾诵芬传》，师元光执笔，航空工业出版社、人民出版社，2021年11月第1版，第587页。

样的栽树人。"航空工业光电所高劲松这样说。

2017年起，航空工业发起"书香·航空"活动，每年一期。时年87岁高龄、刚动过手术的顾诵芬，亲临现场，与年轻人互动。他号召广大青年人多读书，首先必须树立正确的革命人生观，建议熟读并牢记毛泽东的著作；同时，要向榜样学习，研读徐舜寿先生、管德院士及美国凯利·约翰逊、俄罗斯费多索夫院士等航空界著名人物的传记，认真学习他们钻研技术、不断创新的精神。

2000年9月，在中国航空工业第一集团公司科学技术委员会主办、沈阳601所承办的航空发展座谈会上，顾诵芬作了题为《对飞机设计工作的一些看法》的发言。

在发言中，顾诵芬深刻阐述了人才培养的"又红又专"问题，他指出：

"我们还是发展中国家，各种条件都很困难，你要设计出飞机，总会经历各种艰难曲折。这样，为了国家安全和国民经济建设，就需要有无私奉献的精神去发展飞机，遇到困难和挫折时，就得有百折不挠的精神，应该想到陆孝彭同志当年设计强5时遇到的困境。他在当时很困难的形势下，还是坚持下去，终于搞出强5的成绩，这是老一代科研人员事业心和责任感的范例，值得大家学习！

"另外，飞机设计必须是团队事业，总设计师作为领头人就必须善于调动每个团队成员的积极性，充分发挥他们的潜能，要善于集中群众的智慧和经验，来充实完善已有的设计方案。为了真正地调动和团结群众，最重要的就是尊重每个人和知人善任。美国SR-71的总设计师虽然是资产阶级培养的知识分子，但他善于团结群众，重视调动大家的积极性。他的一句名言就是不要舍不得说一声'谢谢'，他对每个人都是尊重的。

"要调动群众积极性，就必须营造一个宽松的环境，让人家能讲真话，不要别人一讲话，不合你意的就顶回去。在探讨方案时千万不要用刻薄伤人的语言，这样只会造成不团结而不利于完善方案。记得601所老设计师卢贵春同志，在一次和结构室的同志协调设计方案时，结构室同志因自己工作忙不过来，情绪上非常厌烦，说了很多难听的话，协调进行不下去。但卢贵春同志却没有动气，只说了一句：'现在提倡"四个文明"嘛，讲话也得文明嘛！'这一说大家都笑了，缓和了气氛，协调终于完成了。

"总之，搞好设计必须让人家都能充分发表意见，这样才有可能集思广益，使方案做得更细、更完善。

"在思想方法上还得学点辩证法，学点《实践论》《矛盾论》，看问题必须正反两方面都得考虑，要分析利弊，要善于取舍和协调，这样设计中就必须有多种方案比较，经过对比后选择更好的方案。"

至于"专"的方面，对设计人员来说必须坚持不懈地钻研业务和发扬不断进取的精神。现在科学技术发展迅速，不学习就跟不上形势的变化。只要看看美、俄两位飞机设计大师就明白了。

美国的SR-71总设计师凯利·约翰逊，他是1933年大学毕业的，当时学的是活塞式螺旋桨飞机，而20世纪40年代他领导设计了美国第一种批量生产的喷气式战斗机F-80，到60年代初，又上了更高的台阶，设计了3倍声速的SR-71。如果他还停留在30年代的学识上，怎么可能干出SR-71来呢。他说他最爱读的书是《数学》和《空气动力学》，他休假时常常看的是这些书。当然他绝不是靠这两本书来设计SR-71的，他一定还看了很多其他的书，才会有设计SR-71的想法。书本知识虽然是间接经验，但对写书人来说是直接经验，所以看书也是知识的重要来源。要记住"知识就是力量"这句格言。

俄罗斯米格设计局总设计师别列可夫是20世纪40年代初莫斯科航空学院毕业的，先参加机枪协调器设计，后搞起落架、液压甚至结构，最后当上了米格-23、米格-25、米格-29、米格-31的总设计师。从机枪协调器到"双三"飞机，如果没有足够的专业知识是干不成的。别列可夫也喜欢读专业书。总之，要搞出新飞机，不认真读书是不行的。现代飞机的研制技术十分复杂，要求知识面很广，综合能力很强，一个技术领导或者技术尖子，只有勤奋好学，博采众长，才能在前人的基础上，创造新的环境，攀登新的高峰。

西方国家的大公司也十分注意干部的知识更新。1978 年参观费伦梯公司时，顾诵芬看到他们技术主管桌子上有本新的美国《航空周刊》，上面贴有黄条，写有几个人名，他说这是他们传看的，可见他们也督促领导干部注意汲取新知识。……

"希望我们年轻的总师们能多注意看新杂志和专业书，使自己的知识能跟上时代的进步。"①

一部书、一个奖、一封信

"让未来祖国的科技天地群英荟萃，让未来科学的浩瀚星空群星闪耀。"这是习近平总书记对广大科技工作者的诚挚寄语和殷切期望。

即使到了晚年，顾诵芬也从来没有停止过对航空未来的思考、对人才队伍的培养。他以对国家、对民族高度负责的精神，始终如一地跟踪航空前沿最新科技发展动态。

顾诵芬主持编纂了 70 余册航空科技书籍。2001 年 9 月，北京航空航天大学出版社出版的《飞机总体设计》一书，顾诵芬任主编，并亲撰四章，作为我国航空院校飞行器设计专业的必修课教材。截至 2022 年 3 月，该书已印刷 8 次，累计印数 14,500 册，并被评为"面向 21 世纪课程教材"。②

顾诵芬主编的《现代武器装备知识丛书——空军武器装备》、"大飞机出版工程"等多个系列、数十种航空专著都产生了重要而广泛的影响。

---

① 顾诵芬：《对飞机设计工作的一些看法》，载《顾诵芬文集》，航空工业出版社，2016 年 3 月第 1 版，第 276 页。
② 中国航空工业集团有限公司编《大家之道——向顾诵芬院士学习》，航空工业出版社，2022 年 3 月第 1 版，第 199 页。

2002年12月，顾诵芬、朱荣昌合著《我国军用飞机的发展回顾》一书，由航空工业出版社出版。这是顾诵芬最有影响力的学术专著之一。

在前言中，顾诵芬说："50年来，一直没有脱离飞机设计和研制工作，这在我国航空老科技人员中是为数不多的，因此深感有责任把过去的经历很好地记录下来，并加以总结。"

朱荣昌，20世纪60年代初毕业于上海交通大学，曾长期从事"两弹一星"的研制工作、空军军事理论和武器装备的研究工作，非常关心我国军用飞机的发展，也非常希望从一些资深老专家的经历中，探索影响我国军用飞机发展的主要原因。

为此，两人决定合作撰写此书，通过两人的切身经历，总结和分析影响我国军用飞机发展的原因，为后来者的研究提供有价值的参考。

这部书的第三部分，详细地总结了我国军用飞机的历史经验和教训。其中，对人才队伍的建设进行了科学思考，提出了切实的对策。

书中分析指出：

知识经济的发展趋势，使世界各国比任何时候都更加注重知识创新和科技进步的推动作用，也更加重视人才队伍建设的问题。人才是发展建设的基础，科技竞争从某种意义上来讲就是人才的竞争。从我国航空工业发展51年的历史来看，人才队伍建设确实至关重要。

51年来，我国在航空科技人才培养方面取得了明显成绩，已培养出一批航空各个领域的学科带头人和著名的设计师。他们为我国航空事业作出了贡献，是航空事业发展的中坚力量。但是，在航空科技人才队伍的建设上仍存在一些不足。"首先是在一些关键领域缺少能带领队伍进行攻关的顶层专家。目前在发动机设计和研制方面还缺少具有很强的实践能力的总师级人才。其次是缺乏复合型的顶层人才。人才素质的复合趋势是世界性的发展趋势，为了使我国航空事业能实现跨越式发展，必须要有一支复合型的顶层人才队伍，这也是我们目前存在的不足之处。相对来讲，我们的学科带头人还比较多，而通晓航空各主要领域的知识（当然要有重点）、能站在战略层面进行谋划的人才明显缺乏。一些技术部门的领导观察问题和考虑问题缺乏全面性、重要性、前沿性和前瞻性，这必然会对提高可持续发展能力带来很大的负面影响。"

为了适应我国航空事业发展的需要，必须加强航空科技人才队伍建设。对此，顾诵芬、朱荣昌提出要着重注意以下几个方面的问题。

第一，要加强建设的规划和计划工作。

要根据航空事业的发展需求、航空科技人才队伍的现状，制定好人才队伍建设的规划和计划，特别要注重复合型顶层人才的培养、关键性领域攻关人才的培养和前沿学科人才的培养。这里讲的培养，既包括在校学生的培养，也包括在职科技人员的培养，更重要的是要通过工作实践来培养。同时还要制定有利于人才培养的规章制度，要引进竞争机制、激励机制。为了使科技人员能与时俱进，必须要求他们花足够的时间认真读书，特别要钻研先进技术和基层理论。有关部门要在这方面给他们创造条件，如提供图书资料和参加国际学术交流活动等。

第二，必须重视理论和实践相结合，充分发挥人才队伍的作用。

为了提高航空科技人才队伍的整体素质和发展后劲，必须要注意提高人员的理论水平。目前，在航空科技人才队伍中高学历和高级职称的比例不断提高，这是一个可喜的现象，但是也必须重视学历、职称的"真实性"，重视理论和实践相结合，要通过实践来提高人员的实际工作能力。我们与一些俄罗斯专家接触时发现，他们中有些人参加过几十个型号的工作，而我们有些航空科技人员一辈子可能就搞了一个型号，这就是水平相差较大的一个重要原因。这也说明了参加实践的重要作用。事实证明，光有学历、光有理论是不够的。从某种意义上来讲，参加实际的设计和研制工作，比只进行理论学习更能磨炼人、培养人。同时，我们也应充分发挥航空科技人才队伍中所有人员的作用。要根除"论资排辈"的观念，要着力培养年轻人、起用年轻人，这样事业才有发展后劲和希望。但，对于年轻科技人才的培养和使用切忌"急于求成"和"拔苗助长"，这无论是对人才队伍的建设还是对其本人的成长都是很不利的。在重视年轻科技人才的培养和使用的同时，也要充分发挥好中年甚至是老年科技人才的作用，有些人虽然达到或超过了退休的年龄，但身体尚好，又有较丰富的经验，如不充分发挥他们的作用，实际上是人才的浪费。一方面深感人才缺乏，另一方面又不爱惜人才，那就真是可惜了。

第三，要适当加强人才交流和横向联系。

由于科学技术迅速发展，各学科之间的联系和相互影响不断加强。为了适应这一发展趋势，航空科技人才要根据需要，适当扩大知识面。为此，应在可能的条件下增强横向联系。航空各领域的专家、军事专家可定期或不定期地进行学习交流，对某些问题进行磋商，这对于掌握信息和提高水平是很有利的。同时，在需要和条件具备时，也可以进行同领域或相邻领域的科技人才的交流，或短期供职。

....

伟大的事业孕育伟大的精神，伟大的精神推动伟大的事业。从抗美援朝战争的艰难起步到如今航空工业的繁荣发展，顾诵芬始终眷恋着祖国的蓝天。他将自己在航空事业的丰功伟绩说成"为国家做了些事情"。

"'飞机的设计权要掌握在中国人自己手里。'这句话不仅是顾老的自勉，更是对我们后辈的鞭策！"航空工业太航的技术骨干王龙丽感慨地说。

"作为新一代的航空人，我们迎来了航空发展的机遇期，必须进一步聚焦主业、自主创新，强化原始创新，为航空装备建设贡献力量。"中航西飞的杨锋说。

2011年12月5日，中国航空工业集团公司在北京举行顾诵芬院士从事航空事业60周年纪念大会。集团党组为顾诵芬颁发了航空工业历史上唯一的"航空报国终身成就奖"，以表彰他参加航空工

60年来为国家作出的杰出贡献。

颁奖之后，顾诵芬作了一个学术报告，题目是《航空向空天一体迈进》。

在报告中，顾诵芬首先介绍美国科学院、工程院及空军科学技术委员会的研究动向。接着，他以"空天一体的核心在于研制高效的吸气式发动机"为重点，对气动、气动热、等离子动力学、材料与结构、控制等关键技术进行了逐项分析，并列举了目前欧美航空强国所进行的预研动态、发展趋势。

"烈士暮年，壮心不已。"站在获得殊荣的讲台上，顾诵芬想到的是，中国如何应对由于航空航天技术的发展而引发的国际格局的深刻变化，以及航空科学工业发展的前途。他冷静地分析和思考，以强烈的忧患意识和使命意识，激发航空领域的专家、技术领导人的紧迫感和使命感。

报告结束之后，中航工业集团党组书记、总经理林左鸣上台，作了补充发言。

"作为新中国的航空人，我们为有顾诵芬这样蜚声国内外的航空科学技术方面的科学家、国家顶尖的航空工程技术专家感到自豪和骄傲。"这句话代表了大家的心声。

顾诵芬高瞻远瞩、心怀山海，他深邃的目光始终注视着世界航空科技发展的动向，所掌握的资料之广泛和深入，常常让人耳目一新，精神为之一振。

这就是战略科学家的风范。

2018年9月，为了能够帮助年轻人尽快找到事业的方向，他特别给集团公司团委写了一封信，满腔热情地指导青年人的学习与学术进步。

这封被称为《致青年》的信情真意切，十分难得与珍贵。

信的全文为：

"集团公司团委：

公司的年轻人将成为建成航空强国的主要力量，因此需要他们学习我国航空工业前辈徐舜寿、管德等同志的刻苦钻研技术，不停地学习先进技术的精神。

"我考虑和认识问题不一定正确，现提出一些需要读的书的目录供参考！

"首先必须树立正确的革命人生观，建议熟读并牢记毛主席的《纪念白求恩》《为人民服务》和《愚公移山》，这就需要钻研毛主席的《实践论》和《矛盾论》，这也是钱学森同志推荐给科研人员的。

"至于青年人成才的榜样，建议读一下美国洛马公司臭鼬工厂的总设计师凯利·约翰逊的自传，他是20世纪30年代的大学毕业生，居然在60年代设计出3倍声速的SR-71侦察机，技术的提升是非一般人能想象的。他之所以有这样大的技术创新，是因为他一直在钻研技术，他休假时也在看空气动力学、数学、物理学、机械学等。还有一位是费多索夫院士，他是50年代控制专业的毕业生，毕业后开始做弹道分析，后来自学了空气动力学、飞机设计及空空导弹和歼击机作战仿真，现在成了俄罗斯航空决策集体的核心人物。

"以上两人的传记，航空工业出版社已经出版了，可以买到。

"至于我国航空前辈的事情则可读《中国飞机设计的一代宗师徐舜寿》和《管德传》，也是航空工业出版社出版的。

"我们要创新，还是要知晓世界航空科技的发展趋势，应该从跟踪到引领。孔夫子说：'学而不思则罔，思而不学则殆。'就是说我们光胡思乱想，到头来什么都干不成；但光念书而不去做，也是一场空。

"我们要创新，就需要看世界航空科技的动向。建议要读的消息性的综合刊物有 *Aviation Week and Space Technology*、*Flight International* 等，还有就是 *Jane's International Defence Review* 及 *Military Technology*。当然这些都是英文刊物，至于其他文种的可以从互联网上找。

当然这些都是消息性的，至于专业性较强的则应该看学会的刊物，如美国的 *AIAA Journal*、*Journal of Aircraft*，以及 IEEE、SETP 等专业学会的会刊。"

……………

顾诵芬的这封信是他的思想、情怀和特有风格与语言的一种展现，他把对年轻一代的殷切期望和具体指导融汇在一起，教大家如何确立理想、如何学习、如何读书和读什么书，令人深受启迪与感动。

而一向处世低调、淡泊名利的顾诵芬说："我的余生就是搞这些工作了。发现对现有工作有用的书籍、资料，就组织或请人翻译。这些书，如果有人愿意看，大家还是会受益的。"

2018 年 10 月 20 日，我国自主研发的大型水陆两栖飞机 AG600 在水上试飞成功，习近平总书记发来贺电，希望各有关方面继续弘扬航空报国精神，切实贯彻新发展理念，奋力推动创新发展，再接再厉，大力协同，确保项目研制成功，继续为实现航空强国的目标而奋斗。

2022 年 11 月 12 日，习近平总书记给中国航空工业集团沈飞"罗阳青年突击队"的队员们回信，勉励他们学习贯彻好党的二十大精神，为建设航空强国积极贡献力量。

习近平在回信中说，你们以罗阳同志为榜样，扎根航空装备研制一线，在急难险重任务中携手拼搏奉献，这种团结奋斗的精神非常可贵。习近平指出，把党的二十大描绘的宏伟蓝图变成现实，需要各行各业青年勇挑重担、冲锋在前。希望你们继续弘扬航空报国精神，心往一处想，劲往一处使，在推动航空科技自立自强上奋勇攀登，在促进航空工业高质量发展上积极作为，争做有理想、敢担当、能吃苦、肯奋斗的新时代好青年，为全面建设社会主义现代化国家、全面推进中华民族伟大复兴作出新贡献。[①]

"天戴其苍，地履其黄……前途似海，来日方长。"不老的顾诵芬，

---

① 《习近平回信勉励中国航空工业集团沈飞"罗阳青年突击队"队员》，新华网，2022年11月13日。

仍感于际天空阔，一腔壮志从未消磨！

年轻的航空一代将会理解顾诵芬嘱托的深意，牢记和践行顾诵芬的谆谆教诲，薪火相传，接续奋斗，把中国航空事业推向比肩世界强国的新高度。

2022年11月7日，在第十四届中国国际航空航天博览会开幕前夕，航空工业集团党组书记、董事长谭瑞松在接受采访时介绍，在党中央、国务院和中央军委的领导下，航空工业集团牢记航空报国初心，笃行航空强国使命，通过勇毅前行的改革和持续不断的创新，始终保持经济运行稳中有进、稳中提质、稳中致远，走出了一条高质量发展之路，走上了打造世界一流企业、支撑世界一流军队、建设航空强国的新征程。[1]

谭瑞松指出，新时代十年，航空工业坚定落实党中央重大决策部署和国家战略，坚持航空装备走上战场就是战斗力、走向市场就是竞争力，坚持支撑一流军队建设和服务国民经济两"翼"齐飞，积极发挥大国央企的"顶梁柱"和"压舱石"作用，为推进国家安全体系和治理能力现代化，维护国家经济安全和社会稳定贡献力量。[2]

这就是顾诵芬毕生之所愿。

这就是顾诵芬理想之花结成的累累硕果。

这就是顾诵芬追求的航空强国梦。

@ 同时期的世界

2011年12月5日，中国航空工业集团公司在北京举行顾诵芬院士从事航空事业60周年纪念大会。顾诵芬获得了航空工业历史上唯一的"航空报国终身成就奖"。而此时

---

[1] 《让青春在建设航空强国的火热实践中绽放光芒》，《中国航空报》2022年11月25日。

[2] 同上。

的国际形势变幻莫测。

2011年,东北亚发生了两件大事:年初,9级地震和超级海啸引发了严重的核辐射危机;年末,金正日逝世,东北亚安全形势备受国际社会关注。11月11日,美国国务卿希拉里在夏威夷发表讲话。美国希望仿照欧美之间的跨大西洋关系为亚太地区构建一个"跨太平洋体系",声称:"21世纪将是美国的太平洋世纪。"意在表达美国的全球战略调整。

2011年,世界经济形势严峻,险象环生:一些世界主要经济体经济增速下滑,国际金融市场动荡不已;新兴市场国家通胀压力加大;各种形式的保护主义明显增多;世界经济复苏的不稳定性不确定性上升。此外,国际和地区热点此起彼伏,粮食安全、能源安全、气候变化、重大自然灾害等全球性挑战日益突出,世界经济发展面临严峻挑战。

总之,2011年的世界局势,可以用一个"变"字概括。从年初的所谓"阿拉伯之春",到"印度之夏""华盛顿之秋",再到所谓"莫斯科之冬",国际政治格局在变;美国经济挣扎复苏,欧债危机深重,金砖国家未雨绸缪,世界经济格局调整;本·拉登被击毙,卡扎菲身亡,金正日离世,亚太和东亚国际关系在酝酿重整,中美关系面临重新定位。

尾 声

初心感动中国

一

阳光透过茂密树叶，映射在一座外观极为普通的楼房上。

北京市朝阳区北苑 2 号院有一栋二层办公楼。

这里，曾是顾诵芬科研攻关的"战场"。

90 岁前，顾诵芬几乎每个工作日上午，都会按时出现在办公楼里。从家到办公楼距离约 500 米，他要走上 10 多分钟。这段路，他走了很多年，过去总是步履匆匆……

"感动中国 2021 年度人物颁奖盛典"以"平凡铸就伟大，英雄来自人民"为核心主题，全面展现中国人所经历的波澜壮阔的 2021 年，共评选出 10 位年度人物，顾诵芬当选，并特别致敬中国航空人。

92 岁高龄的顾诵芬由于身体原因，未能亲临颁奖盛典现场，他以视频形式表达了自己的感谢：

"这份沉甸甸的荣誉授予我，自己感到很惭愧。我没有做出什么，党和国家给了我太多了。感谢组委会，感谢全国人民，还要特别感谢一代代为祖国航空事业接续奋斗的全体航空人。"

为了弥补顾诵芬没能到节目录制现场这一遗憾，《感动中国》主持人敬一丹与总台央视记者崔霞，一起登门拜访了顾诵芬，给他送上了《感动中国》的奖杯。

"看见飞机上天了，就是享受，高兴！"采访结束后，顾诵芬还提笔给中国航空事业写下了寄语，鼓励更多的年轻人为祖国的航空事业做出更多创造。

"中国航空事业发展需要年轻人才，他们是祖国的明天。我只想对年轻人说，心中要有国家，永远把国家放在第一位，要牢牢记住历史，珍惜今天的生活。多读书，多思考，努力学习，认真做好每一件事。"顾诵芬对年轻人充满期待。

二

"2020年的夏天，有幸采访了这位仰慕已久的航空界泰斗，他身上那种我们多年来在很多真正的'大家'身上看到过的雍容风度和温润光芒，真是令人心折。而他绵软的南方口音和单薄的身子骨里，藏着的那颗热爱航空、矢志报国的初心和那股求真务实、舍生忘死的劲头，着实令人钦佩。"中央广播电视总台、中央新影集团编导朱童采访后这样说。

在顾诵芬家的客厅里，摆放着一个近2米长的书桌，他常用的航空科研书籍、放大镜等全放在上面，书桌后面的书柜里装满各种专业书籍。

屋子里每一个细节，都在无声地告诉每一名到访者：这里的主人是一位科研老兵。

顾诵芬说，要想搞好航空事业的话，不认真学习、念书、动手、思考，那是不成的，建成航空强国必须依靠有知识的年轻人，特别是年轻的科学家，靠他们的创新精神使我们国家在航空领域有更大的发展。

如今，顾诵芬每天要定时吃药，手术住院期间还叮嘱资料室的工作人员给他送书刊，看到有用的文章会嘱咐同事推荐给一线设计人员。

时光可以带走他强健的体魄，但他为国造飞机的初心从未褪色。

三

1990年年底，中国科学院启动了新增学部委员的遴选工作。三份由不同部门填写的《中国科学院学部委员候选人推荐书》中写着：

"著名飞机设计师顾诵芬，是第一批国家级有突出贡献的中青年科技专家。由他任总设计师的歼8Ⅱ型飞机，其战术技术性能超过苏制米格-23，接近法国幻影2000。他是我国飞机设计，特别是气动力设计技术应用研究和发展方向带头人……"（中国航空学会）

"顾诵芬同志在飞机总体设计、气动力布局、载荷计算、进气道设计和飞机操纵稳定品质等领域中，在理论研究上有很深的造诣，特别是在将这些理论用于解决飞机设计的实际问题上作出了重大贡献，已成为公认的飞机设计专家和权威……"（航空航天部科学技术委员会）

"通过歼教1、初教6飞机自行设计，于1960年总结和创立了一套设计超声速歼击机气动布局与估算气动特性的方法，处于我国歼击机整体研制水平和专业的领先地位。……

"他撰写的'摸透62式（米格-21）飞机气动力问题'的报告，深受读者的好评。中国科学院学部委员沈元认为：此报告总结了国内当时气动研究的先进水平。……

"利用系统工程管理模式，协调飞机各项专业技术，综合成总体优化的歼8Ⅱ型飞机……美国空军代表团团长参观后认为，歼8Ⅱ飞机的外形设计已达到国际80年代水平……"（中国空气动力学会）

中国航空学会负责人季文美、航空航天部科学技术委员会负责人王南寿、中国空气动力学会负责人庄逢甘郑重地写下了推荐意见：

"顾诵芬同志对空气动力学方面有较高的造诣……在国内外享有较高声誉……

"根据顾诵芬同志的学术造诣和重大贡献，我们认为顾诵芬同志符合增补学部委员的条件，特予推荐。"

这是对顾诵芬个人学术水平进行的一次极具权威性的评价。

而顾诵芬的保障医生，在与顾诵芬相处的日子里，听过最多的话就是"谢谢你们对我的照顾"。谈起在航空领域获得的荣誉，他说得最多的是"惭愧，我也没做什么事"。

四

"从 2009 年开始，自己有幸参与编写顾总传记、整理回忆录和老科学家学术成长资料采集工程顾诵芬院士采集小组的工作。听顾总谈往事是一种享受。他话语朴实，严肃中时有揶揄、自嘲。笑谈之中，自己的一个重要收获，就是对责任心、事业心和使命感这三个常用词的重新认识。"《顾诵芬传》的作者师元光说。

"顾总的人生经历了三个阶段：他从青少年时期到走上工作岗位、从事基础性工作时表现突出的是极端负责的责任心；在成为一个单位、一个型号项目负责人时的内心动力源自强烈的追求卓越的事业心；在成为中国科学院院士、中国工程院院士和国家重大项目决策的参与者以后，彰显的则是一种舍我其谁的崇高历史使命感。不同的人生阶段有同样的升华，这是他为国家和民族建功立业的重要精神支柱，也应该成为青年一代人生设计的核心。"

"令人钦敬的还有他的美德和操守。一位与他初次见面的记者，写下了这样一句话——'没架子的院士像个邻家老伯'。诚哉斯言，站在他的身边，他的谦和朴实绝不会让人想到这是一位中国航空业界的巨擘泰斗，而相处日久，人们无不为他的人品学养而折服。"

这就是师元光心目中的顾诵芬。

五

"咏世德之骏烈，诵先人之清芬。顾诵芬人如其名，他用自己的一生践行了对祖国诚挚的爱，诠释了什么叫赤子之心。他的嘉言懿行，有如春风化雨，激励着后辈们不忘初心、奋勇向前。"中国经济网如是评说。

2021年1月的一天，阳光柔和，摄影师给顾诵芬拍了一张照片：镜头中，他身姿前倾，手中捧着一架歼击机模型，眼神中有种穿透时空的力量，淡然若菊中自带强大气场。

人们看了这张照片感动到泪目，说顾老手捧战机就像捧着自己的"孩子"。

其实，他把战机看得比孩子还重。

顾诵芬的人生词典里，只有简单的两个字：飞机。

他办公室的书柜上，整齐摆放着5架飞机模型，最右边的是一架歼8Ⅱ型战机。这些飞机模型，顾诵芬视若珍宝。

顾诵芬的人生传奇，就从新中国航空史开始……

回首这一生，顾诵芬的工作经历与新中国航空工业的发展轨迹完全重合。他见证了新中国航空事业发展70多年，也见证了中国航空工业从无到有、从小到大，构建起现代航空产业体系的过程，是我国航空工业的亲历者、参与者、见证者。

1951年，毕业于上海交通大学航空工程系，进入航空工业局生产处工作；

1952年至1956年，担任航空工业局飞机技术科工程师；

1956年至1961年，担任航空工业局飞机设计室高级工程师；

1961年至1978年，担任沈阳飞机设计研究所气动室高级工程师；

1978年至1986年，担任沈阳飞机设计研究所副所长、所长；

1986年至1991年，担任航空工业部科技委员会副主任；

1988年起，担任航空航天研究院副院长、名誉院长；

1991年，当选为中国科学院学部委员（院士）；

1994年，当选为首批中国工程院院士；

2010年起，担任中航工业科学技术委员会副主任；

2021年11月，获得2020年度国家最高科学技术奖；

2022年3月3日，被评为感动中国2021年度人物。

70余年科技生涯筚路蓝缕，逐梦蓝天，英雄虽迟暮，科学家精神却熠熠生辉。

如今，顾诵芬与人交流时需要借助助听器，只要一提到和飞机制造有关的话题，他依旧思维敏捷。虽身患疾病，他仍思考着中国航空工业的未来，依然觉得"还有一些精力，可以多作些贡献"。

"回想我这一生，谈不上什么丰功伟绩，只能说没有虚度光阴，为国家做了些事情。"在接受采访时，顾诵芬这样说。

…………

当这些碎片化的记忆整合起来，我们就能感受到一位科研老兵的大师风骨和文化情怀，他影响的不是某个人，而是一个时代。

感动中国。

他不忘的是航空报国、航空强国的初心，坚守的是科技创新、保卫祖国的使命。

他把毕生的理想写在了祖国的蓝天，让祖国的天空不再寂寞，让祖国的大地宁静祥和。以梦为羽，止于至善。

这就是年过九旬的顾诵芬。

主要参考文献

1. 顾诵芬口述：《我的飞机设计生涯》，师元光整理，航空工业出版社，2011年4月第1版。

2. 中国航空工业集团有限公司编《顾诵芬：咏其骏烈 诵其清芬》，师元光整理，航空工业出版社，2020年1月第1版。

3. 老科学家学术成长资料采集工程顾诵芬院士采集小组编《顾诵芬传》，师元光执笔，航空工业出版社、人民出版社，2021年11月第1版。

4. 王树棕等编著：《"凤"舞蓝天——记中国工程院院士杨凤田》，航空工业出版社，2011年4月第1版。

5. 袁新立编著：《一路前行——飞机设计专家李明》，航空工业出版社，2012年5月第1版。

6. 顾诵芬：《顾诵芬文集》，航空工业出版社，2016年3月第1版。

7. 顾诵芬口述：《顾诵芬自传》，师元光整理，航空工业出版社、人民出版社，2014年1月第1版。

8. 徐昌裕口述：《为祖国航空拼搏一生》，航空工业出版社，2006年11月第1版。

9. 顾诵芬等编《中国飞机设计的一代宗师徐舜寿》，师元光主笔，航空工业出版社，2008年11月第1版。

10. 程不时：《腾飞之歌：一个飞机设计师的回忆》，湖北科学技术出版社，2018年2月第1版。

11. 张子影：《试飞英雄》，安徽人民出版社、安徽文艺出版社，2017年2月第1版。

12. 中国航空工业集团有限公司编《大家之道——向顾诵芬院士学习》，航空工业出版社，2022年3月第1版。

13. 师元光：《两院院士 实至名归》，《中国科学报》2016

年1月4日。

14. 航空工业沈阳所党委:《大力弘扬科学家精神》,《人民日报》2020年10月13日。

15. 刘静:《顾诵芬:为了祖国的蓝天》,《工人日报》2021年11月3日。

16. 矫阳:《顾诵芬:让中国"雄鹰"振翅高飞》,《科技日报》2021年11月4日。

17. 吴晓东:《顾诵芬:心怀"国之大者" 逐梦蓝天70载》,《中国青年报》2021年11月4日。

后 记

本书初稿完成之际,正逢中国共产党第二十次全国代表大会胜利闭幕。全党全国人民踏上了以中国式现代化全面推进中华民族伟大复兴的壮阔征程。在这个时刻,我们梳理顾诵芬院士的人生轨迹,回望我国航空工业筚路蓝缕的历程,对凝聚力量、鼓舞着永不停歇的奋斗脚步,用新时代的伟大奋斗创造新的伟业,其意义是十分深远的。

写作本书,最令我感怀的是顾诵芬老人的初心。他出生在 20 世纪 30 年代一个书香门第之家,从小不缺吃不缺穿,不缺玩具和书籍,家庭条件优渥,他完全可以选择一条不用付出的生活道路,过上优越的生活。可是,他不忘 7 岁时亲眼所见到的祖国河山被日本侵略蹂躏的情景,立志报效祖国。于是,他选择了一条航空报国的道路,而且在这条路上走了一辈子。从事航空事业 70 余载,他把生命融入使命,呕心沥血、舍身忘我、创新超越,一次次把自己的理想写在了祖国的蓝天……正如《我们一起远航》这首歌所唱的那样:"初心把我照亮,同心奔赴梦想。穿过惊涛骇浪,信仰可赴漫长。"

2020 年以来,习近平总书记多次提及"国之大者"。在 2021 年 9 月的中央人才工作会议上,习近平总书记再次强调:"广大人才要继承和发扬老一辈科学家胸怀祖国、服务人民的优秀品质,心怀'国之大者',为国分忧、为国解难、为国尽责。"

顾诵芬就是这样的"老一辈科学家"。

这也是他令人钦佩和值得大书特书的地方。

写作本书,是个艰难的过程。主要是顾老从事的航空科研领域,长期以来有不少东西不宜公开。另外,我对于航空领域完全陌生,连许多名词概念都不懂。加之疫情防控和顾老年迈等因素叠加,无法进行充分的采访。好在近几年关于顾老的资料较多,多家权威媒体曾对他进行了深入采访，这给写作本书提供了较大方便。尤其是长期撰写顾老科研人生的师元光老师，他执笔撰写的《顾诵芬传》《顾诵芬自传》《我的飞机设计生涯》《中国飞机设计的一代宗师徐舜寿》等，大多是由传主口述的第一手材料整理而成，非常珍贵，我在写作过程中参考引用了不少。在兔年春节期间，师元光老师牺牲节日休息时间，认真审核了本书，从专业技术方面提出了十分重要的修改意见，在此，特向师元光老师表达崇高的敬意和深深的感谢！同时，我还参考了徐昌裕、黄志千、程不时、管德、杨凤田、李天、李明等航空界院士的传记，在此向各位作者及出版单位表示感谢。

  写作本书，也是我走近顾老、理解顾老、学习顾老的过程。这是一次难得的精神洗礼。顾老的政治品质、敬业情怀、人格风范、科学精神、爱国情操和人生境界，是一部厚重的人生大书，值得我们认真研读和品味。有这个机会写写顾老，我是非常珍惜和愉快的。但是，由于自己的水平、采访的深度、写作的时间等局限，可能难以达到预期的目的，希望广大读者批评指正。

  本书即将出版之际，正逢顾院士 93 周岁。在此，祝顾老生日快乐、身体健旺、幸福安康！！

罗元生

2022 年 11 月 5 日于北京　第一稿

2023 年 2 月 4 日于北京　第二稿